纺织服装类“十四五”部委级规划教材
数 智 时 尚 系 列 丛 书

服装数智技术导论

王朝晖 著

東華大學出版社
· 上海 ·

图书在版编目（CIP）数据

服装数智技术导论 / 王朝晖著 . -- 上海 : 东华大学出版社 , 2025. 5. --（数智时尚系列丛书）. -- ISBN 978-7-5669-2538-1

Ⅰ . F426.86-39

中国国家版本馆 CIP 数据核字第 2025TN4643 号

责任编辑　徐建红
封面设计　薛小博

出　　版：东华大学出版社（上海市延安西路 1882 号，200051）
本社网址：dhupress.dhu.edu.cn
天猫旗舰店：http://dhdx.tmall.com
营销中心：021-62193056　62373056　62379558
印　　刷：上海颛辉印刷厂有限公司
开　　本：889mm × 1194mm　1/16
印　　张：11
字　　数：350 千字
版　　次：2025 年 5 月第 1 版
印　　次：2025 年 5 月第 1 次印刷
书　　号：978-7-5669-2538-1
定　　价：87.00 元

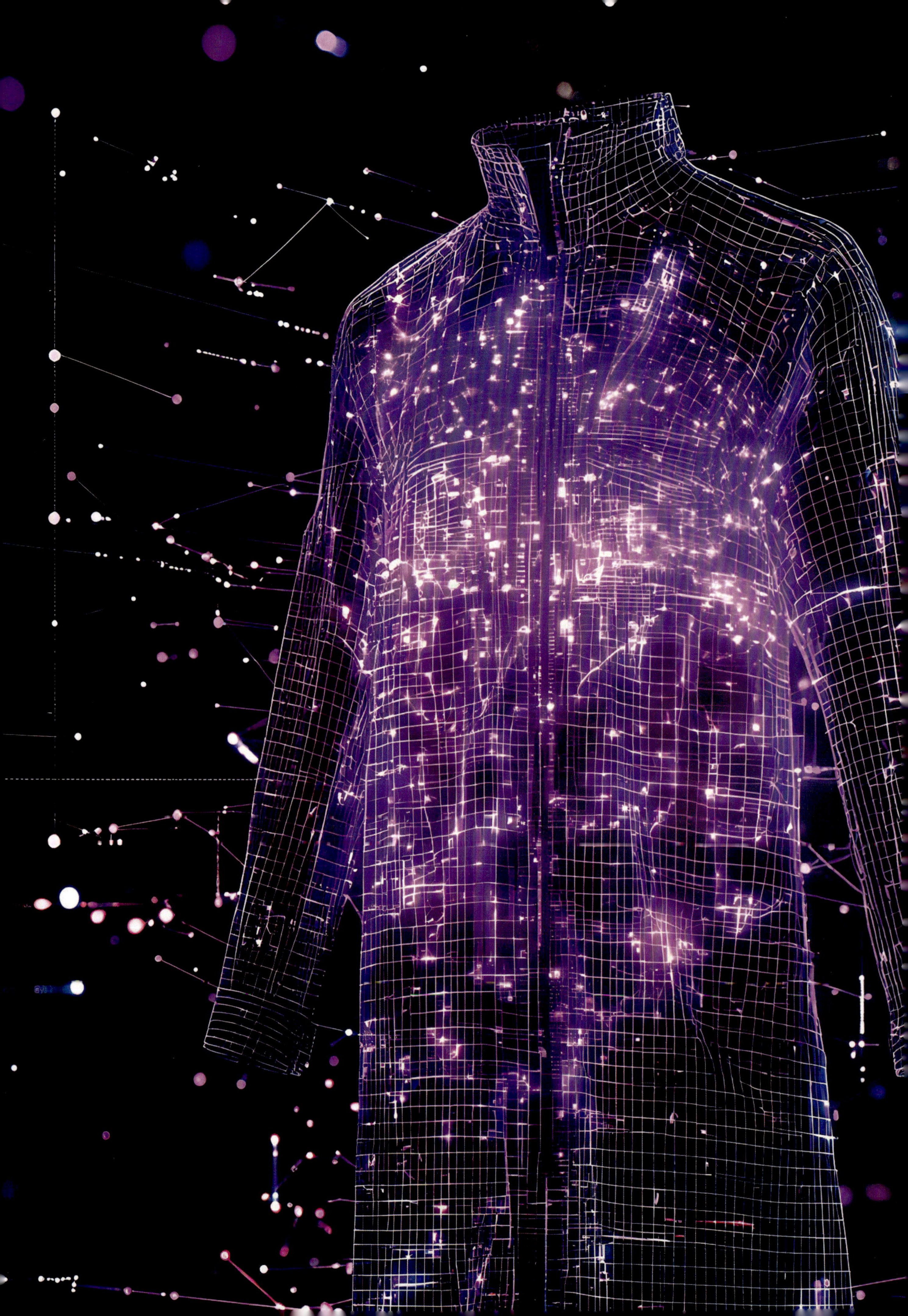

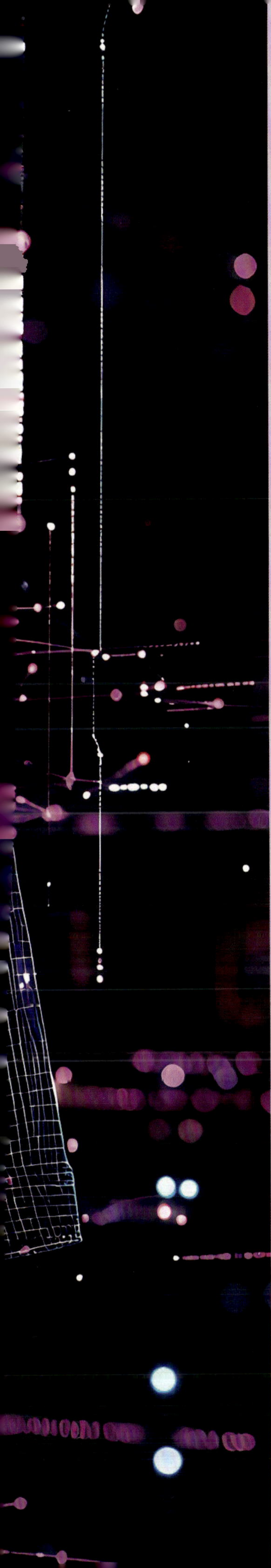

前 言

在手工时代，服装制作以量体裁衣的匠人智慧编织了人类服饰文明，却受限于个体经验的桎梏；工业化时期，流水线虽解放了生产力，却将创意禁锢在标准化的模具之中。而今，数智化浪潮正以颠覆性姿态重塑这个传统行业——当 AI 开始设计衣纹褶皱，当智能体优化每一克面料的利用，当虚拟试衣间穿透物理空间的壁垒，一场静默而磅礴的产业革命已然到来。

2024 年 3 月我的团队申报了“东华大学服装数智设计教材”研究与建设基地，同时，在东华大学出版社的大力支持下，联合全国十余所高等院校与部分数智科技先锋企业成立了《数智时尚系列丛书》编委会，融合长三角地区纺织服装产业集群的实践优势，打造“基础研究—技术研发—教材转化—人才培养”的创新闭环。

《服装数智技术导论》作为《数智时尚系列丛书》的开篇与奠基之作，是数智时尚学科从碎片化实践迈向体系化认知的关键突破。自去年春天执笔以来，我们追逐着技术迭代的闪电，在数字孪生、AI 生成设计、智能供应链等前沿领域持续深耕。书中不仅呈现数智化在服装设计、制造、营销全链路的渗透轨迹，更通过浙江凌迪数字科技有限公司等产业先锋的实践案例，揭示数据如何重构“人—货—场”的底层逻辑。

本书正是这场数智变革的见证者与解码者，您将在本书中看到：AI 设计师如何以每秒千次的速度生成创新方案，3D 建模技术怎样让样衣成本直降 60%，智能缝纫机的纳米级精度如何重塑制造标准，以及虚拟试衣间怎样打破线上线下次元壁。这些不仅是技术参数的堆砌，更是产业效率革命的注脚——当个性化定制周期压缩至 72 小时，当库存周转率因智能预测提升 40%，服装业正在完成从“批量生产”到“精准智造”的蜕变。

我们深知，真正的变革始于思维范式的革新。因此，本书在探讨数字制版、智能整烫等具体技术创新时，始终贯穿“消费者主权”与“可持续时尚”的双核逻辑。当 AI 解析百万用户数据为设计师提供灵感，当区块链技术实现生产溯源，服装产业正在书写的，是效率与人文、商业与生态的共生新章。

本书的诞生，得益于东华大学服装与艺术设计学院时尚智能化与数智化团队的深刻洞察，凝聚着团队跨学科的智慧碰撞。其中孙月鑫参与了第一章、第二章、第六章的内容撰写，晁菁参与了第三章的内容撰写，鞠宇参与了第四章的内容编写，王潇可参与了第五章的内容撰写。我们希望全书能够为读者提供有价值的信息，并推动服装产业数智化的进一步发展。

感谢东华大学出版社编辑团队对书稿严谨性的坚守，感谢浙江凌迪数字科技有限公司对本书出版的支持，他们的信任和帮助是我们在追求高质量内容上的重要保障。当您翻阅这些浸透思考的字句时，或许正有智能裁剪设备在云端优化排料方案，有 AI 模型在预测下季流行色……而这些，正是我们期待唤醒的产业未来：让数据流淌于每根纱线，让智能浸润每件衣裳，让服装产业在数智化浪潮中，绽放出超越想象的生命张力。

王朝晖

2025 年 3 月 29 日于东华大学逸夫楼

目 录

第 1 章

绪论

数智技术，即数字智能技术，是在数字技术的基础上，融合大数据、云计算、人工智能等前沿技术，通过数据驱动和智能算法实现决策优化、流程重构与资源高效配置的技术体系。作为新一轮产业变革的核心驱动力，数智技术显著提升了生产效率和产品质量，催生了电子商务、智能制造等新兴产业，深刻改变了全球产业格局，成为推动经济社会发展的重要引擎。在服装产业这一传统劳动密集型领域，数智技术的应用正在重塑产业生态。从智能设计、柔性制造到精准营销，数智技术贯穿产业链各个环节，推动行业向数字化、智能化转型升级，不仅提升了企业的创新能力和竞争力，也为行业的可持续发展提供了重要支撑。

第一节 服装产业数智转型

一、指尖上的华章：手工时代

服装产业发展的历史进程中，手工时代作为人类服饰文明的起点，奠定了服装制造的基本范式。这一阶段横跨原始社会至工业革命前夕，其技术特征以人体直接劳动为核心，通过匠人的感官体验与经验积累完成服饰的创造。在手工阶段，服装生产完全依赖裁缝或家庭作坊的个体化劳动，量体、剪裁、缝制、装饰等环节均需手工完成，形成了以量体裁衣为标志的技术体系。工具以剪刀、尺规、针线等简单器具为主，材料处理依赖天然染织技艺，如植物染色、手工纺纱等，这些技术特征决定了手工时代服装生产的独特属性。

手工时代的产业形态呈现出典型的分散化特征。家庭作坊与裁缝店铺构成生产主体，匠人既是设计者也是制造者，客户群体局限于特定地域范围。这种生产模式催生了严格的师徒传承制度，技艺传承通过口传心授实现，形成了具有地域特色的服装流派。如中国明清时期的苏绣、湘绣技艺，欧洲的蕾丝，都体现出鲜明的地域文化印记（图 1-1）。产业分工方面，纺织、染色、刺绣等工艺虽已形成独立工序，但整体仍属于劳动密集型生产方式，生产效率受限于个体劳动者的技能水平与体力极限。

图 1-1
油画《花边女工》
（1665年）

从社会影响维度考察，手工服装承载着超越实用功能的文化价值。在等级制度森严的传统社会，服饰成为身份标识的重要载体，皇室贵族的礼服制作往往需要数百工匠经年累月的协作，这种精工细作的生产方式塑造了服装作为艺术品的价值认知。同时，手工生产模式促进了纺织工艺与装饰艺术的深度融合，中国的缂丝、法国的蕾丝、印度的扎染等传统工艺，既是技术结晶也是文化符号。在社会经济层面，手工制衣业带动了纺织原料种植、染料开采、工具制造等关联产业发展，形成了早期的服装产业链雏形。

尽管手工时期创造了辉煌的服饰文明，但其历史局限性亦十分明显。生产效率与产品标准化程度的双重制约，使服装难以成为大众消费品，普通民众的服饰更替周期往往以十年计。技艺传承的高度人身依附性导致技术革新缓慢，产品质量受匠人个体状态影响显著。材料获取受地域与季节限制，丝绸、毛皮等贵重原料的使用加剧了社会阶层分化。这些局限在工业革命前夕愈发凸显，机械化生产的浪潮终将颠覆传统手工模式。

值得关注的是，在当代服装产业智能化转型背景下，传统手工工艺正以新的形态焕发生机。高级定制领域保留着纯手工制作的最后阵地，巴黎高级时装工会认证的工坊仍严格遵循百年传承的工艺标准。工匠运用手工钉珠、立体刺绣等传统技艺制作高级礼服，单件作品耗时可达数千工时。这种慢工出细活的生产方式，恰恰与工业化批量生产形成价值互补。奢侈品牌通过手工匠艺塑造产品稀缺性，爱马仕皮具的手工缝线、迪奥的手工钉片，都将传统工艺转化为品牌的核心竞争力（图 1-2）。更具时代意义的是，传统手工艺正在与现代设计理念深度融合，设计师将苗绣、夏布织造等非物质文化遗产进行当代转译，使古老技艺获得新的美学表达。这种文化再生的过程，不仅延续了手工时代的技艺精髓，更在智能制造时代重构了手工劳动的价值维度——从必需的生产方式升华为文化传承的载体与艺术创造的媒介。

回望服装产业的手工时代，看到的不只是落后生产方式的更替，更是人类造物精神的原点。穿梭于丝线间的指尖记忆与镌刻在面料上的文明密码，构成了数智化转型不可或缺的文化根基。传统手工艺蕴含的人本精神与艺术智慧，始终是服装产业进化历程中最珍贵的遗传基因。

二、齿轮转动时尚：机械时代

服装产业变革的第二个历史阶段——机械时代，标志着人类服饰生产从经验驱动转向技术驱动的根本性变革。这一阶段始于 18 世纪末的工业革命，以蒸汽机、电动机等动力技术的突破为起点，其影响一直延续至今。机械化的

图 1-2
迪奥高定手工坊

浪潮不仅重构了服装制造的基本逻辑，更催生了现代服装产业的雏形，为后续数字化与智能化转型奠定了基础。

机械时代的核心突破在于动力机械与标准化生产工具的普及。缝纫机的发明最具革命性意义——1846 年伊莱亚斯·豪获得缝纫机专利后，艾萨克·辛格改进的脚踏式缝纫机使生产效率较手工缝制提升近 15 倍。随后，锁边机、裁剪机、钉扣机等专用设备的出现，构成了完整的服装生产设备体系。动力源从人力、水力向蒸汽机与电动机的转变，使工厂得以摆脱地理限制，形成规模化生产能力。更关键的是，泰勒科学管理理论与福特流水线模式的引入，将生产过程分解为百余道标准化工序，每个工人只需重复单一操作，这种分工体系彻底改变了传统裁缝铺的工作方式。

机械化直接推动了服装产业从作坊式生产向现代工业体系的转型。工厂制度的建立使服装制造突破家庭作坊的局限，英国伦敦东区、美国纽约等服装产业集聚区开始形成。1910 年，服装业占全纽约市工业劳动力的 46%，数

图 1-3
美国纽约的服装工人（1944年）

万名工人集中在多层厂房中进行协作生产（图 1-3）。产品标准化成为可能，通过纸样缩放技术实现的号型系统，使成衣首次实现规模化量产。产业分工体系随之深化：上游出现专业化的面料加工厂，中游形成从裁剪、缝制到整烫的完整生产链，下游则诞生了百货商店、邮购目录等新型销售渠道。品牌化初现端倪，李维斯工装裤、巴宝莉风衣等标志性产品通过机械化生产获得稳定品质，逐步建立起市场认知度。

机械化生产对社会的影响在深度与广度上远远超过了手工时代。服装逐渐成为大众消费品，时尚民主化的进程加速，消费文化开始萌芽。时尚杂志开始向中产阶级家庭推广当季流行款式，标准化生产使得巴黎高级时装屋的设计能够通过成衣厂迅速复制，时尚传播的周期从年更新变为季度更新。服装的功能属性发生了根本性转变，从身份象征变为实用标识，工装、制服等类别随着流水线生产的普及大量涌现，标准尺码的普及进一步推动了服装的工业化进程。同时，产业地理格局的重构引发了大规模的人口流动，东欧移民涌入美国纽约的服装区，中国劳工南下上海纺织厂，这些迁徙潮不仅改变了产业布局，也重塑了现代城市的人口结构。

机械时代的产业模式在释放巨大生产力的同时，也埋下了结构性矛盾。环境代价首当其冲：英国曼彻斯特棉纺织业消耗的煤炭使城市空气污染指数飙升，印染废水直接排入河道造成生态灾难。资源消耗呈现指数级增长，1930 年全球棉花消费量较机械化初期增长 20 倍，过度种植导致美国南部出现严重水土流失。其次，产业升级动力逐渐枯竭的问题也在 20 世纪中期显现，当缝纫机转速突破每分钟 5000 针后，单纯提升机械效率对整体生产的促进效益递减。20 世纪 50 年代服装厂中关键工序仍依赖熟练工人，这种半机械化状态制约了产能的进一步释放。最重要的是流水线作业对工人的异化效应更加严重。1911 年美国纽约市三角衬衫厂发生了一起惨烈火灾，雇主为节省租金，将车间安排得十分拥挤，并布置了过多的设备和工人。

同时，工厂内的安全措施极端不完善，门窗被锁死，消防设备严重缺乏，最终导致 146 名工人死于火灾，其中大多数是年轻女性。这起火灾无情地突显了工厂主对工人安全的漠视，血淋淋地揭示了当时机械化生产带来的工人困境。

机械时代的遗产是深刻而复杂的。它既创造了现代服装产业的基本架构，又因其标准化、集中化特征导致生态、社会等多重危机。流水线模式培养的规模化思维、工序分解方法论，为数智化生产奠定了管理基础（图 1-4）。机械化暴露的人机矛盾、个性缺失等问题，则成为推动产业向数字化阶段演进的内在动力。这种承前启后的历史地位，使机械时代成为理解当代服装产业变革不可或缺的认知坐标。

三、数据编织未来：数字时代

服装产业变革的第三阶段——数字时代，标志着服装生产从物理世界向虚拟空间的系统性迁移。这一阶段始于 20 世纪 70 年代计算机技术的普及，至 21 世纪初云计算技术成熟前告一段落，其本质是通过将传统生产流程转化为可量化、可追溯的数据模型，重构服装产业的价值创造体系。数字技术的渗透不仅提升了产业效率，更在产业逻辑层面引发深刻变革，为后续智能化转型奠定了数据基础与技术框架。

技术特征层面呈现三大核心变革。首先是以二进制编码为基础的全要素数字化，服装的版型、面料参数、工艺标准等实体属性被转化为精确的数字模型，彻底突破了机械时代图纸与实物间的信息损耗。其次是以数据库为核心的标准化体系构建，从人体尺寸库到面料特性库的系统化积累，形成了支撑产业协同的数据基础设施。最后是自动化系统的普及应用，计算机辅助设计（Computer-Aided Design，简称 CAD）与计算机辅助制造（Computer-Aided Manufacturing，简称 CAM）的集成实现了从设计到生产的无缝衔接，企业资源计划

图 1-4
现代服装流水线
（来源：衣拿科技）

图 1-5
服装ERP系统架构图
（来源：鹏力软件）

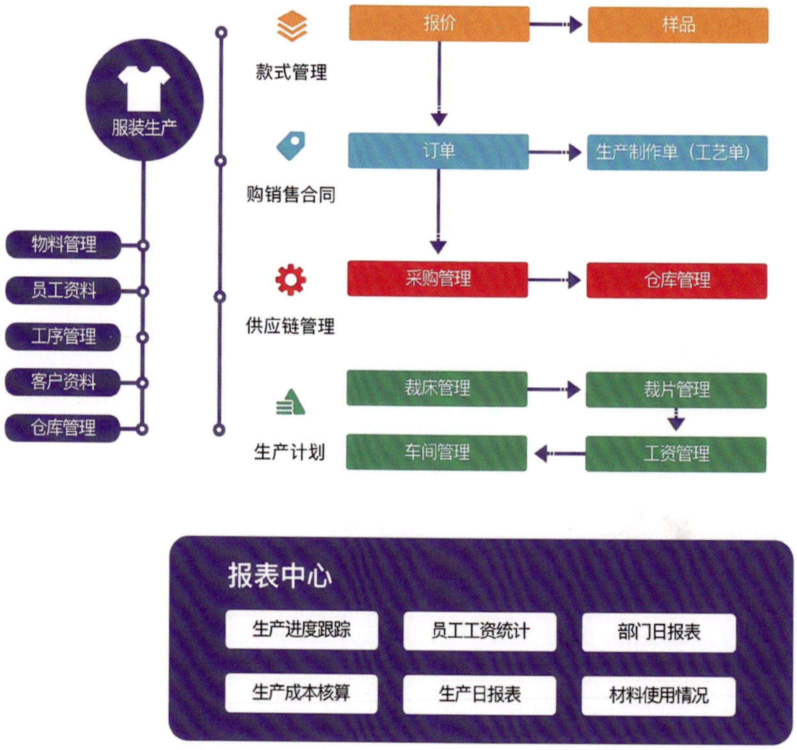

（Enterprise Resource Planning，简称 ERP）系统则重构了供应链管理方式（图 1-5）。这些技术突破共同构成了服装产业从物理世界向数字世界迁移的基础框架。

产业形态由此发生根本性转变。传统线性生产流程被并行工程取代，设计师通过虚拟样衣系统可在数小时内完成过去数周的手工打版验证，生产计划系统可实时协调全球供应商的物料调配。快时尚品牌 ZARA 的 15 天生产周期模式，正是依托数字化供应链实现的产业革命。企业组织结构趋向扁平化，跨部门数据共享打破了设计、生产、销售部门间的信息壁垒。商业模式创新层出不穷，线上线下融合的全渠道模式成为主流趋势。这种变革使得服装产业开始从规模经济转向速度经济，反应速度与精准度成为核心竞争力。

数字时代的产业形态的变革体现为全球供应链的深度整合与柔性生产模式的萌芽。20 世纪 90 年代以来，利丰集团开始建立并完善其全球供应链网络，通过整合全球各地的供应商资源，实现高效的供应链管理。产业组织形态发生结构性变化：传统服装企业开始设立首席信息官岗位，甲骨文、SAP 等软件供应商成为产业链的新权力节点。更具深远影响的是生产逻辑的转变，服装行业逐渐开始尝试大规模定制，这一模式动摇了百年未变的服装产销关系。劳动力市场出现技能断层，服装厂的打版师需要掌握 CAD 制图技能，时装周的后台技术人员开始运用色彩管理系统校准灯光效果。

数字化阶段的历史价值在于完成了服装产业的基础设施革命，如同 19 世纪铁路网对工业革命的支撑作用。它构建了现代服装工业的数字骨架，将百年来积累的行业经验转化为可计算、可传承的数据资产。这种转变不仅提升了单个企业的运营效率，更重要的是建立了全球产业协同的通用语言——从国际通用的 GTIN

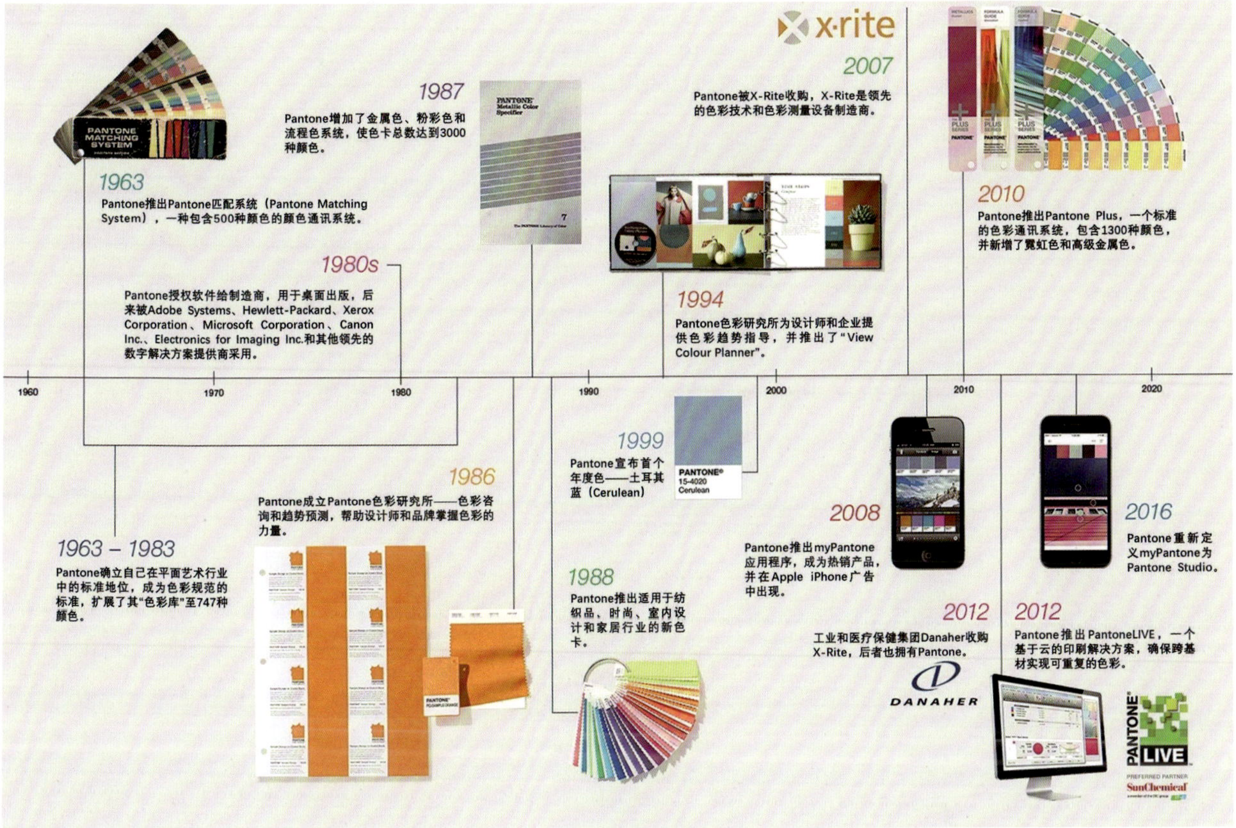

图 1-6
Pantone的数字化发展历程（来源：Pantone官方网站）

商品编码到Pantone色彩体系，数字化催生的标准化体系使跨国生产成为可能（图 1-6）。这一阶段的技术积淀为智能化时代的到来奠定了数据基础，但其核心逻辑仍是人类主导的流程优化，与后续具有自主决策能力的智能系统存在本质区别。

在产业发展中，数字时代的历史局限性也逐渐显现。数据孤岛现象普遍存在，不同企业系统间的兼容性问题导致供应链协同效率损耗。柔性生产能力仍受物理限制，虽可实现设计环节的快速变更，但生产线调整仍需数日周期。标准化与个性化的矛盾加剧，数字化系统依赖的模块化设计难以满足真正的个性化需求，多数定制服务仍停留在尺寸修改层面。能源消耗问题开始凸显，大型数据中心与自动化工厂的能耗较传统模式更多，这与服装产业可持续发展的目标形成冲突。这些局限为后续智能化阶段的突破埋下伏笔，但也正是这些矛盾推动了产业持续变革。

在历史维度上观察，数字技术完成了两项关键使命：其一，将服装产业百年积累的经验知识转化为可计算、可复用的数据资产；其二，构建起连接物理世界与数字空间的桥梁，使后续的智能化转型得以在虚实交融的场域中展开。这些改变推动从业者建立新的产业认知框架：服装不再仅是遮体保暖的物质产品，更是承载用户数据、设计参数、生产信息的数字载体。这种认知革命为后续产业升级提供了必要的思维准备，使得服装产业在数字经济时代获得了跨界融合的可能性。

四、科技引领变革：智能时代

服装产业数智化转型的最新阶段——智能时代，标志着服装产业从数据驱动迈向认知革命的质变跃迁。这一阶段始于21世纪第二个十年，以深度学习算法的突破性进展与算力资源的指数级增长为技术基石，通过构建具有自主决策能力的智能系统，重新定义了服装产业的创造逻辑与价值边界。智能化技术的渗透不仅重构了生产流程，更在产业认知层面引发范式转换，创造出人机协同的新生产关系，标志着服装产业从经验驱动转向认知驱动的历史性跨越。

在这一阶段，核心技术特征表现为自主系统的构建与认知能力的延伸。机器学习算法通过解析历史销售数据与社交媒体趋势，实现了精准的爆款预测（图1-7）；计算机视觉系统对瑕疵检测的识别精度达到0.01毫米级，超越人类质检员的视觉极限；生成式大模型在虚拟试衣领域展现出强大能力，可生成具备材质物理特性与人体运动形变的高分辨率试衣影像。这些技术突破的共同方向，是将机械时代的标准化流程与数字时代的数据资产相结合，最终转化为具有自学习、自优化能力的智能系统。

产业形态的变革则体现为去中心化网络与自适应生态的形成。传统线性供应链进化为实时响应的智能网络，5G边缘计算设备将车间数据延迟压缩至毫秒级，使布料库存可根据门店试衣镜的实时反馈动态调整。生产组织模式发生根本性转变，“黑灯工厂”实现72小时无人化连续生产，智能排产系统同步协调设计、采购、制造环节的各种变量。更具颠覆性的是价值创造逻辑的重构：用户画像系统通过微表情识别捕捉潜在需求，3D个性化定制平台将消费者纳入虚拟共创流程，服装产品从静态商品转化为持续迭代的服务载体。产业权力结构随之改变，算法工程师与数据科学家成为核心生产要素持有者，开源模型社区与算力平台提供商开始主导技术标准制定。

智能时代的社会影响正在多维度显现。消费领域出现“算法驯化”现象，推荐系统通过数十亿次个性化匹配训练，逐渐塑造出细分至毛细血管的市场需求；劳动力市场经历结构性重组，传统设计师转型为AI应用专家，质检员升级为算法监督员，职业能力评价体系从技能熟练度转向人机协作度。文化生产机制发生微妙异变，传统设计教育中的“设计风格”被大模型的跨文化融合能力解构，使用智能服装设计软件能够快速生成特定品牌风格的设计图（图1-8）。同时，虚拟偶像的数字衣橱引发实体服装的衍生设计，元宇宙中的穿戴体验反向影响现实世界的审美取向，这种认知范式的转换正在重塑整个产业的价值锚点。

图1-7
AIFashion服饰视觉社交媒体潮流分析

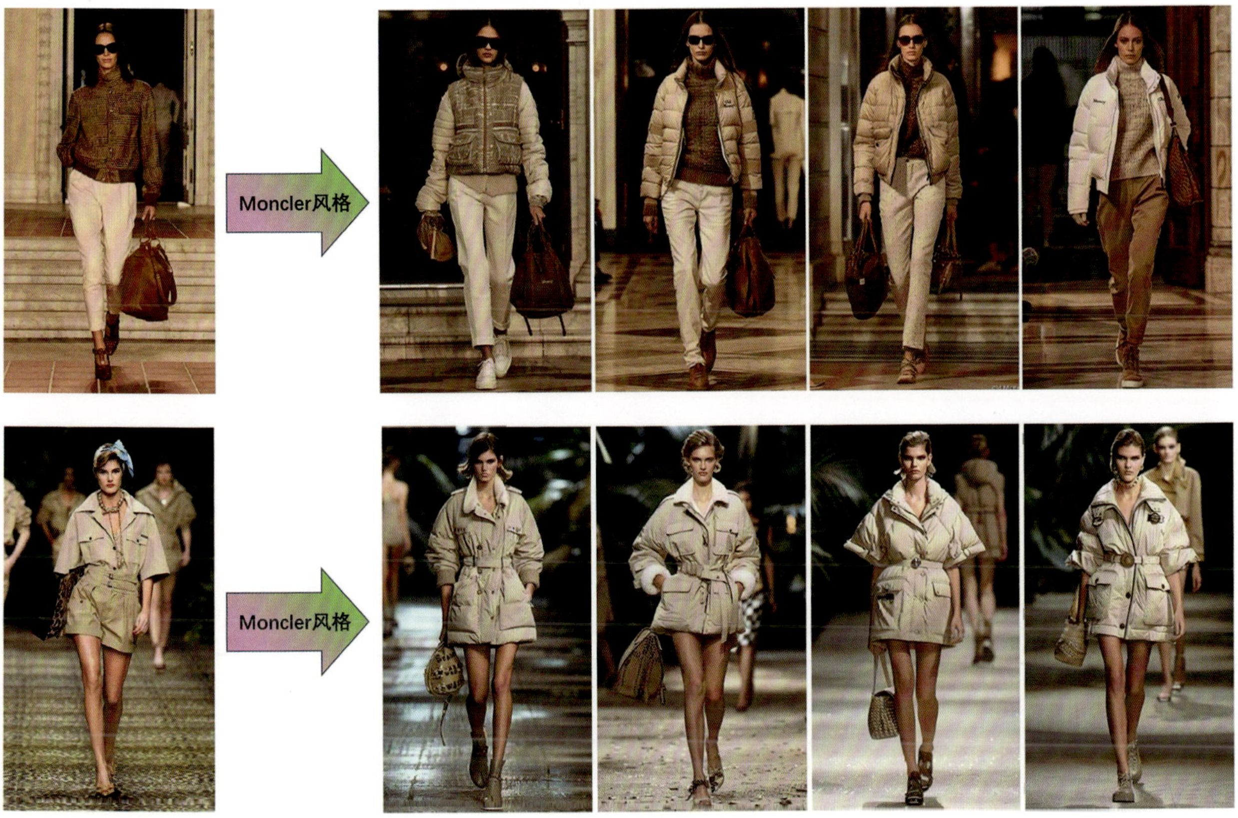

图 1-8
使用智能服装设计软件更换品牌风格（来源：iMuse.AI）

然而，智能技术的狂飙突进也带来了一系列新的挑战。创新同质化危机在深度学习推动下加剧，神经网络对流行趋势的拟合反而压制了突破性设计诞生；能源消耗呈现指数级增长，训练单个服装大模型的碳排放相当于 300 辆汽车的年排放量。更深刻的危机存在于人机关系层面：工艺知识的算法化导致工匠精神被稀释，学徒制传承体系面临瓦解；消费者在个性化推荐的精准投喂中，逐渐丧失自主审美判断能力。这些矛盾预示着智能化转型已触及技术与社会关系的深层结构，亟待建立新的平衡机制。

智能时代的产业变革仍在进行时，其终极形态尚未完全显现。智能时代的真正价值，或许不在于创造完美无缺的生产系统，而在于通过持续的人机对话，重新确认那些使人类区别于机器的本质特征——对美的直觉把握，对文化的深刻理解，以及在不确定性中作出价值判断的能力。服装从业者更需要思考，在算法编织的经纬之间，如何为人类独有的创造力保留足够的留白？这个问题的答案，将决定智能技术究竟是服装文明的终极形态，还是通向更高维度创新的阶梯。

第二节 数智技术在服装产业中的应用

在服装产业迈向数智化转型的过程中，数字化软件系统已成为技术革新的强大驱动力。这些系统的广泛应用不仅显著提升了行业效率，还优化了资源配置与运营模式，推动传统服装产业向现代化、精细化方向转型升级。而AI技术的快速崛起则为行业注入了颠覆性的创新活力。通过深度学习、数据分析和智能优化，AI在设计、制造和营销等环节全面赋能，重塑了行业的核心竞争格局。本节将围绕这两大核心应用要素展开，深入剖析数字化与AI技术在服装产业数智化转型中的关键应用与创新实践，探讨它们如何推动行业效率的提升、模式的革新，以及对未来发展的深远影响。

一、数字技术驱动的产业升级

随着信息技术的迅猛发展，数字化技术已成为推动服装行业创新的核心驱动力，显著提升了设计、制造和营销各环节的效率与精度。借助计算机辅助设计工具、三维建模技术和数字化生产设备，传统的服装生产流程正逐步向更加高效与精准的方向转型。这不仅优化了设计与生产流程，也大大增强了企业的市场竞争力。与此同时，数字化技术还催生了营销模式的创新，通过大数据分析和虚拟现实等前沿技术，加强了品牌与消费者之间的互动与联结。

（一）数字化服装设计

数字化服装设计通过将传统的手工绘图、样板制作、样衣调整等环节转化为计算机辅助的数字化流程，显著提升了设计效率、精确度和协作能力。这一技术体系涵盖设计工具、样板开发、三维建模等多个维度，逐步构建起从创意到成品的全链路数字化解决方案。

数字化服装设计的起点是设计工具的全面数字化。传统的手绘设计受限于纸张媒介，存在修改成本高、细节表现不足、版本管理困难等问题。而基于计算机的数字化设计工具通过图形界面和算法支持，为设计师提供了更灵活的操作空间。以Adobe Photoshop、Adobe Illustrator、CorelDRAW为代表的专业软件，已成为服装设计领域的标准工具集（图1-9）。这些工具的底层技术均基于计算机图形学原理。例如，矢量图形通过数学公式定义线条和形状，确保任意缩放时的清晰度；位图处理则依赖像素矩阵的色彩编码，配合插值算法优化图像质量。现代设计软件普遍支持色彩管理系统，通过Pantone色库实现从屏幕显示到面料印染的色彩一致性控制。

在完成款式设计后，数字化样板开发是连接创意与生产的关键环节。传统手工制版需要依赖经验丰富的版师，通过立体裁剪或平面公式推算完成，存在效率低、误差累积等问题。以Lectra Modaris、Gerber AccuMark为代表的服装CAD系统，构建了参数化、标准化的数字样板开发流程。服装CAD系统还集成了缝份自动添加、对位标记生成、自动放码等功能。以Gerber AccuMark为例，其多层放缩功能和比例放缩功能，使得放码过程更加简便快捷。

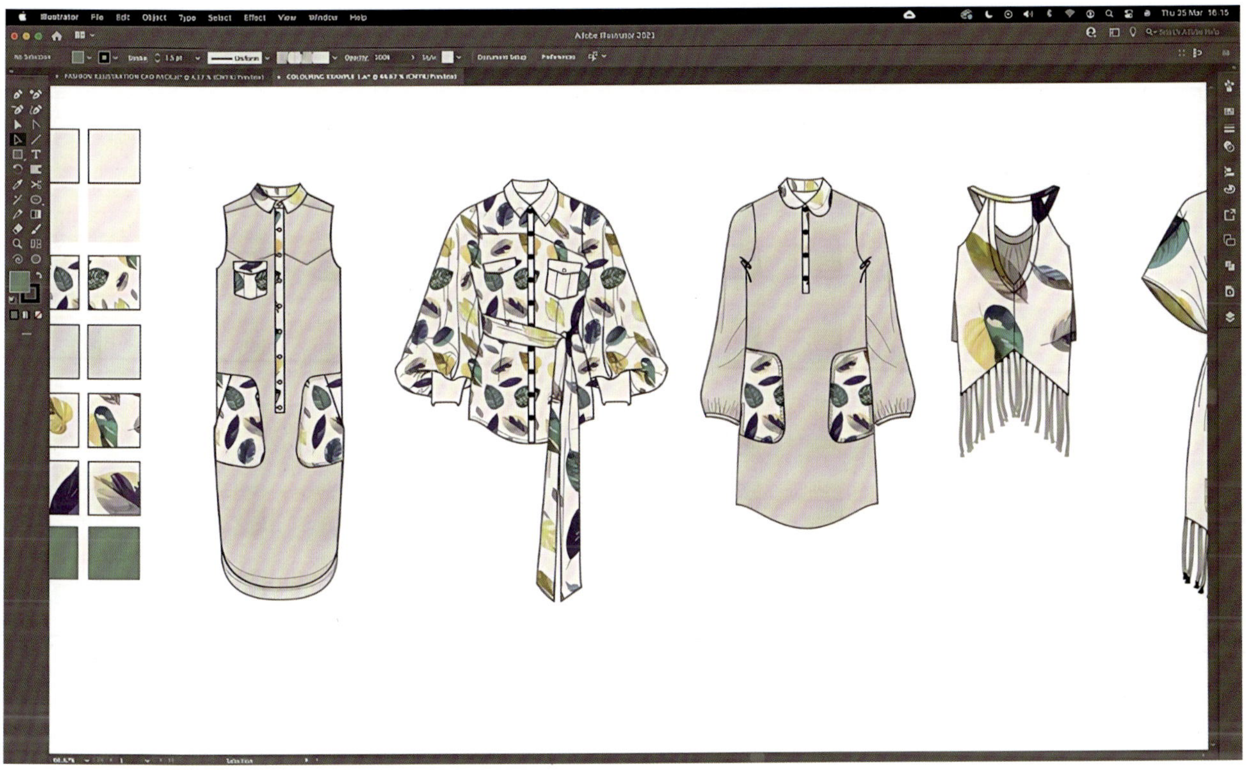

图 1-9
使用Adobe Illustrator进行服装设计

数字化样板的数据可直接输出为 DXF、AAMA 等工业标准格式，与自动裁床、数控缝纫设备实现无缝对接，形成从设计到生产的数字化闭环。

三维数字化设计技术的突破性发展，彻底改变了传统设计验证模式。以 Style3D 为代表的虚拟服装设计平台，基于物理引擎和三维建模技术，构建起高度仿真的数字化样衣系统。设计师可通过三维界面直接构建服装模型，实时观察面料垂坠、褶皱形态等立体效果。相较于传统设计流程需要反复制作实物样衣，三维设计软件支持虚拟样衣评审、数字化尺寸测量、动态展示视频输出等功能。设计师可通过调整版型曲线实时观察服装合体度变化，利用碰撞检测功能优化裁片结构。部分系统还支持虚拟现实（Virtual Reality，简称 VR）模式，评审人员可通过头戴设备进行沉浸式样衣评估。

现代服装设计日益强调跨地域协同作业，数字化平台为此提供了系统化支持。基于产品生命周期管理（Product Lifecycle Management，简称 PLM）系统的协同设计平台，可实现设计文件版本控制、修改痕迹追踪、多角色权限管理等功能。设计师在本地完成设计稿后，系统自动同步至云端服务器，版师、工艺师、生产人员可基于同一数据源开展后续工作。数据标准化是数字化协同的基础。行业通行的 AATCC 标准规范了色彩数据格式，ASTM D13.55 标准定义了用于服装尺码的身体测量，ISO 3635 标准建立了尺寸标注体系。这些标准确保不同软件系统间的数据兼容性，例如通过三维人体扫描仪获取的人体测量数据可直接导入 CAD 系统进行样板优化。

随着技术发展，数字化设计正与新兴技术深度融合。扫描技术方面，三维人体扫描仪可在数秒内获取精确的人体尺寸数据，这些数据可直接导入设计软件生成个性化版型。在虚拟

Style3D应用视频

展示领域，WebGL 技术支持的在线 3D 查看器允许消费者在电商平台 360 度观察服装细节。部分企业开始探索区块链技术在设计版权保护中的应用，通过时间戳和哈希算法实现设计稿的权属确权。当前，数字化设计技术仍在持续演进。实时渲染引擎的提升使得虚拟样衣的逼真度接近实物，云计算技术让复杂的三维仿真计算可在移动端完成，5G 网络则加速了设计文件的实时协作。这些技术进步共同推动着服装设计从经验驱动向数据驱动转型，为行业创新发展奠定技术基础。

（二）数字化服装制造

数字化服装制造通过将传统制造流程转化为数字形式，实现了生产环节的高效运作和精准控制。这一领域涵盖了从生产管理到设备操作、从质量检测到库存控制、再到供应链协调的多个方面，为服装企业提供了全新的解决方案。数字化技术的应用不仅显著提升了生产效率，还大幅降低了人为误差的可能性，使整个制造过程更加透明、可控和灵活。

在数字化服装制造中，数字化生产管理是核心环节之一。传统的服装生产管理依赖于人工记录和经验判断，容易导致信息滞后和资源浪费。而数字化生产管理系统则通过信息化手段对生产计划、任务分配、进度跟踪等进行全面监控。例如，企业可以借助 ERP 系统或制造执行系统（Manufacturing Execution System，简称 MES）实现订单的实时追踪和动态调整。这些系统能够整合来自不同部门的数据，生成可视化的生产报表，帮助管理者快速识别瓶颈并优化资源配置。此外，条形码和射频识别（Radio Frequency Identification，简称 RFID）技术的引入进一步增强了数据采集的自动化水平。通过扫描产品标签，系统可以自动记录每件服装在生产线上的流转状态，从而确保信息的准确性和及时性。

数字化生产设备则是实现高效制造的技术基石。随着计算机数控（Computer Numerical Control，简称 CNC）技术和自动化机械的普及，服装生产中的许多工序已经实现了高度自动化。例如，数字化裁剪机可以根据排料图自动生成裁剪路径，并利用激光或刀具完成高精度的布料切割。这种设备不仅能显著提高裁剪速度，还能减少材料浪费，尤其适用于复杂样板的大批量生产的场景。同时，电脑缝纫机也逐渐成为行业标配。这类设备配备了电子控制系统，可以预设缝纫参数（如针距、线张力等），并通过传感器实时监测缝纫质量（图 1-10）。对于需要频繁更换款式的小批量订单，数字化缝纫机的灵活性显得尤为重要。数字孪生技术也可以为每台机器创建一个虚拟副本，实时反映其运行状态，以便对设备进行实时监控和排产优化。

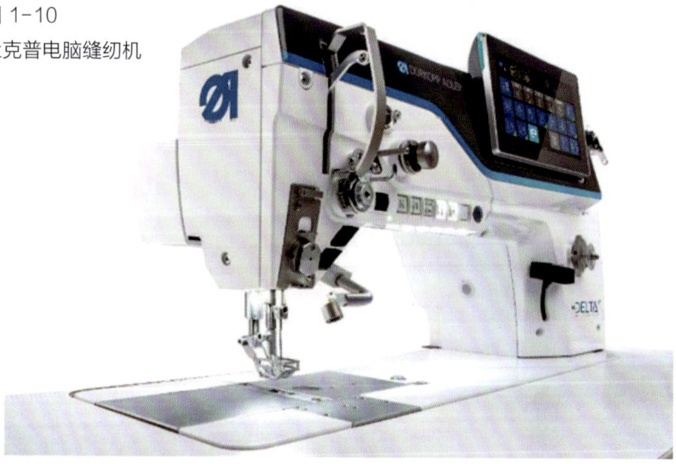

图 1-10
杜克普电脑缝纫机

生产数字化质检是保障产品质量的关键环节。传统的质检方法主要依赖人工目视检查，效率低且易受主观因素影响。而数字化质检则通过图像处理、传感器技术和数据分析等手段，实现了对产品质量的客观评估。例如，光学扫描仪可以捕捉服装表面的细微瑕疵，如色差、污渍或缝线不均等问题，并将其与标准模板进行比对，从而快速筛选出不合格品。此外，基于压力感应的测试设备可用于检测服装的物理性能，如拉伸强度、耐磨性和透气性等。这些设备通常与数据库相连，能够将每次检测的结果存储下来，形成完整的产品质量档案。这不仅有助于追溯问题源头，还可以为企业提供改进生产工艺的依据。

数字化库存管理解决了传统库存管理中存在的诸多痛点。在服装行业中，库存积压和断货现象屡见不鲜，给企业带来了巨大的经济损失。而数字化库存管理系统通过实时更新库存数据，帮助企业精准掌握每种产品的数量和位置。例如，仓储管理系统（Warehouse Management System，简称 WMS）结合条形码或 RFID 技术，可以自动记录每批货物的入库、出库和调拨情况。当库存水平低于设定阈值时，系统会自动发出补货提醒，避免因缺货导致的销售损失。此外，该系统还支持多仓库协同管理，使企业能够在不同地点之间灵活调配资源，以应对市场需求的变化。更重要的是，数字化库存管理能够与销售数据无缝对接，从而实现按需生产，减少过剩库存的风险。

数字化供应链管理是连接上下游企业的纽带，也是提升整体竞争力的重要手段。在传统的供应链模式下，信息传递往往存在延迟和失真，导致供需不匹配的问题频发。而数字化供应链管理通过搭建统一的信息平台，实现了供应商、制造商和零售商之间的高效协作。例如，供应链管理系统（Supply Chain Management System，简称 SCMS）可以实时共享订单、库存和物流信息，使各方能够根据最新动态调整策略。与此同时，区块链技术的应用进一步增强了供应链的透明度和可信度。通过分布式账本记录每一笔交易，企业可以轻松追踪原材料的来源和流向，确保供应链的合规性。此外，数字化供应链管理还包括运输路线优化和配送调度等功能。借助 GPS 定位和算法分析，企业可以选择最优的运输方案，缩短交货时间并降低物流成本。

（三）数字化服装营销

数字化服装营销作为服装产业数字化转型的重要组成部分，正在深刻改变传统营销模式的底层逻辑。其核心在于构建全渠道、全触点的数字生态系统，通过数据流驱动营销流程再造，实现消费者洞察、产品展示和交易转化等环节的深度融合。这一变革不仅突破了传统营销的时空限制，更通过精准化和可视化的技术手段，建立了消费者与品牌之间的新型互动关系，推动服装营销从粗放型推广向精细化运营转型。

虚拟试衣技术作为数字化营销的前沿领域，依托三维建模与增强现实（Augmented Reality，简称 AR）技术的深度结合。通过三维人体扫描系统获取消费者体型数据，构建个性化的人体数字模型。在服装建模方面，基于物理引擎的织物仿真算法能够模拟不同面料的悬垂特性与动态效果，结合光线追踪技术实现服装纹理的真实渲染。消费者通过移动终端摄像头捕捉实时影像，系统将虚拟服装叠加到用户影像上，并利用骨骼追踪算法确保服装与人体的动态贴合。这种技术突破了传统试衣的物理局限，使消费者能够快速体验多款式、多尺码的穿着效果，大大提高了购买决策效率。

数据驱动的市场分析体系构建了数字化营销的决策中枢。多源数据采集系统整合了社交媒体舆情数据、电商平台交易数据、线下门店物联网设备数据等多维信息流。网络爬虫技术自动抓取社交媒体上的时尚关键词、话题热度和用户评论，通过自然语言处理技术进行情感分析与语义挖掘。消费者行为追踪系统通过 Cookies、SDK 埋点等技术记录用户在数字平台的浏览路径、停留时长与互动行为，形成完整的用户行为图谱。在数据整合方面，客户数据平台打通了线上线下数据孤岛，构建 360 度消费者画像（图 1 11）。这种数据驱动的洞察模式使企业能够精准把握市场需求动态，从

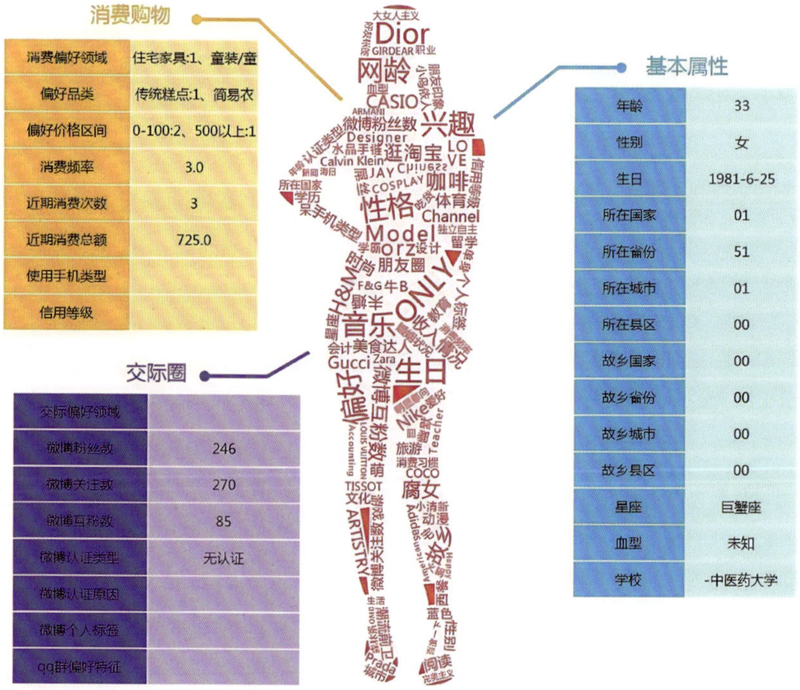

图 1-11
用户画像图

经验判断向量化决策转变。

数字化营销渠道的拓展重构了品牌与消费者的连接方式。社交网络营销依托平台算法实现精准投放，通过用户标签体系与兴趣图谱定位目标人群，优化广告创意。5G 技术的发展推动了直播电商的蓬勃兴起，通过实时弹幕交互与秒级订单处理系统，拓展了服装销售的新场景。这些数字化渠道的协同运作，形成了覆盖消费者决策全周期的营销网络。消费者行为预测技术为精准营销提供了科学依据。基于历史消费数据对客户价值进行分层，结合生命周期理论制定差异化营销策略。在价格策略方面，动态定价系统实时监测竞品价格与库存数据，结合需求弹性模型优化定价区间。这些预测技术的综合应用，使得营销活动从广撒网模式转向精准制导模式，显著提升了营销投入产出比。

数字化客户关系管理系统重塑了品牌忠诚度的培育机制。会员管理系统通过积分规则引擎实现多维度奖励计算，分级权益体系推动用户升级消费。售后服务系统集成在线客服、退换货管理与满意度调查三大模块，工单系统自动将客户反馈的问题精准派发至对应的处理部门。社交媒体监听系统实时捕捉品牌提及内容，及时响应消费者关切。这种全触点管理方式将单次交易转化为长期价值关系，有效提升了客户终身价值。

目前，数字化服装营销正朝着沉浸式体验方向发展。VR 技术构建的数字化展厅允许消费者在三维空间中自由浏览商品，区块链技术为数字藏品营销提供可信认证体系，元宇宙概念的兴起推动了虚拟服装的数字资产化趋势。这些技术创新不断拓展服装营销的边界，其本质在于通过数字技术重构人、货、场的关系网络。随着 5G 网络的普及和算力水平的提升，实时渲染、大规模并发交互等技术瓶颈逐步突破，数字化营销正在向更高维度的体验层级演进。这场变革不仅改变了服装产品的流通方式，更深刻影响着时尚产业的价值创造逻辑，推动整

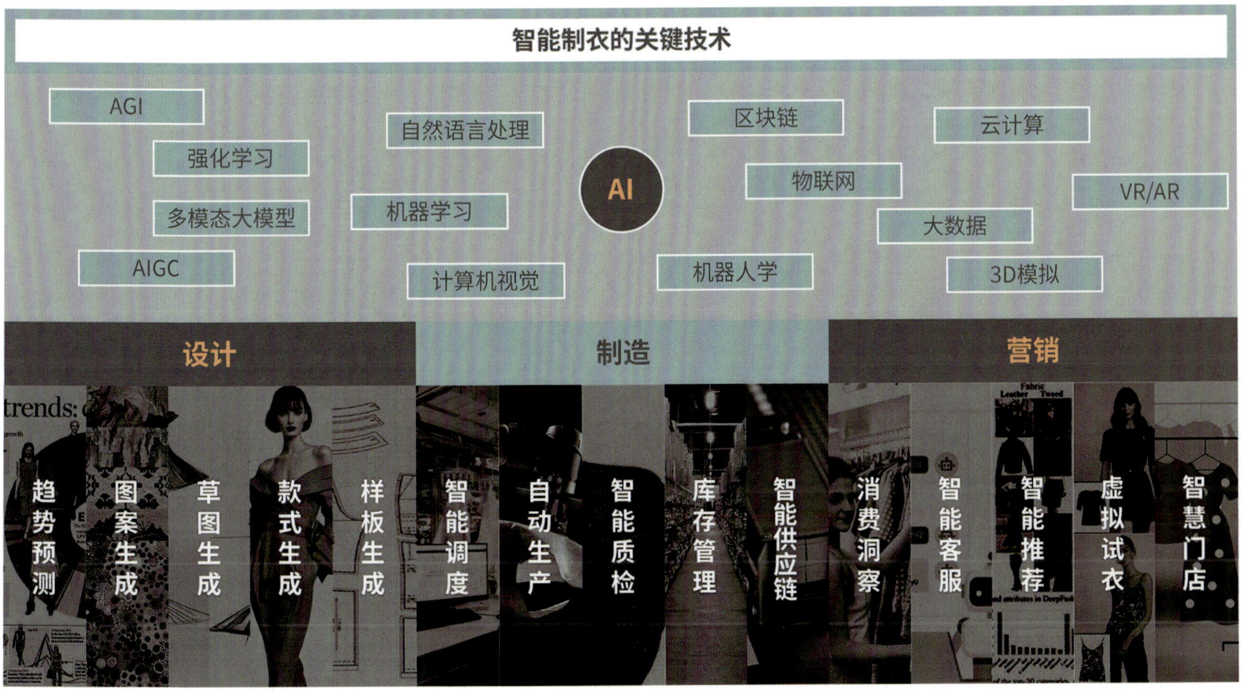

图 1-12
智能制衣的关键技术及应用场景

个行业加速向以消费者为中心的数字生态体系转型。

二、人工智能引领的生态重构

在当今服装行业，人工智能的崛起不仅颠覆了传统的生产模式，还在设计、制造和营销等各个环节中引领着行业的生态重建（图 1-12）。随着智能技术的不断进步，人工智能已成为推动服装产业数智化转型的核心动力。从款式生成到自动化生产，从个性化推荐到精准营销，AI 技术在数字化技术的基础上不断突破传统产业的局限，推动服装行业形成一个更加高效、智能和灵活的全新生态系统。

（一）智能化服装设计

智能化服装设计不仅仅是对传统设计流程的优化，更是通过深度学习、数据分析和算法的驱动，使得服装设计能够自我进化、快速响应市场变化，提升设计效率和创新能力。智能化服装设计的核心价值在于设计决策的自动化、智能化和个性化，使得设计师能够专注于创意和策略，而将繁琐的分析、预测和设计任务交给机器。

智能化服装设计的首要应用体现在趋势预测领域。趋势预测是服装设计中至关重要的一部分，传统上依赖设计师的经验、市场调研和社会文化动态。然而，随着智能算法的不断发展，AI 能够对大量的历史数据、社交媒体、消费者行为和市场需求进行深入分析，从中提取出潜在的趋势和消费热点。这一过程往往依赖于自然语言处理（Natural Language Processing，简称 NLP）、计算机视觉（Computer Vision，简称 CV）和机器学习技术，AI 系统能够通过分析数以百万计的文献、时尚博主的发布内容、社交网络上的趋势话题等信息，自动识别出即将流行的元素和款式，并生成相关的趋势报告。这一趋势预测不仅提高了服装设计的时效性，还能够精准地把握市场需求，避免传统设计中可能出现的市场滞后现象。

此外，人工智能在服装设计中的应用还体

现在图案生成和款式设计上。传统的图案和款式设计通常需要设计师手动绘制和调整，这一过程不仅费时费力，而且具有较大的主观性。借助深度学习和生成式模型，AI 可以根据大量的服装设计数据、颜色搭配、图案风格等信息，自动生成新的设计方案。这些生成的图案或款式不仅符合市场趋势，还能根据不同用户群体的偏好进行个性化定制。例如，扩散模型在这一领域的应用取得了显著成果。通过扩散模型，AI 能够基于对大规模图像数据集的训练，生成高质量的、具有创新性和独特风格的服装设计图案。

智能化服装设计中的另一个重要应用是款式生成。AI 系统不仅能生成单一的图案，还能综合考虑不同款式的搭配、面料特性、色彩配比等因素，自动设计出完整的服装款式（图 1-13）。深度生成模型，尤其是扩散模型，通过学习大量设计数据，能够生成创意性和多样性的服装款式，并根据不同设计师的风格偏好进行定制化设计。设计师只需给出基本的设计理念或风格要求，AI 便能够快速生成多个设计方案供其选择和修改，大大缩短了设计周期。AI 的款式生成不仅提高了设计效率，还帮助设计师突破了创作的瓶颈，激发更多创意。

除了在趋势预测和图案款式设计上的应用，人工智能还在服装设计中扮演着个性化定制的角色。随着消费者对个性化、定制化需求的不断增加，AI 逐渐成为实现这一目标的重要工具。通过对消费者过往购买记录、社交媒体行为和搜索历史的分析，AI 能够精准捕捉消费者的个性化需求，生成量身定制的服装设计。AI 能够根据这些数据自动生成符合消费者身形、肤色、性格以及偏好的设计方案，从而为每一位消费者提供量体裁衣的服装款式。在这个过程中，AI 的优势在于其强大的数据处理和分析能力，能够在短时间内处理海量的消费者数据并进行智能分析，进而生成最符合消费者需求的设计。

智能化设计工具的发展使得人工智能不仅仅是辅助设计的工具，更是设计决策的核心参与者。以人工智能生成内容（Artificial Intelligence Generated Content，简称 AIGC）为代表的技术进步，使得服装设计的创作过程不再是单纯依赖人工输入，而是通过与 AI 的互动进行多维度的创作。这一过程中，设计师通过与 AI 系统的合作，能够更高效地探索设计的可能性，并且将人工智能生成的设计作为灵感的来源，不断推动创意的边界。需要强调的是，智能化设计并非替代人类创造力，而是构建新型创造力增强系统。设计师的角色从具体操作

图 1-13
AI生成的服装设计图

者转向策略制定者，专注于审美判断、文化解读与情感表达等机器难以企及的领域。数字化阶段建立的三维模型库、工艺知识图谱与市场数据库，为智能化系统提供了可解释、可追溯的决策基础，确保算法创新始终服务于人类设计思维的价值实现。

（二）智能化服装制造

在当今的服装制造行业中，智能化技术的应用正逐步改变传统的生产模式，提升了制造效率、质量控制和供应链管理的精确度。智能化服装制造不仅仅是自动化设备的使用，更是通过 AI、物联网（Internet of Things，简称 IoT）、大数据等技术，实现从生产调度到质量监控，再到库存管理等方面的全方位智能化优化。通过这些技术的应用，服装制造商可以应对市场需求变化，提升生产灵活性，降低成本，提升整体竞争力。

智能生产调度是智能化服装制造中至关重要的一环。传统的生产调度依赖人工安排，容易出现效率低下和人为失误。而智能生产调度系统基于实时数据和历史数据，采用深度学习和优化算法，实现了自动化的生产任务分配。AI 系统通过实时监控设备状态、库存情况和订单需求，动态调整生产计划，确保生产线最优运行。这些调度系统能够综合考虑多个因素，如设备性能、工人效率和供应链状况，自动生成最合理的生产计划，避免生产瓶颈，提升生产效率。

智能制造中的自动生产机器人也在提高效率和精度方面发挥着重要作用。在传统服装生产过程中，许多环节依赖人工操作，尤其是在裁剪、缝纫和包装等方面，既费时又容易出错。自动生产机器人能在这些环节中替代人工，进行高效、精准的工作。通过人工智能驱动的缝纫机器人能够根据不同款式自动调整参数，完成从缝制到质量检测的全过程（图 1-14）。自动化缝纫机器人的应用不仅提高了生产的精准度和速度，还大大降低了人工成本。智能质检在智能化制造中同样扮演着重要角色。传统的质检依赖人工检查，不仅费时且容易产生人为误差。AI 驱动的智能质检系统通过图像识别技术和深度学习，对每一件产品进行细致检测。这些系统配备高分辨率摄像头和传感器，能够检测到服装上的瑕疵，如线头、接缝等缺陷，甚至能发现微小的织物问题。

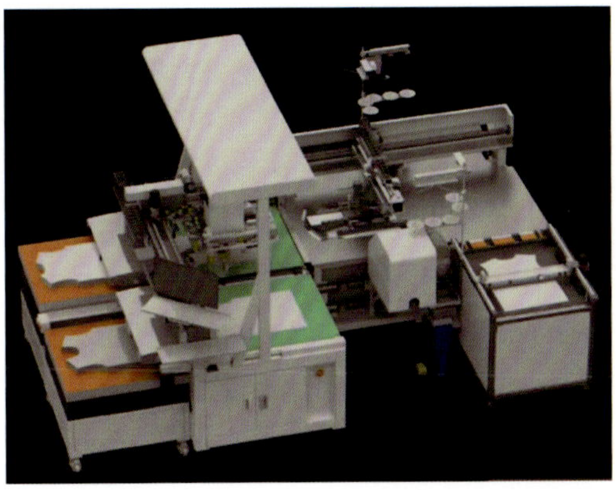

图 1-14
速英科技的自动缝纫机器人

智能化的供应链管理是整个智能制造系统的核心。现代服装企业的供应链通常涉及多个生产环节和配送节点，如何高效协调这些环节成为数智化转型的关键。通过人工智能技术，供应链中的每个环节都可以被智能化地优化。AI 系统能够基于历史订单、生产周期、运输路线等数据，实时调整生产和配送计划，预测供应链中的波动并提前调整策略，避免生产和物流上的瓶颈。通过数据分析，AI 能够确保生产和配送流程的高效性，减少库存积压，降低物流成本，并提高整个供应链的透明度。

随着人工智能和物联网技术的发展，智能化服装制造不仅仅提升了生产效率，还使得制造过程更加灵活。AI 能够根据市场需求和消费者的偏好，调整生产计划和产品款式，推动服装制造向“小批量、多样化”的定制化生产模式转型。这种生产模式满足了快速变化的市场需求，避免了库存积压，提高了市场响应速度。

AI 的智能调度和精准预测能力使得服装制造商能够灵活应对市场的变化，提升产品创新能力，降低生产成本。

在智能制造的过程中，IoT 技术同样发挥着至关重要的作用。物联网技术通过将传感器嵌入生产设备和产品中，实时采集生产过程中的各种数据。这些数据可以帮助 AI 系统对生产环境、设备状态和产品质量进行实时监控，确保生产过程中的每个环节都达到最佳状态。例如，传感器能够实时监控设备的运行状况，发现故障隐患并提前进行维护，避免停机损失。同时，物联网技术还能够收集生产数据，供 AI 系统进行分析和优化，从而提升生产效率和产品质量。

智能化服装制造不仅仅提高了生产效率，它还通过提升质量控制和供应链管理水平，推动服装产业的全面升级。通过自动化机器人、智能调度系统、AI 驱动的质检和库存管理，服装制造商能够实现更高效、更灵活的生产，降低生产成本，提高产品质量，提升市场响应能力。这些智能化技术的应用，使得服装制造企业能够在全球化的竞争环境中保持优势。随着技术的不断发展，未来的智能化服装制造将进一步推动行业的创新与转型，向着更加智能、高效和个性化的方向发展。

（三）智能化服装营销

在服装产业全面迈入数智化时代的过程中，营销环节的智能化转型正推动着传统零售模式向精准化、个性化和沉浸式方向演进。相较于数字化阶段对业务流程的线上迁移和数据沉淀，智能化营销通过机器学习、深度学习、计算机视觉等核心技术，构建起具有自主决策能力的闭环系统。这种转变的核心在于数据要素从被动记录向主动创造的跨越，算法模型从规则驱动向特征自学习的进化，以及业务系统从流程固化向动态优化的升级。

智能消费洞察系统是这一转型的核心组成部分。它通过融合多源异构数据，构建起一个全面的消费者认知模型。系统整合了消费者的基本信息、行为轨迹、社交舆情和环境变量等多种数据，借助神经网络捕捉到消费者潜在的兴趣偏好。这一过程能够提前识别消费趋势、周期性变化甚至突发需求，并通过智能推理技术分析各种营销因素对销售转化率的影响，进而为策略优化提供可操作的依据。与此同时，智能客服系统也借助自然语言处理和知识图谱的结合，突破了传统规则引擎的局限性。现在的智能客服能够准确识别用户的意图和情感，从而提升客户服务的效率和质量。系统通过强化学习优化应答策略，能够根据实际对话场景逐步调整应答方式，持续提高对话完成率。

此外，智能推荐系统通过深度学习突破了传统协同过滤的限制。通过跨模态的特征交互，系统能够更准确地把握用户的需求和兴趣。例如，用户的历史行为数据和商品的属性数据会通过深度学习模型进行融合，实时捕捉用户即时的兴趣变化，提供个性化推荐。而针对新品推广冷启动问题也得到了有效解决，通过元学习方案，利用少量种子用户数据快速建立产品特征与潜在客群的映射关系。与此同时，基于服装知识图谱的搭配推荐引擎通过图传播算法生成多层次的搭配方案，提高了推荐的精准度和转化率。

智能虚拟试衣技术结合了深度学习、计算机视觉和虚拟现实技术，提供了在线试穿衣物的创新体验。基于深度学习的二维虚拟试衣通过扩散模型识别输入的服装与人体特征，能够生成真实的服装穿着效果；而智能 3D 试衣则通过人体建模、服装的三维模拟和虚拟现实技术，提供更加精准和互动的试穿体验，能够动态展示服装在不同姿势下的效果。随着技术的发展，智能虚拟试衣不仅提升了购物体验，还为电商平台带来了更高的客户转化率，并正在朝着更高的沉浸感和个性化方向发展。

智慧门店系统构建起物理空间与数字空间的深度交互网络，通过物联网感知层实时捕捉客流动线、驻留热点等空间数据（图 1-15）。边缘计算节点对视觉传感器数据进行本地化处理，采用目标检测算法统计试衣频次，结合 RFID 标签读取数据，构建商品关注度的时空分布热力图。增强现实导购系统通过即时定位与地图构建技术实现虚拟信息与实体场景的精准叠加，当顾客注视特定陈列区域时，自动投射面料成分、工艺细节等增强信息。基于数字孪生的门店仿真系统，可对动线规划、陈列方案进行多目标优化。

综上所述，服装产业的数智化转型通过技术的深度融合，现在已经逐步建立起了一个涵盖设计、制造、营销全链条的数智化制造流程（图 1-16）。从 AI 技术辅助设计师创作、数字化样板开发，到制造环节中的智能调度和多模态推荐系统的应用，数智化技术已全面推动服装产业向更高效、更精准的方向跃进。这些数智系统通过“数据—算法—价值”的闭环反馈机制，增强了整个产业链的协同效应和智能决策能力，不仅提升了生产效率，也加速了创新和市场响应的速度。随着技术的不断发展，服装产业的数智系统将更加集成化，向“感知—决策—创造”一体化的认知智能方向演进。在物理与数字深度融合的背景下，数智技术不仅将重塑服装设计、制造和营销的流程，更将推动产业向更加可持续、个性化和智能化的方向发展，最终形成以人为本、环境共生的全新时尚产业范式。

图 1-15
智慧门店示意图

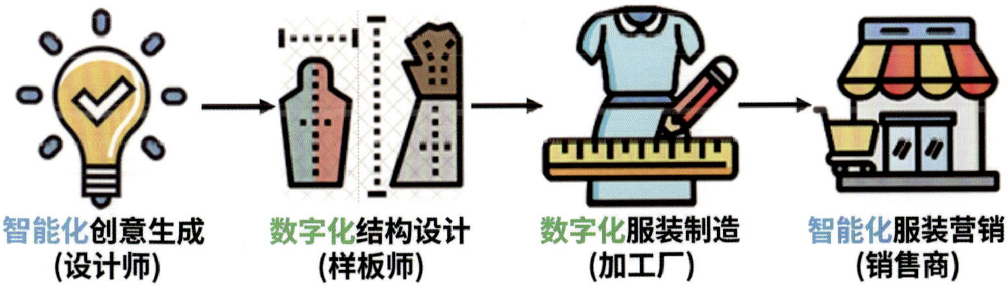

图 1-16
服装数智制造流程
（来源：Style3D公司）

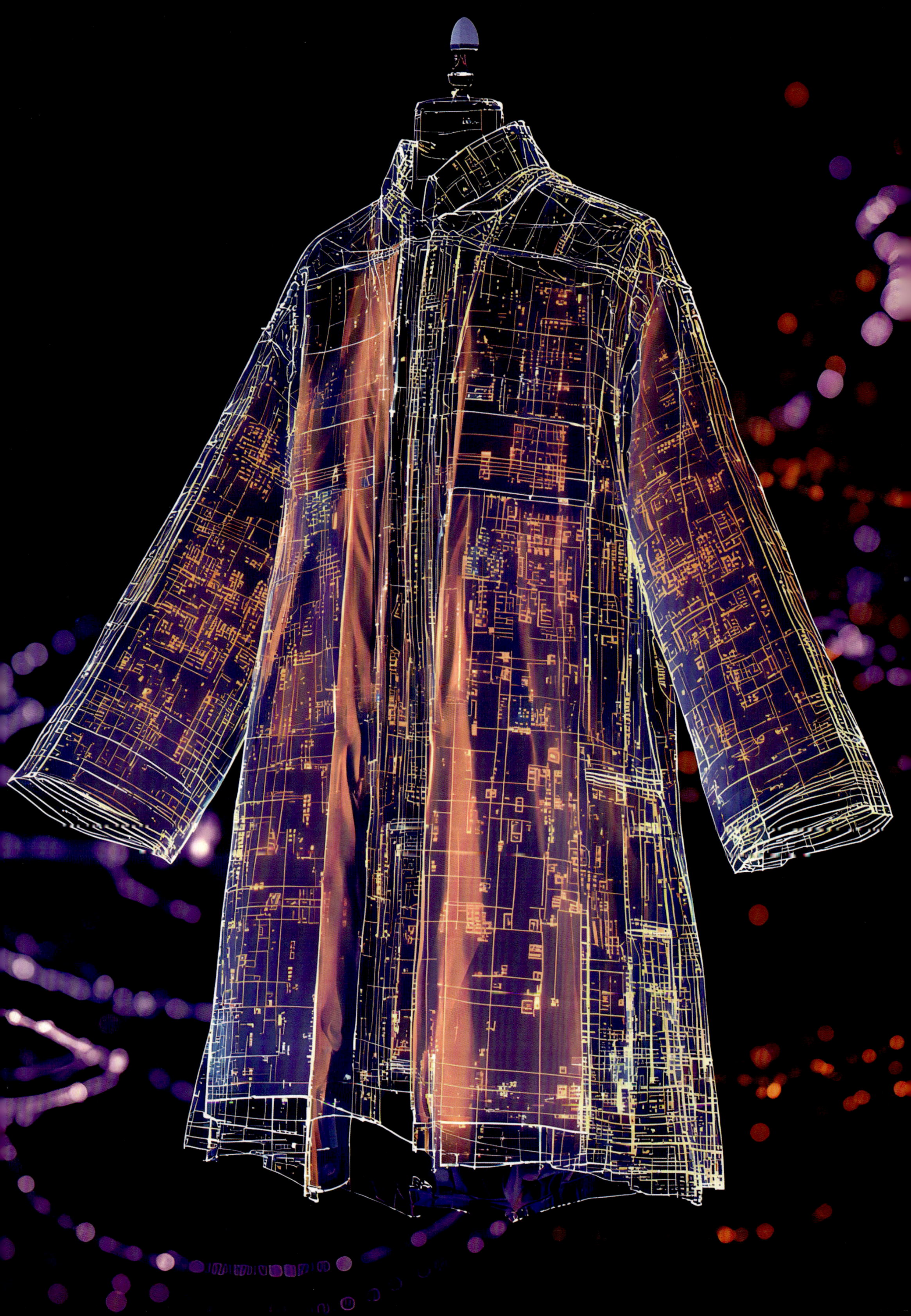

第 2 章

数智技术基础理论

在服装产业迈向数智化转型的浪潮中，技术创新正在深刻重塑设计、制造与营销模式。从自动化生产线到个性化定制，再到虚拟试穿与智能供应链管理，数智技术的广泛应用已成为推动行业发展的核心驱动力。这些技术的实现离不开数据科学和人工智能等基础理论的有力支撑。数据科学为大规模数据的收集、处理、分析与可视化提供了强大支持，而人工智能则通过深度学习、机器学习等方法，使系统能够自动识别、预测并生成新数据。这些理论不仅为技术发展奠定了坚实基础，也为服装产业的持续创新开辟了广阔前景。

第一节 数据科学

一、数据科学概论

在现代社会，数据已经成为推动科技与商业创新的核心资产。从最初的简单记录到如今的海量数据集，数据不仅反映了人们所处的世界，还为各行各业提供了宝贵的洞察。随着信息技术的飞速发展，数据的收集、处理和应用能力日益增强，数据科学、大数据技术以及云计算的兴起，改变了人们对数据的理解与应用方式。

（一）数据

数据是通过观察、实验或计算获取的事实、概念或指令的集合。在数字时代，其表现形式呈现多样化特征，包括文本、数值、图像、音频等。原始数据本身不具备直接应用价值，需通过系统性分析与解读才能转化为有效信息。例如，服装企业通过消费者购买数据的挖掘，可识别市场趋势与偏好特征，进而指导产品研发与库存管理。数据分析的价值在于揭示商业机会、评估潜在风险并预测发展趋势，为管理者提供科学决策依据。数据可根据不同维度进行分类，主要包含以下几种分类体系：

1. 按性质分类

数据可以根据其性质分为定性数据和定量数据。定性数据描述事物的属性特征，如性别（男 / 女）、颜色（红 / 蓝）、品牌名称等。其表示形式可包含文字、数字编码或特殊符号，但数值仅作为类别标识不具备数学意义。定量数据可以反映事物的量化特征，如销售额、温度、身高等。此类数据可通过数值计算揭示客观规律，是科学研究与商业决策的重要依据。

2. 按计量尺度分类

统计学家史蒂文斯（S.S. Stevens）提出了四种数据的计量类型，为数据尺度划分提供理论框架（表 2-1）。

3. 按取值特征分类

数据可以根据取值特征分为离散数据和连续数据。离散数据是指取值空间有限的间断型数据，表现为整数形式。如服装企业员工人数、生产线次品数量等。与之相对，连续数据可以在特定区间无限细分的测量值，此类数据更适用于高级统计建模。如缝纫样板开孔尺寸为

表 2-1 数据的四种计量尺度

尺度类型	特征描述	典型示例	运算允许性
定类尺度	区分互斥类别，无顺序关系	性别编码（1=男，2=女）	频数统计
顺序尺度	体现类别间的等级顺序	产品等级（优等品>合格品>残次品）	比较排序
定距尺度	具有相等的测量单位，无绝对零点	温度（20℃与 25℃温差=5℃）	加减运算
定比尺度	含绝对零点，可进行比例运算	产品重量（0kg 表示无质量，10kg 是 5kg 的两倍）	四则运算

12.35mm、每块样板的平均裁剪时间为 3.28 秒等。

4. 按组织形式分类

基于数据的组织形式和存储方式，数据还可以分为结构化数据与非结构化数据。结构化数据具有预定义模式的关系型数据，其典型应用如销售记录表（表 2-2），其中的数据就是符合行列二维表格式的结构化数据。相反，非结构化数据没有固定的格式，可能是文本、图像、视频或音频等各种形式，如社交媒体帖子、电子邮件内容、照片等。非结构化数据的分析和处理更为复杂，需要更高级的技术来提取有用信息。

（二）数据科学

数据科学是一门综合性学科，融合了计算机科学、数学、统计学以及各类行业领域专业知识（图 2-1），旨在从海量且复杂的数据中提取有价值的信息，并将其转化为可操作的决策依据。数据科学的诞生与信息技术的快速发展密切相关。在其发展过程中，统计学家通过严谨的数据收集、整理与分析，尝试推断总体特征与规律，形成了早期的决策支持框架。自计算机诞生以来，数据持续积累，并以爆炸式的速度增长。从最初的简单事务处理记录，到如今在互联网、物联网等多元化应用场景下的海量、多源数据，数据的类型和规模日益复杂。面对如此庞大且复杂的数据，如何从中精确提取有价值的信息，已成为当今科技与商业发展的核心问题。在这一背景下，数据科学应运而生，并逐步发展成一个相对完整、不断演化的学科体系。

数据科学的工作流通常包括数据收集、数据处理、数据分析、结果呈现和决策支持等关键步骤。首先，数据科学家通过多种渠道收集相关数据，这些数据可能来源于数据库、传感器、用户行为记录等多种途径。收集到的数据往往需要经过清洗和处理，以去除噪声、空值、重复数据和异常值，确保数据的准确性和一致性。接下来，进行数据的探索性分析，从原始数据中提取出具有代表性和预测能力的特征。基于这些特征，选择合适的模型并应用机器学习算法进行训练与预测。最后，将分析结果通过可视化工具呈现，撰写易于理解的报告，帮助决策者全面理解数据洞察，支持业务决策、

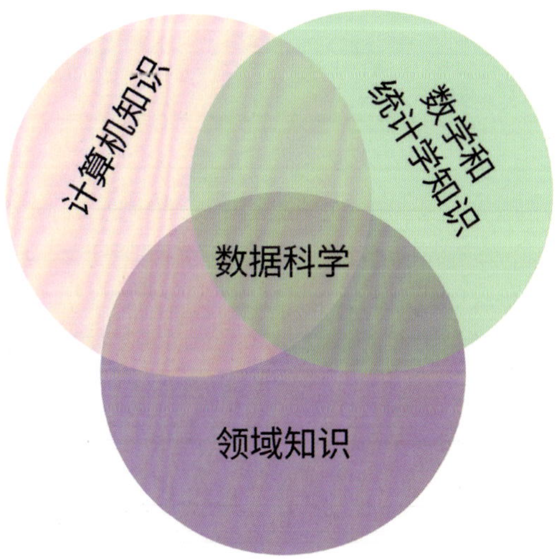

图 2-1
数据科学的知识架构

表 2-2
服装销售表

销售 ID	日期	客户 ID	产品 ID	产品名称	尺码	颜色	数量	单价	小计
1	2024-05-17	101	P001	男士牛仔裤	M	蓝色	2	99	198
2	2024-05-17	102	P002	女士 T 恤	S	白色	1	49	49
3	2024-05-17	103	P003	儿童运动服	L	红色	3	89	267
…	…	…	…	…	…	…	…	…	…

战略规划和持续优化。

在服装行业，数据科学的应用可谓无处不在。在市场调研领域，通过对社交媒体、电商平台等渠道的数据进行全面收集与深度分析，企业能够精准把握消费者的时尚偏好、流行趋势等关键信息。例如，当社交媒体上某一特定风格的服装成为热门话题且引发广泛讨论时，服装企业便能敏锐捕捉到这一市场信号，加大在该风格服装上的设计与生产投入，确保产品与市场需求紧密契合。在供应链管理方面，数据科学发挥着优化库存管理的关键作用。通过对历史销售数据、季节因素、市场趋势等多维度数据的综合分析，企业能够预测不同款式服装的销量，从而合理安排生产计划与库存水平，有效避免库存积压或缺货现象的发生。在客户关系管理方面，通过对客户的购买历史、浏览行为、偏好分析等数据的深入研究，企业可以实施个性化营销。通过推荐系统，企业能够向每位客户推送最符合其兴趣的产品，从而提升客户转化率、增强客户黏性并提高忠诚度。

（三）大数据技术

大数据技术，简单来说，是指从各种类型的海量数据中快速提取有价值信息的技术。这一技术的兴起与数据量的急剧增长密切相关。随着互联网、移动设备和物联网等技术的普及，数据的生成速度和规模已达到前所未有的水平。传统的数据处理工具和技术在面对如此庞大、快速且多样化的数据时，显得力不从心，难以满足日益增长的需求。因此，大数据技术应运而生，旨在解决这一挑战。其发展历程可以追溯到20世纪90年代，当时谷歌公司提出的分布式文件系统和MapReduce编程模型，为大规模数据存储和处理提供了新的思路。基于这些技术理念，开源的大数据框架Hadoop应运而生，它结合了Hadoop分布式文件系统和MapReduce计算模型，使企业能够以较低的成本搭建强大的大数据处理平台。随着技术的不断发展，Spark等高效的大数据处理框架也逐渐崭露头角，显著提升了数据处理的速度和效率，尤其是在内存计算和实时数据处理方面取得了显著突破。

大数据技术的核心内容涵盖存储、处理、分析和管理等多个方面。在存储方面，大数据技术采用分布式存储架构，通过将数据分散存储在多个节点上，提升了存储的可靠性和可扩展性。例如，Hadoop分布式文件系统将数据拆分为多个数据块，并将其分布式存储在不同的节点上，实现数据冗余存储，确保即使部分节点出现故障，数据仍能继续访问。在处理方面，大数据技术通过并行计算技术对大规模数据进行高效处理。MapReduce编程模型就是一个经典的并行计算框架，它将数据处理任务分解为Map和Reduce两个阶段，通过多个节点的协同工作，显著提升了数据处理速度。在分析方面，大数据技术结合了机器学习、深度学习和数据挖掘等先进的分析方法，深入挖掘数据中的潜在价值。这些方法能够发现隐藏的模式、趋势以及关联关系，为决策提供依据。在管理方面，大数据技术贯穿数据的整个生命周期，从数据采集、存储、处理到分析，确保数据的安全性、可靠性和有效性。

大数据技术在服装产业中的应用深入到了设计、制造和营销的每一个环节。在设计阶段，品牌可以通过分析国内外流行信息、社交媒体趋势以及历史销售记录，精准捕捉流行元素和用户偏好，从而制定更符合市场需求的设计方案，减少试错成本（图2-2）。在制造环节，大数据优化了供应链管理，通过实时监控原材料供应、生产进度和物流配送，提高了生产效率，降低了资源浪费和库存积压的风险。在营销领域，大数据驱动的用户画像和行为分析使品牌能够进行精准的目标客户定位，并通过个性化推荐、动态定价和定向广告投放等手

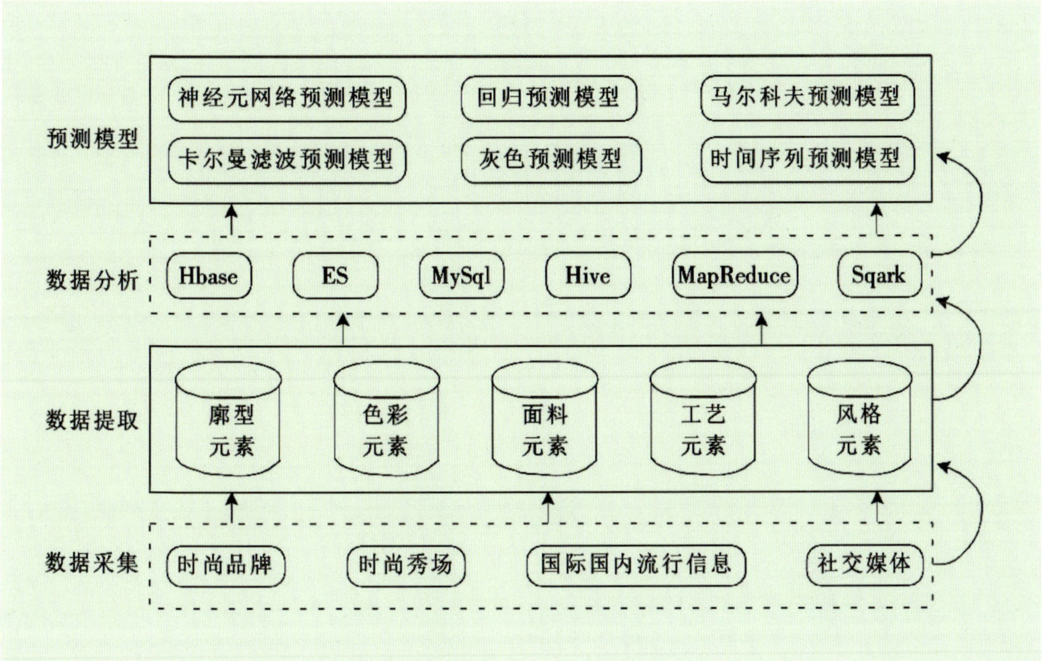

图2-2
基于大数据技术的服装智能预测构架

段提升消费者的购物体验和品牌忠诚度。此外，销售数据的深度挖掘还能帮助品牌及时调整产品策略，预测未来趋势，抢占市场先机。大数据技术的应用不仅提升了服装产业的整体效率，还推动了其从规模化生产向个性化服务的转型，为行业的可持续发展注入了强劲动力。

（四）云计算

云计算是一种基于互联网的计算模式，它通过共享软硬件资源和信息，按需提供给计算机及其他设备。这一技术的崛起与信息技术的进步以及企业对 IT 资源需求的转变密切相关。在过去，企业为了满足自身的业务需求，通常需要投入大量资金购买硬件设备、软件系统，并配备专业的 IT 人员进行维护与管理，这不仅成本高昂，还缺乏灵活性。随着互联网技术的迅猛发展，云计算作为一种全新的计算模式应运而生，极大地提高了资源利用效率，降低了企业的运营成本。其发展历程可以追溯到 20 世纪 60 年代，当时科学家就提出了通过网络提供计算资源的设想。然而，直到 21 世纪初，随着虚拟化技术和分布式计算技术的成熟，云计算才真正从概念转变为现实。2006 年，亚马逊推出的弹性计算云服务，标志着云计算开始进入商业化应用阶段。随后的几年里，谷歌、微软等科技巨头纷纷加大在云计算领域的投入，推动了这一技术的迅猛发展。

云计算的核心内容主要包括三个层面：基础设施即服务（Infrastructure as a Service，简称 IaaS）、平台即服务（Platform as a Service，简称 PaaS）和软件即服务（Software as a Service，简称 SaaS）。IaaS 是云计算的基础层，提供计算、存储和网络等基础设施资源。用户可以通过互联网按需租赁服务器、存储空间等资源，而无需自行购买和维护硬件设备。举例来说，企业可以通过亚马逊的弹性计算云服务，快速搭建业务服务器，并根据实际业务需求灵活调整配置。PaaS 则在 IaaS 的基础上为用户提供了一个开发、测试、部署和管理应用程序的平台。它提供了丰富的工具和服务，例如数据库管理系统、应用服务器、开发框架等，开发者可以将更多精力集中于应用程序的开发，减少了对底层基础设施的关注。例如，谷歌的 App Engine 平台为开发者提供了一个便捷的开发和部署环境。SaaS 是云计算的最高层面，直接为用户提供各种应用软件服务。用户无需在本地安装任何软件，只需通过互联网浏览器即可随时随地使用各种应用，如办公软件、客户关系管理系统等。例如，SAP 提供的时尚管理解决方案就是一种 SaaS 服务，它为服装企业提供了包括产品生命周期管理和供应链管理在内的全套软件解决方案，企业可以按需订阅这些服务，无需自行维护和更新软件（图 2-3）。

云计算在服装行业中的应用具有重要意义。在企业信息化建设方面，云计算可以帮助服装企业显著降低 IT 成本，并快速提升信息化管理水平。通过采用 SaaS 模式的企业管理软件，如 ERP 系统、客户关系管理（Customer Relationship Management，简称 CRM）系统等，服装企业无需大规模投入资金购买和维护软件，可以快速实现全面的信息化管理。此外，云计算的灵活性和可扩展性使得企业能够根据业务的发展，随时调整软件的使用规模和功能模块。在设计协作方面，云计算为服装设计师提供了高效的在线协作平台，设计师们可以通过云端实时共享设计素材和作品，突破地域限制，实现跨地区的实时沟通和协作，极大提升设计效率。在供应链协同方面，云计算帮助服装企业与供应商、经销商等各方实现信息的实时共享与协同工作。通过基于云计算的供应链管理平台，企业和供应链各方能够实时掌握库存、订单、生产进度等关键信息，优化供应链流程，提高响应速度和整体效率。

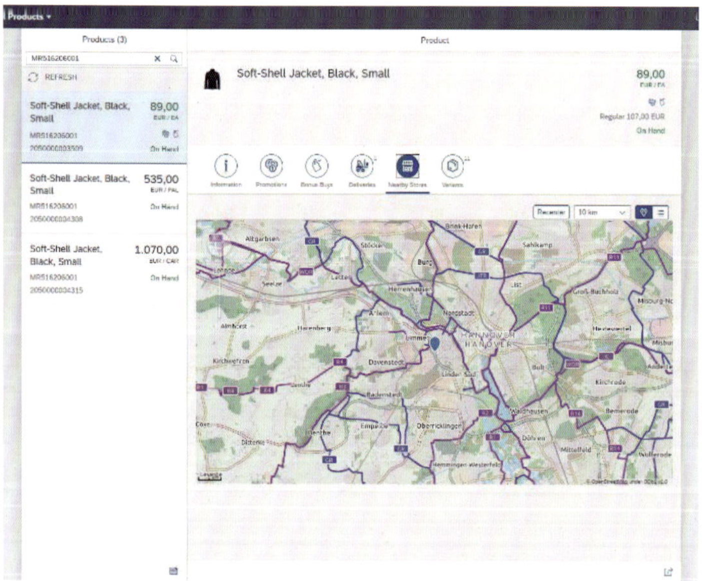

图 2-3
SAP公司的时尚商品管理服务（来源：SAP公司网站）

二、数据科学的应用

（一）数据收集

数据收集是数据科学工作流中的第一步，也是整个数据分析和决策支持过程的基础。对于服装产业而言，数据的采集不仅有助于了解顾客的需求、市场的趋势，还能为生产、设计和销售策略的调整提供支持。传统的数据收集方法包括普查、抽样调查、观察法和实验法。随着技术的发展，数据采集的方式不断多样化，传统的调查方法与现代互联网技术相结合，为企业提供了更多灵活且高效的选择。

1. 普查

普查是最传统也是最全面的数据采集方法，通常通过对特定群体中的所有个体进行调查来获得详尽数据。普查能够提供完整、无偏的数据，因此其适用于需要全局性了解的情况。例如，服装品牌可以通过普查收集消费者的购买习惯和偏好信息。尽管普查的优点是数据完整，但其缺点也很明显：高成本、时间长以及数据收集和处理的复杂度较大。因此，普查通常不适合在大规模的市场环境中使用。

2. 抽样调查

相比之下，抽样调查是另一种常用且高效的数据收集方法。在抽样调查中，研究人员从总体中抽取一定比例的样本进行调查，再推断出总体特征。这种方法的优点在于相对低成本且操作灵活。对于服装行业来说，品牌可以通过抽样调查获取顾客的反馈信息，从而了解消费者的基本需求和市场趋势。然而，抽样调查的准确性高度依赖于样本的代表性以及问卷的设计，若样本选择不当或问卷设计有偏，可能导致数据结果不准确，从而影响决策。

3. 观察法

观察法则通过直接观察和记录现象来收集数据。在服装行业，观察法常用于了解顾客在购物过程中的行为，例如顾客在店铺内的浏览路径、停留时间、购买决策等。观察法的优点是能够获得自然状态下的数据，不会受到人为干预。然而，它也存在局限性，特别是可能受到观察者主观判断的影响，导致数据的偏差。因此，观察法往往需要与其他数据收集方式结合使用，以提高数据的可靠性。

4. 实验法

实验法是一种通过控制实验条件来验证假设的方法，能够揭示因果关系。在服装行业，实验法通常用于测试某些营销策略或产品展示方式的效果。例如，品牌可以通过在不同区域推出不同促销活动或展示方式，观察顾客的反应和购买行为，进而判断哪种策略最为有效。实验法的优点在于能够明确确定变量之间的因果关系，但其实施复杂且成本较高，尤其在需要较大样本量或较长时间进行实验时。

5. 互联网数据采集

随着互联网技术的快速发展，互联网数据采集成为服装行业越来越常用的数据收集方式。通过在线问卷、社交媒体分析和电商平台数据抓取，企业可以快速收集到大量的消费者数据。互联网数据采集的一个重要优势是能够实时跟踪市场变化和顾客需求。例如，通过分析电商平台的用户点击流、停留时间、转化率等数据，企业可以实时了解哪些产品最受欢迎，哪些设计元素最能吸引顾客，从而调整产品策略和营销方案。

现在，服装企业已经能够借助多种方式收集并分析数据。无论是传统的普查、抽样调查，还是现代的互联网数据采集，每种方式都有其独特的优缺点。在服装行业中，合理结合这些数据收集方法，能够帮助企业深入了解消费者需求、预测市场趋势，并做出数据驱动的决策，从而提升产品竞争力，推动品牌持续发展。

（二）数据处理

数据处理是提升数据质量的核心步骤，涵盖数据清洗、转换、脱敏等多个操作环节。有效的数据处理可以确保数据的准确性和完整性，从而为后续分析和决策提供可靠支持。

1. 数据清洗

数据清洗是数据处理中的首要步骤，目的是识别并修正数据中的错误和不一致性。常见的问题包括录入错误（如价格或库存数量错误）和分类标签错误（如服装销售数据中的不正确标签）。此外，异常值检测也是清洗过程的重要内容，异常值可能由数据录入错误、设备故障或自然异常引起，若不加以处理，会对分析结果产生误导。常用的异常值检测方法有基于统计学的方法和机器学习方法。数据清洗还包括处理缺失值。当面临缺失的销售记录或客户信息时，服装企业需要采取合适的策略。常见方法包括用统计值（如平均值或中位数）填补缺失数据，或者通过机器学习算法利用其他变量预测缺失值。此外，噪声处理也是数据清洗的一部分。例如，文本数据中的拼写错误或图像数据中的模糊区域需要进行去噪，以确保数据的准确性。

2. 数据转换

数据转换是将数据转换为适合分析和建模的格式或尺度。常见的转换方法包括编码转换和数据规范化。例如，服装尺码和颜色通常以分类变量的形式存在，但通过编码转换，可以将其转化为数值型数据，从而使算法能够有效地分析销售趋势和消费者偏好。数据规范化通过将不同特征的数值缩放到统一范围内（如0到1），避免了量纲差异对分析结果的影响。例如，服装价格的范围可能从几十元到几千元不等，而客户评分通常在1到5的区间内。如果不进行规范化，价格特征可能对模型的影响过大，从而偏离真实的分析结果。规范化可以确保每个特征在模型中具有平等的影响力，从而提高预测准确性和模型的泛化能力。除了传统的编码和规范化，特征工程也是数据转换的重要内容。特征工程是通过从原始数据中提取或构造新的特征，以提高模型性能。例如，基于顾客购买历史数据，服装企业可以构造出消费者偏好的特征，进而改进个性化推荐系统。

3. 数据脱敏

在服装行业中，数据脱敏是保护消费者隐私、遵守数据保护法规的重要步骤。例如，在个性化推荐系统中，企业会收集消费者的购买历史、尺码、颜色偏好等敏感信息。为了避免这些敏感数据被泄露，脱敏技术至关重要。常见的脱敏方法包括泛化、掩码和加密。泛化是通过将具体数据转化为更为宽泛的类别来减少隐私泄露的风险。例如，消费者的具体尺码信息（如“L”或“38”）可以被替换为一个更模糊的范围（如“中等”或“38-40”）。掩码则通过部分隐藏敏感数据，如将订单号或支付信息中的数字用星号替代，仅显示部分信息，以确保数据的格式完整但不暴露具体细节。加密则是通过将敏感信息转化为加密形式，使其对非授权者完全不可读，只有获得授权的人才能解密并获取原始数据。

4. 数据增强

在有限数据的情况下，提升信息挖掘能力变得尤为关键。数据增强是通过对现有数据进行多样化变换来扩充数据集，从而提高模型的泛化能力和鲁棒性。数据增强的方法多种多样，尤其在图像数据中，常用的增强方法包括旋转、缩放、剪裁、翻转、噪声加入、亮度与对比度调整等。这些操作能够生成新的样本，模拟不同的现实场景，提高模型对未知数据的适应能力。在服装行业中，通过数据增强技术，可以生成不同角度、不同光照环境下的服装图像，从而帮助模型在训练时“见多识广”。例如，通过旋转图像模拟不同的穿着姿势，通过调整光照模拟不同的穿着环境（图2-4）。这样，即使模型在实际应用中遇到新的服装图像，它依然能够准确识别服装类型，展现出强大的适应性。

（三）数据分析

数据分析是一个通过对数据进行收集、清洗、处理和解读的过程，旨在从中提取有价值的信息，支持和优化决策。在服装行业，数据分析的应用场景广泛且至关重要，不仅可以提升企业的运营效率，还能增强其市场竞争力。通过对销售、消费者行为、市场趋势等数据的深度分析，企业可以更精准地把握消费者需求，优化产品设计、生产计划、库存管理、定价策略和营销活动，从而实现更高效的资源配置和利润最大化。常见的数据分析方法包含回归分析、深度学习等（表2-3）。

大数据挖掘为设计师提供了强大的时尚洞察力，使其能够敏锐捕捉潮流走向，前瞻性地预测未来趋势。数据驱动的设计流程助力品牌在每个季度高效推出更贴合市场需求的新品，显著提升设计的创新性和市场响应速度。通过深入剖析历史趋势、社交媒体热议以及海量时尚数据，企业得以精准把握未来潮流的色彩、款式与面料，为服装设计提供坚实支撑。在销售端，数据分析同样发挥关键作用。企业可借此洞悉不同款式、颜色和尺码的销售动态，通过复盘历史销售数据，精准识别畅销品与滞销品，从而做出更科学的采购与库存决策，有效避免产能过剩或库存积压，显著降低运营成本。例如，企业能够运用季节性销售数据，动态调

图 2-4
图片数据增强结果

表 2-3
常见的数据分析方法

方法	简介	应用
描述性分析	通过统计学方法总结数据的基本特征，如均值、方差、频率等	分析不同季节销量趋势，了解热门服装款式及其颜色、尺码分布
回归分析	建立变量之间的关系，用于预测或解释数据间的依赖关系	根据天气和节假日预测服装销量，例如，通过线性回归预测 T 恤销量与温度的关系
分类算法	用于将数据分为不同类别，如决策树、随机森林、支持向量机等	将顾客分类为不同类型（如商务、休闲、运动），以便于个性化推荐服装
聚类分析	将数据按特征分组，找出相似的数据集合，如 K-Means、层次聚类等	通过顾客购买行为聚类，发现潜在的消费群体，调整营销策略
时间序列分析	研究随时间变化的数据特征，用于预测未来趋势	预测时尚趋势和未来销售量，如分析一年内的销售数据来决定新品投放时间
主成分分析（PCA）	降维技术，用于简化数据集，提取主要特征	在服装设计中提取关键款式特征，例如，从大规模服装图像中提取核心设计元素
关联规则分析	寻找数据集中变量之间的关联关系，如 Apriori 算法	分析顾客的购买行为，发现常见的联购模式，例如，“买裤子的人常买皮带”
深度学习	使用神经网络从复杂数据中提取模式和预测结果	通过卷积神经网络（CNN）分析服装图像，识别流行款式或自动分类服装类别
文本挖掘	从文本数据中提取有价值信息，如评论分析、情感分析	分析顾客评价，了解服装的优缺点，从而优化设计和生产
强化学习	在动态环境中通过反馈优化决策模型	在虚拟试衣间中优化用户体验，通过交互调整推荐的服装搭配
缺失值处理	对数据中缺失值进行插补、删除或其他处理，确保分析的完整性	修复服装库存数据中的缺失信息，保证数据分析的准确性
特征工程	对原始数据进行转换或生成新的特征以提高模型效果	提取服装的关键尺寸特征（如袖长、肩宽），提高对消费者需求的预测能力
A/B 测试	比较两种不同方案的效果，找到最优解决方案	测试两种不同的服装推荐算法，观察哪种算法能够带来更高的点击率和购买率

整库存结构，灵活应对市场需求变化。消费者行为分析则为企业提供了更深层次的市场洞察。通过深度解析顾客的购买偏好、购物习惯及社交媒体互动，企业能够敏锐捕捉其需求变迁与消费趋势。消费者购买行为数据不仅揭示了顾客的购买模式，如对特定款式或品牌的偏爱，还能帮助企业构建个性化推荐系统，优化顾客购物体验，提升复购率。

快销品牌 Shein 作为跨境电商的典范，充分展现了大数据分析在优化产品设计、销售策略和库存管理方面的卓越效能。Shein 深度分析消费者行为、社交媒体数据、历史销售记录和市场趋势，从而精准预测流行趋势并响应市场变化。数据驱动的产品设计模式，使 Shein 能够快速推出符合市场需求的新品，并根据消费者偏好即时调整产品款式、颜色和材质，进而提升设计创新性与市场响应速度。在库存管理方面，Shein 同样精妙地运用大数据优势。通过实时监控销售趋势，Shein 能够精确预判商品热销潜力与滞销风险，有效规避过度生产和库存积压，降低成本并提升资金周转效率。销售环节，Shein 采用动态定价策略，根据市场需求波动、竞争对手定价及季节性因素，实时调整商品价格，确保价格竞争力并实现利润最大化。更重要的是，Shein 凭借对消费者购买行为、购物习惯和社交媒体互动的深度分析，精准捕捉消费者需求变化，优化营销策略并定制个性化推荐，显著提升用户购物体验，并有效提高客户复购率和忠诚度。

（四）结果呈现和决策支持

在数据科学的工作流中，结果呈现和决策支持是至关重要的最后步骤，它们直接影响数据分析的价值和应用。数据可视化是这一过程中核心的技术手段，能够将复杂的数据分析结果以直观、易懂的方式展示给决策者、团队成员以及其他利益相关者，从而帮助他们理解数据背后的趋势和关系。通过合适的可视化形式，数据的本质得以清晰展示，推动决策的快速而精准的制定。与此同时，决策支持则是数据科学应用的最终目标，它依赖于数据可视化的结果来实现对决策过程的辅助和优化。

数据可视化不仅是将数字和数据呈现出来的工具，它更像是数据和现实世界之间的桥梁。通过不同类型的图表、图形和图像，数据得以呈现出其内在的规律和潜在的信息。例如，柱状图和饼图等简单的图形能够帮助我们理解单一变量的分布情况，散点图则能够揭示出多个变量之间的关系，折线图适合用来表现随时间变化的趋势，而热图和地理可视化图则能够展示空间和地理分布中的特征。数据可视化技术帮助分析者将原始数据转化为可以直接解读的视觉信息，从而减少了解数据所需的时间和精力，提高了决策者获取信息的效率。

现代的数据可视化不仅仅局限于静态图表，还包括交互式和动态可视化，这极大地增强了数据展示的深度和灵活性。交互式仪表盘让用户能够主动探索数据，通过筛选和过滤功能观察数据在不同条件下的变化，这为数据分析提供了更加细致的洞察。例如，用户可以通过交互式界面自由选择时间段、区域或其他变量，实时查看相关数据的趋势变化，发现新的模式。动态可视化则通过动画和时间序列的方式展现数据的演变过程，例如，时间轴上的趋势变化能够直观展示一个长期变化过程的演变，帮助决策者看到长期的影响和短期波动之间的关系。

实现这些可视化的过程依赖于先进的工具和技术。Python 中的 Matplotlib 和 Seaborn 是最常用的可视化库，其中 Matplotlib 以其灵活性和高度定制化的能力广受欢迎，Seaborn 则在统计数据的可视化中提供了更高层次的支持，能够生成美观且准确的图表。此外，Plotly 支持交互式图表的制作，能够让用户直接与数据互动。R 语言也提供了强大的可视化支持，尤其是 ggplot2，因其精美的图形和简洁的语法被广泛应用。对于那些没有编程背景的用户，商业智能工具如 Tableau 和 Power BI 提供了可视化分析的便捷平台，它们通过拖拽式操作帮助用户快速构建图表和仪表盘，且支持实时交互和数据更新，适用于各种规模的企业和个人用户（图 2-5）。

然而，数据可视化的最终目的是服务于决策支持。它不仅仅是让数据“看得见”，更重要的是让决策者能够通过这些可视化图表和图形做出明智的决策。决策支持系统是数据科学的核心应用之一，它将数据分析的结果转化为决策的依据，辅助企业和组织做出更高效、更合理的选择。决策支持系统已经成为帮助管理者分析复杂问题、评估不同选项以及预测未来发展趋势的必备工具。例如，在销售和营销领域，决策支持系统能够根据数据可视化结果帮助企业识别潜在的市场机会和风险，从而为市场营销策略提供科学依据。通过建立基于数据的决策框架，决策支持系统不仅能提供实时的数据反馈，还能通过模拟不同的决策情景，帮助企业选择最优方案。

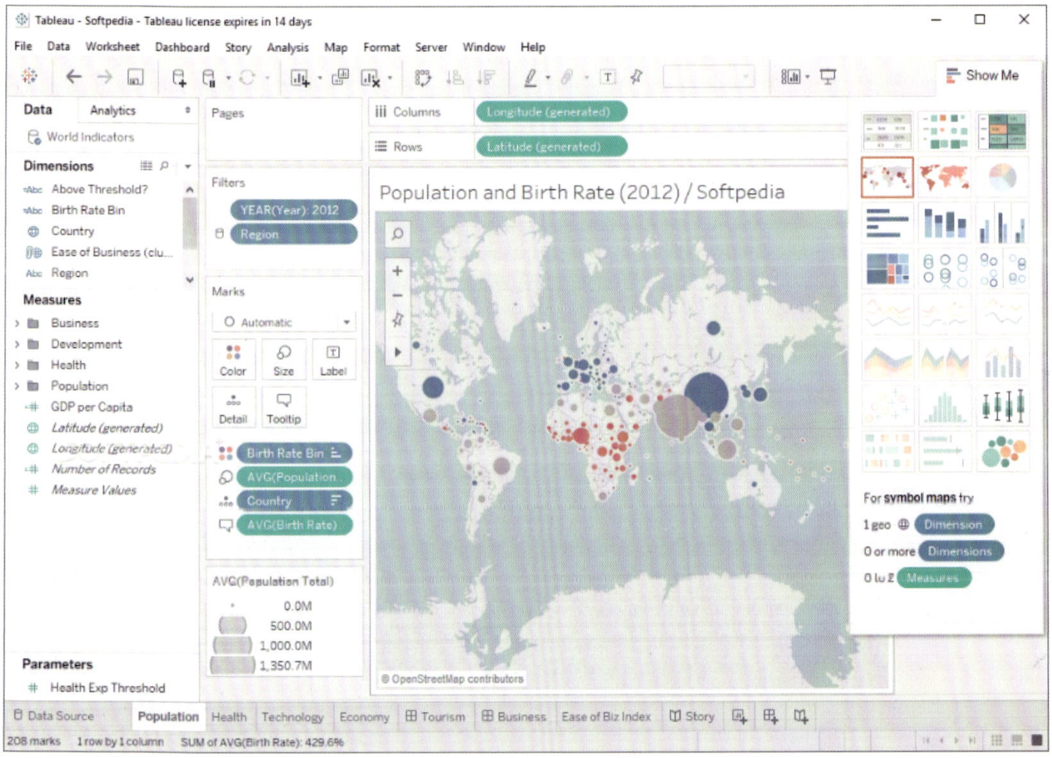

图 2-5
Tableau软件界面
（来源：Tableau软件官网）

第二节 人工智能

一、人工智能概述

人工智能（Artificial Intelligence，简称AI）是通过计算机科学、数学、统计学、神经科学等领域的研究与应用，使得计算机系统执行通常需要人类智能才能完成的任务。这些任务不仅包括自然语言理解、图像和语音识别、机器人控制等感知类问题，还涵盖推理、决策、规划、问题求解、学习与适应等高级认知功能。人工智能技术的终极目标是创造能够模拟、拓展甚至超越人类认知功能的系统，从而实现自动化决策与智能化服务，推动社会各领域的深刻变革。

（一）发展历程

人工智能的探索最早可以追溯到20世纪50年代，这一时期的研究重点是如何赋予计算机感知能力，使其能够理解和解读现实世界（图2-6）。感知式AI成为当时的主流方向，科学家们通过构建规则系统和专家系统，尝试为机器赋予初步的智能。计算硬件的不断进步为这一阶段奠定了基础，早期的AI应用也在文字识别、语音识别和图像识别等领域展现了潜力。到了60年代，随着对感知能力的进一步理解，分析式AI的概念开始形成。基于感知，研究者们引入了逻辑推理等方法，以进行数据分析和问题解决。机器学习技术初露端倪，数据挖掘方法逐渐应用于实践中。分析式AI的目标是通过对现有数据的深入分析，推导出有意义的结论并解决实际问题，这一进展加速了AI技术的

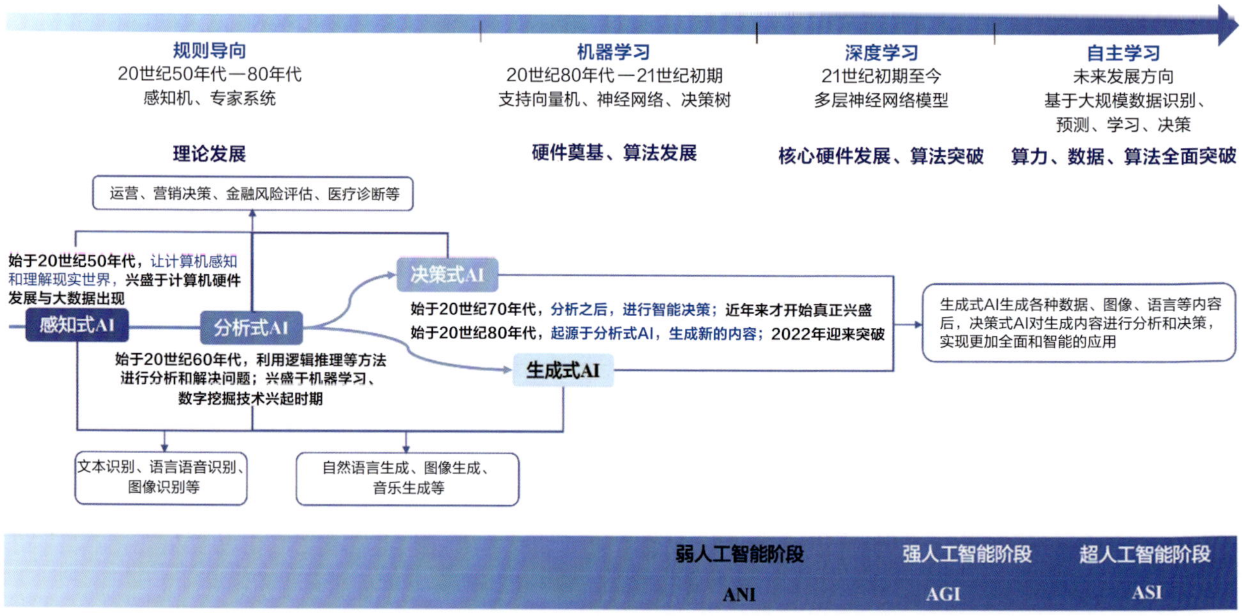

图2-6
人工智能的发展历程
（来源：Style3D公司）

实用化，并在文档处理、语言翻译和图像分类等领域广泛应用。

进入 70 年代后，人工智能的发展进入了决策式 AI 阶段。在分析数据的基础上，决策式 AI 的目标是实现智能决策，使机器能够根据复杂的逻辑和多种变量自主判断。虽然当时的应用受到硬件和算法的限制，但决策式 AI 的研究为后来的技术突破奠定了理论基础。随着计算能力的飞速提升和算法创新使得决策式 AI 迎来了爆发式发展，成为推动智能技术应用的核心动力。到了 80 年代，生成式 AI 逐渐成为研究的热点。以分析式 AI 为基础，生成式 AI 的核心在于通过机器学习生成新的内容。无论是自然语言生成、图像生成，还是音乐创作，生成式 AI 都展现了强大的创造力和适应性。尤其在 2022 年以后，生成式 AI 技术取得了突破性进展，并在多个领域显示出巨大的应用潜力。生成式 AI 不仅局限于内容生成，它还可以与决策式 AI 结合，通过对生成内容的深入分析，推动全面的智能应用。例如，在商业营销、金融风险评估和医疗诊断等领域，生成式 AI 与决策式 AI 的协同作用大大提高了智能化水平。

随着技术的不断发展，AI 从早期的基于规则的专家系统逐渐演变为以数据为驱动的机器学习，并进一步发展到深度学习和自主学习的阶段。深度学习的崛起标志着 AI 进入了一个全新的时代，利用多层神经网络模型，机器能够从海量数据中学习并进行复杂的预测和决策。未来，随着计算能力的提升、更丰富的数据资源以及更先进算法的不断涌现，自主学习有望成为 AI 发展的关键方向，推动机器在识别、预测、学习和决策方面变得更加智能。

从历史的角度来看，人工智能的发展与硬件进步、算法创新以及数据的积累密切相关。从感知式 AI 到分析式 AI，再到决策式 AI 和生成式 AI，每一次技术的突破都推动了 AI 应用领域的拓展。从弱人工智能（Artificial Narrow Intelligence，简称 ANI）阶段到未来可能实现的强人工智能（Artificial General Intelligence，简称 AGI），再到超人工智能（Artificial Superintelligence，简称 ASI）阶段，人工智能的未来充满了挑战与机遇。AGI 是指能够像人类一样理解、学习、推理并解决各种问题的人工智能。与 ANI 不同，AGI 并不局限于特定领域或任务，它具有通用性，能够应对各种复杂的任务，并在面对未知问题时具备自主学习和适应能力。ASI 则指的是超越人类智慧的人工智能。它不仅能够完成所有人类可以完成的任务，还能在所有认知领域超越人类的能力，包括科学创新、艺术创作、道德推理以及复杂决策等。AGI 和 ASI 代表了人工智能的未来愿景和发展挑战，AGI 的实现将大大提升生产力和技术创新，而 ASI 的到来可能彻底改变人类文明的轨迹。

（二）核心要素

人工智能应用中，数据、算力、算法和场景是四个至关重要的核心要素，技术的进步与应用离不开这四大核心要素的深度融合和共同作用。

数据是人工智能的基础。服装产业中的数据涵盖了从生产到销售的各个环节，包括设计图纸、生产工艺、消费者购买行为、尺码偏好、库存管理等信息。数据的质量和数量直接影响到 AI 模型的训练效果。在设计阶段，AI 能够通过分析历史设计数据和流行趋势，为设计师提供灵感和建议。而在生产环节，AI 则可以根据数据进行生产计划的优化，实现个性化和定制化生产。值得注意的是，这些数据往往需要进行精炼和处理。例如，原始的消费者数据可能存在噪声和不准确性，只有通过清洗、标注和过滤，才能为 AI 模型提供可靠的输入。数据不仅仅是 AI 模型的“燃料”，它还代表了产业生态中的反馈机制，通过不断地积累和迭代，为 AI 系统提供了源源不断的成长动力。

算力也是支持 AI 系统运行的关键。在服装产业中，随着数据量的增加和模型的复杂化，计算需求也随之增长。例如，深度神经网络在设计、生产和市场分析中的应用，尤其是在图像识别、需求预测和自动化生产等方面，都需要强大的算力支撑。传统的中央处理单元（Central Processing Unit，简称 CPU）在处理这些大规模数据和复杂模型时可能会显得力不从心，而图形处理单元（Graphics Processing Unit，简称GPU）和张量处理单元（Tensor Processing Unit，简称TPU）等专用硬件能够显著提高处理速度，为AI模型的训练和推理提供高效支持（图 2-7）。算力的持续提升，不仅使得服装产业能够实现大规模数据处理，还能够支持更高效的算法训练和应用，推动智能化服装设计和生产的实现。

在算法层面，人工智能的创新和发展离不开深度学习等算法的支持。深度神经网络的引入，使得 AI 能够自动从海量数据中提取特征并进行建模，尤其在服装产业中的图像分析和自然语言处理任务中，表现尤为突出。对于服装设计师来说，AI 能够通过分析不同风格、颜色、面料等设计元素的组合，为设计师提供最优的设计方案。对于零售商而言，AI 可以通过对消费者历史购买数据的分析，预测未来的购买趋势，从而帮助企业制定更加精准的营销策略。在复杂任务的处理上，深度学习算法展现出了传统机器学习方法无法比拟的优势，尤其是在处理具有高度非线性的数据时，深度神经网络能够通过多层网络结构和非线性激活函数自动从数据中学习出丰富的层次化特征，从而有效地解决了很多传统方法无法应对的问题。

场景则是决定人工智能技术实际价值的关键要素。在服装产业中，AI 技术并非单一地适用于某一个环节，而是贯穿从设计、生产到销售的整个流程。不同的场景要求不同的算法和模型。例如，定制化服装的需求增长促使 AI 在个性化设计和生产中的应用逐步深入，而零售行业则更多依赖于 AI 进行需求预测、库存管理和智能客服等方面的优化。在这个过程中，如何根据具体场景选择和优化 AI 算法、如何结合行业特性进行数据收集和处理，成为了 AI 技术应用的关键因素。场景的多样性和复杂性，要求人工智能能够灵活适应，不断优化以满足行业的不同需求。

（三）技术范畴

AI 是一个广泛的概念，旨在使机器具备模拟人类智能的能力，包括感知、推理、学习和决策等方面。机器学习作为实现 AI 的一种

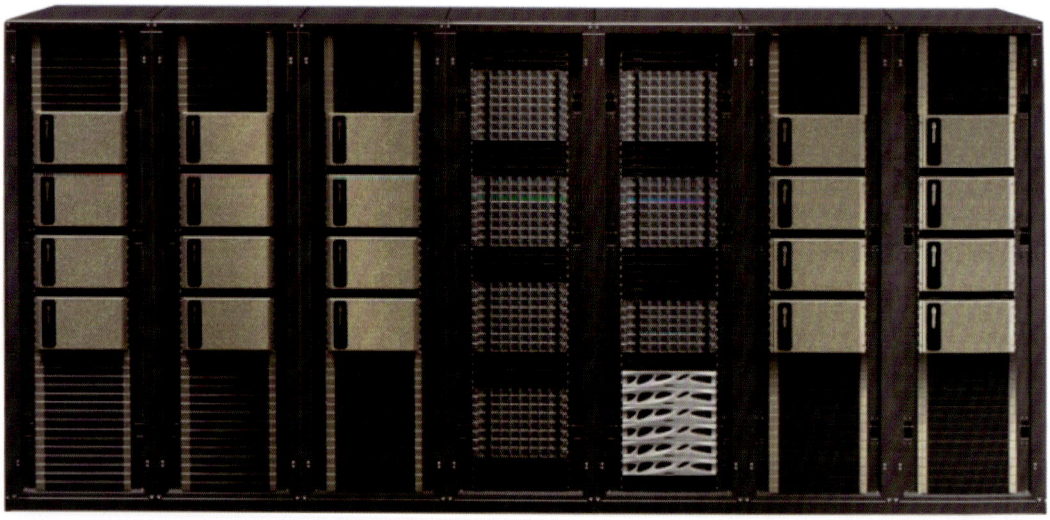

图 2-7
英伟达GPU计算平台

方法，通过数据训练模型，赋予机器自动识别规律并进行预测或分类的能力。深度学习是机器学习的一个分支，利用人工神经网络，尤其是深层网络，模拟人脑的学习方式，在处理图像、语音和自然语言等复杂任务时表现尤为突出。因此，深度学习是机器学习的子集，而机器学习则是实现 AI 的核心技术之一（图 2-8）。

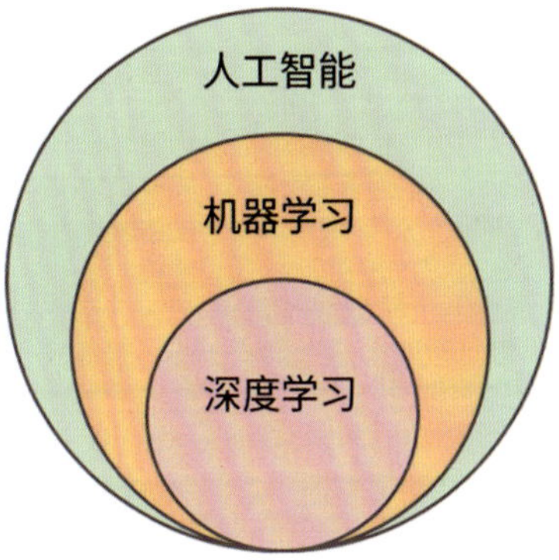

图 2-8
人工智能、机器学习与深度学习的关系图

机器学习作为人工智能发展过程中的重要里程碑，推动了人工智能从依赖规则的专家系统向基于数据的智能系统转型。传统人工智能主要通过人为编写规则来解决特定问题，而机器学习通过算法使计算机从数据中自主学习模式和规律，赋予它们处理复杂、动态任务的能力。机器学习的概念最早出现在 20 世纪 50 年代，成为人工智能研究的基石。随着统计学习理论、优化算法和计算能力的不断进步，机器学习逐渐成为实现智能系统的关键技术。特别是 20 世纪 80 年代后，随着监督学习、无监督学习和强化学习等方法的成熟，机器学习广泛应用于模式识别、预测分析和自动化决策等领域，为人工智能在实际应用中的落地提供了强有力的支持，成为推动人工智能从学术研究走向工业实践的核心动力（表 2-4）。

表 2-4
机器学习方法及其在服装产业中的应用

方法	简介	在服装产业中的应用
线性回归	用于预测连续变量的线性模型，通过找到输入变量和输出变量之间的最佳线性关系进行预测	用于预测服装销售趋势、材料需求、库存管理等。例如，通过历史销售数据预测未来一段时间的库存需求
逻辑回归	用于分类问题的模型，预测事件发生的概率，适用于二分类或多分类问题	用于预测用户购买行为、客户分类等。例如，预测某类用户是否会购买特定服装款式
支持向量机（SVM）	用于分类和回归问题，试图找到能够分离数据点的最佳超平面，适用于高维数据集	用于服装质量检测、面料图案分类等。例如，通过面料纹理图像识别瑕疵或分类不同布料类型
K 近邻算法（KNN）	一种基于实例的分类算法，通过计算新数据点与训练数据点之间的距离，找到最近的 K 个邻居来决定分类或回归结果	用于面料推荐、用户个性化推荐系统等。例如，根据用户的历史购买记录推荐类似风格的服装
决策树	基于树状结构的决策模型，通过对特征的逐层分割来进行分类或回归	用于服装定价决策、供应链优化等。例如，根据不同地区的市场需求和成本进行合理的价格分配
随机森林	由多棵决策树组成的集成学习方法，通过结合多棵决策树的预测结果来提高分类或回归的准确性	用于客户分群、市场分析等。例如，结合多维数据（如客户年龄、购买历史、偏好）进行精确分群，为个性化推荐提供支持
K-Means 聚类	一种无监督学习算法，通过将数据分成 K 个簇，最小化簇内数据点的距离来聚类数据	用于市场细分、流行趋势分析。例如，根据客户的购买行为分群，确定不同消费群体的偏好，从而调整生产策略
朴素贝叶斯	基于贝叶斯定理的简单概率分类算法，假设特征之间相互独立	用于服装评论情感分析、客户满意度分析。例如，分析客户评论的正负情感以改进产品设计和服务
主成分分析（PCA）	一种降维方法，通过将数据投影到主成分方向，保留尽可能多的信息，同时降低数据的维度	用于面料特征提取、图像数据压缩。例如，从高维面料图像中提取主要特征用于分类或检索系统
神经网络	模仿人脑神经元连接的计算模型，能够捕获复杂的非线性关系	用于服装设计生成、自动尺寸调整。例如，通过神经网络生成服装设计草图，或根据用户体型自动调整服装尺寸

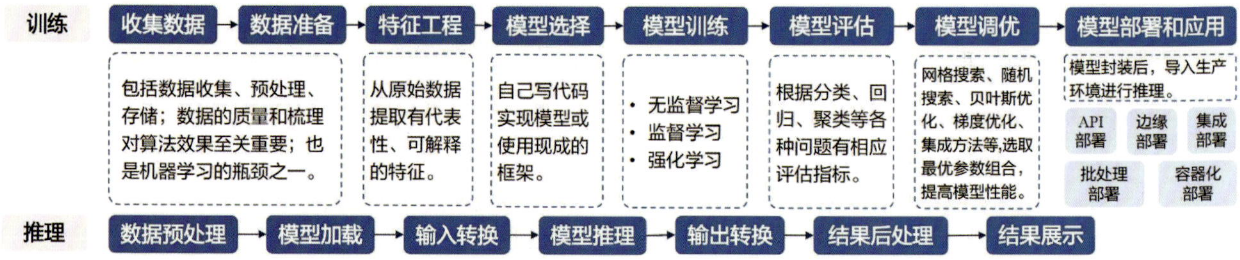

图 2-9
一个AI模型的生命过程

如果数据量小而特征清晰，且模型解释性要求高，可以选择传统机器学习方法。但如果数据量大、任务复杂，且希望自动从数据中学习特征，神经网络可能是更好的选择。源于其强大的非线性建模能力和解决复杂问题的卓越表现，神经网络在所有机器学习方法中热度最高。相比传统方法依赖人工特征工程的局限性，神经网络通过多层结构和非线性激活函数，能够从原始数据中自动提取层次化特征，显著提高了效率和效果。深度神经网络的发展在图像、语音、自然语言处理等领域取得了革命性突破，解决了许多传统算法难以应对的问题。同时，得益于硬件性能的飞跃和大规模数据的可用性，复杂神经网络的训练成为可能，进一步推动了其性能提升。此外，各类新型结构的不断涌现，不仅拓展了应用边界，还确保神经网络始终站在机器学习领域的前沿，成为学术研究和工业实践中不可或缺的核心技术。

图 2-10
数据集的划分与应用

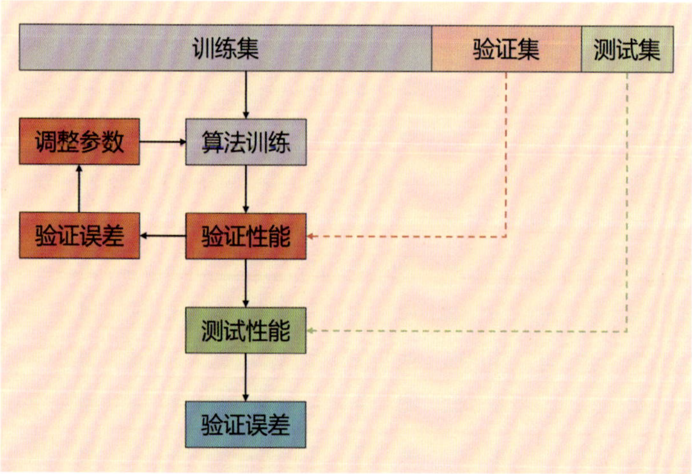

AI 模型的生命周期涵盖了从数据到结果的全过程，主要分为训练和推理两个阶段。在训练阶段，首先需要进行数据收集和准备，包括获取、清洗和存储数据。数据的质量和规范性对模型效果至关重要，往往决定了整个过程的成败。接下来，通过特征工程从原始数据中提取具有代表性和可解释性的特征，为模型提供优质的输入。在数据处理完成后，选择合适的模型进行训练，可以是现成的框架或自定义算法。根据任务需求，使用监督学习、无监督学习或强化学习等方法对模型进行训练，并通过模型评估来验证其在分类、回归或聚类任务中的效果。根据不同评估指标调整模型，以优化性能。超参数调优，如网格搜索、随机搜索或贝叶斯优化，可以进一步提升模型效果。最后，经过优化的模型被封装并部署到生产环境中，支持多种部署方式，如 API 部署、边缘部署和容器化部署，确保模型能够在实际场景中应用。在推理阶段，模型的应用流程包括数据预处理、模型加载、输入转换和推断过程。模型根据处理后的输入数据进行预测或决策，并通过后处理将结果以可视化或其他方式呈现给用户。整个生命周期的每一个步骤都紧密相连，确保从数据到应用的流程既高效又精准，同时持续优化以适应不断变化的需求（图 2-9）。

在模型的训练过程中，数据集是影响模型效果的关键因素之一。数据集通常被分为三个主要部分：训练集、验证集和测试集（图 2-10）。训练集是模型学习的主要数据来源，它包含了用于训练模型的输入和对应的标签，模型通过这些数据学习从输入到输出的映射关系。验证集则用于在训练过程中对模型进行评估和调整，它帮助监控模型在看不见的数据上的表现，防止模型过拟合，即在训练数据上表现很好，但在新数据上表现差的现象。通过在验证集上的表现，研究者可以调整模型的参数，比如学习率、网络结构或正则化系数等。最后，测试集用于评估模型的最终性能，它是独立于训练和验证过程的，用来模拟模型在实际应用中的表现。测试集的结果可以提供模型泛化能力的准确度量，帮助了解模型在未知数据上的表现。这三个数据集的合理划分对于确保模型的稳健性和可靠性至关重要，它们共同构成了机器学习工作流程的基础，帮助研究者和开发者构建和评估有效的学习模型。

另外，在训练过程中还应该避免过拟合的现象（图 2-11）。过拟合会导致模型在训练集上表现异常优异，但在未见过的新数据上表现较差。这通常发生在模型复杂度过高时，模型开始学习训练数据中的噪声和细节，而不是捕捉数据背后的潜在规律。与此相对的是欠拟合，通常发生在模型复杂度不足或训练不充分时，导致模型无法有效捕捉数据的复杂特征，从而在训练集和测试集上均表现不佳。为了解决欠拟合问题，可以通过增加模型复杂度、引入更多特征、降低正则化强度或延长训练时间来改进。而为了避免过拟合，常用的方法是应用正则化策略。

二、常见神经网络模型及架构

（一）全连接神经网络

全连接神经网络（Fully Connected Neural Network，简称 FCNN）是一种人工神经网络结构，是深度学习中最基础的神经网络模型之一。它的核心思想是模拟人类大脑的神经元连接方式，通过多个神经元的层级组合实现复杂的计算和信息处理。全连接神经网络的基本组成包括输入层、隐藏层和输出层，各层之间的神经元彼此相连，形成“全连接”的结构。在全连接神经网络中，数据从输入层开始逐层传播到输出层。输入层用于接收外部数据，比如图片像素值、文本数据的向量表示等；隐藏层负责对输入数据进行逐步的特征提取和信息处理；输出层则根据任务需求给出最终的结果，例如分类任务中的概率分布或回归任务中的数值输出。每个神经元都通过一个特定的数学函数（通常是激活函数）处理输入信号，这些激活函数赋予神经网络非线性的表达能力，使其

深度学习神经网络结构视频

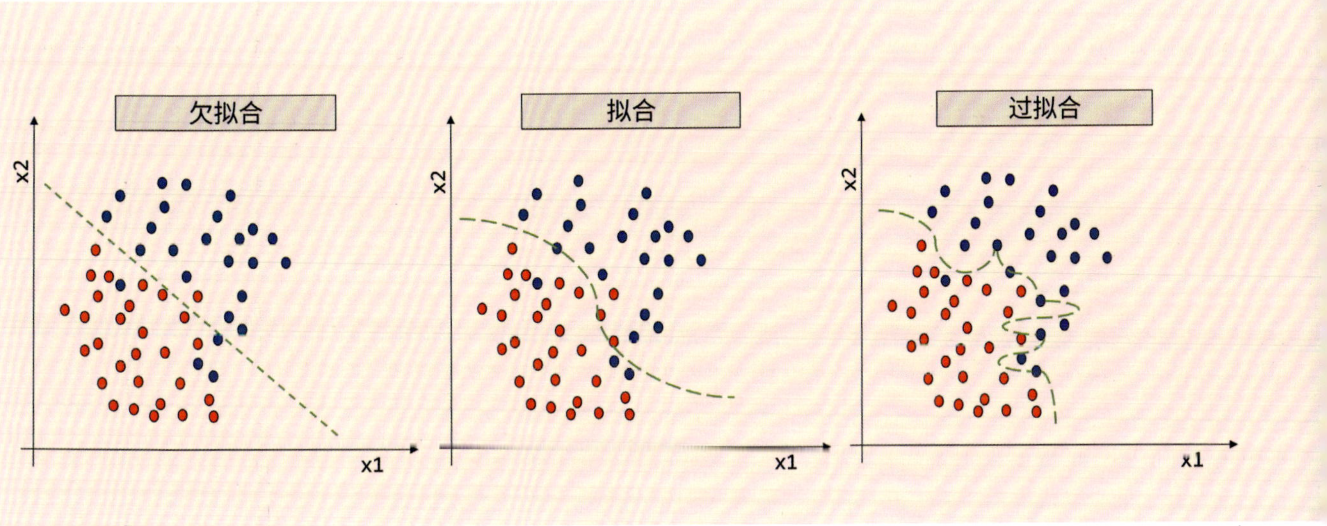

图 2-11
模型拟合程度示意图

图 2-12
全连接神经网络

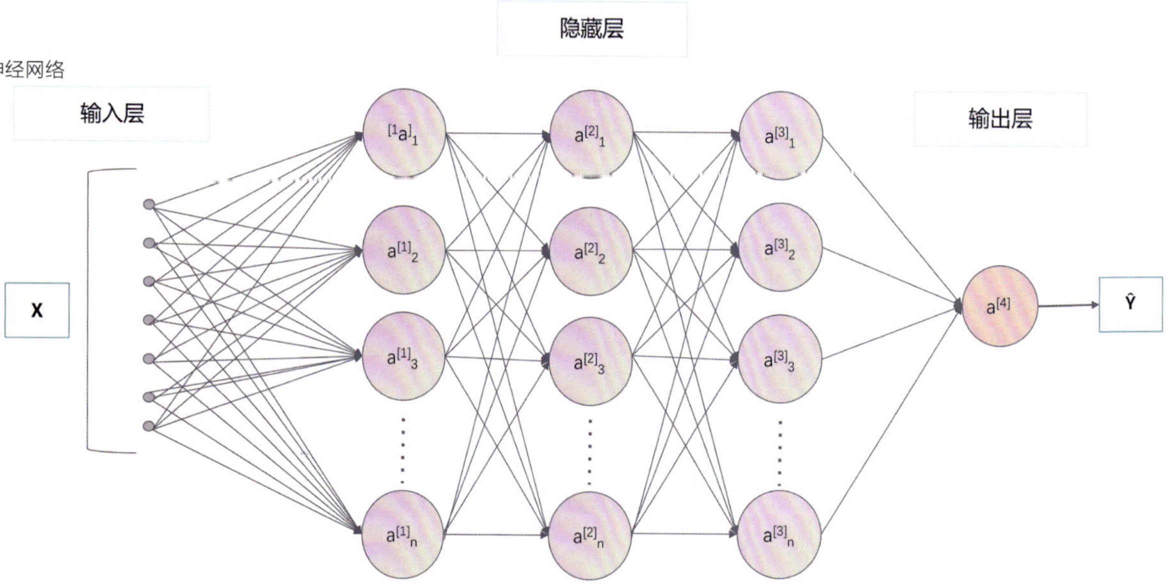

能够应对复杂问题（图 2-12）。

全连接神经网络的关键点在于“连接权重”和“偏置项”。神经元之间的连接权重决定了信号传播时的重要性，而偏置项则帮助网络更灵活地调整输出值。在训练过程中，这些权重和偏置会被不断调整，以优化网络的性能。训练的过程主要依赖于反向传播算法，通过计算预测结果与真实值之间的误差，逐层更新权重和偏置，使网络逐渐学会识别输入数据中的模式。总的来说，全连接神经网络是深度学习领域的一块奠基石，它不仅启发了更复杂网络的设计，还在许多任务中发挥了重要作用。

（二）卷积神经网络

卷积神经网络（Convolutional Neural Network，简称CNN）是一种专为处理图像数据设计的深度学习模型，因其在图像识别、目标检测等任务上的卓越表现而备受瞩目。它的名字来源于核心操作“卷积”，这是一种模仿人类视觉系统的数学运算，用于从图像中提取有意义的特征。CNN与传统的神经网络不同之处在于，它可以直接处理原始数据（例如图片中的像素），无需经过复杂的人工特征提取。这主要得益于卷积层的设计。卷积层通过使用一组称为“滤波器”的小矩阵，在图像上滑动并进行点积运算，从而捕捉局部特征。例如，低层卷积层可以检测简单的边缘、线条或颜色变化，而高层卷积层则能够识别更复杂的形状、物体或场景。这种逐层提取特征的方式类似于人脑逐步理解图像内容的过程（图 2-13）。

除了卷积层，CNN 通常还包含池化层和全连接层。池化的作用是通过降低数据的分辨率来减小计算量，同时保持最重要的特征。例如，最大池化操作会选择一个区域中的最大值作为代表，从而压缩数据规模。全连接层的作用是将前面提取到的特征转换为具体的预测结果。例如，在图片分类任务中，全连接层会根据提取的特征分辨图像属于哪一类。通过结合卷积层、池化层和全连接层，CNN 能够完成从图像输入到类别输出的完整过程。

CNN 的优势还体现在参数共享和稀疏连接上。传统神经网络每个神经元与前一层的所有神经元相连，这会导致庞大的参数数量。而在 CNN 中，同一个滤波器在图像的不同区域重复使用，实现了参数共享。这不仅大大减少了模型的参数量，还有效提高了训练效率。此外，由

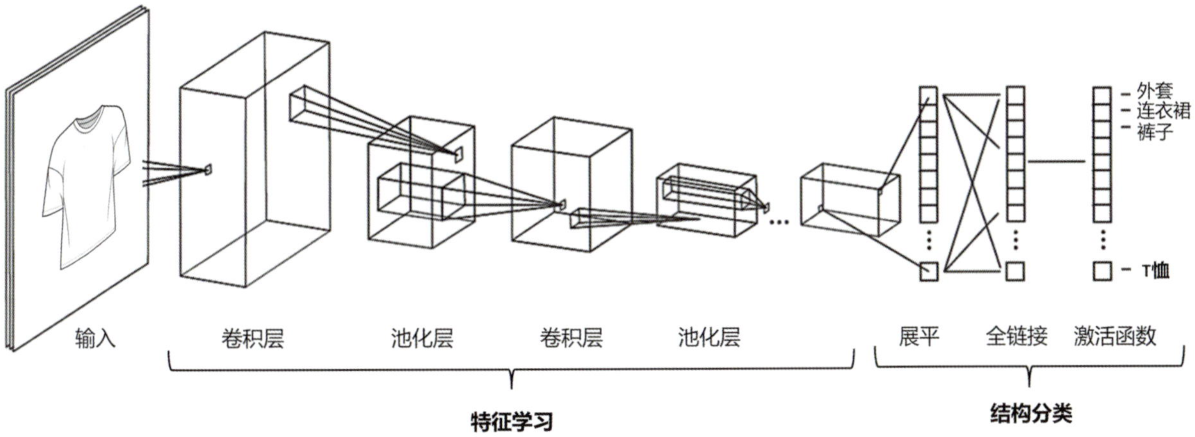

图 2-13
卷积神经网络

于滤波器只关注图像的局部区域，CNN 的连接是稀疏的，这使得它更容易捕捉到重要的局部特征。近年来，随着计算能力的提升和数据量的增加，CNN 的应用已经扩展到多个领域。不仅在图像分类中表现优异，它还被广泛应用于人脸识别、自动驾驶、医学影像分析和语义分割等任务。

（三）自编码器

自编码器（Autoencoder，简称 AE）是一种广泛应用于深度学习的神经网络模型，其核心任务是学习数据的高效表示（即特征提取），通常用于降维、去噪以及生成模型等场景。通俗来说，自编码器就像一个“压缩和解压工具”，它能够以一种智能的方式将复杂的数据压缩成精简的表达形式，再在需要时还原出来。自编码器的结构包括两部分：编码器和解码器（图 2-14）。编码器的作用是将输入数据压缩到一个更小的空间中，这个空间通常被称

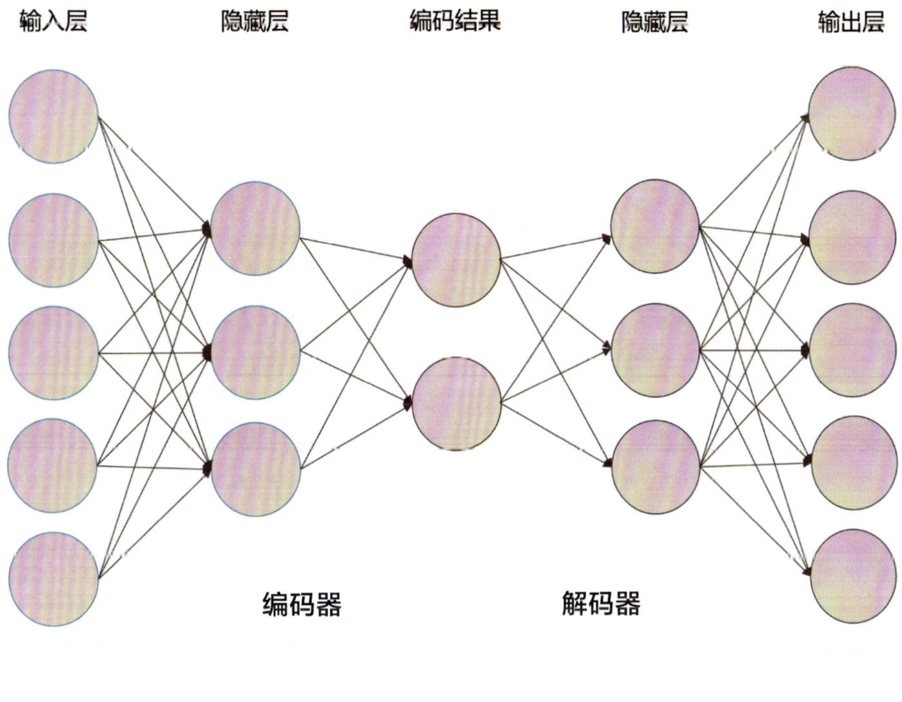

图 2-14
自编码器图示

为“潜在空间”或“隐变量空间”。在这个过程中，模型会自动寻找数据中的重要特征，并用这些特征来描述原始数据。而解码器则负责将这些压缩后的特征还原成接近原始输入的数据。整个过程的目标是尽量减少压缩和解压后的信息损失，也就是说，希望解码后的数据与原始数据尽可能相似。

一个自编码器的训练过程是通过让网络自己“学习”如何重建输入数据。它会计算输入数据和输出数据之间的差距，这种差距通常通过一种叫作“损失函数”的方法来衡量。比如，如果输入的是一张图片，经过编码器和解码器后，网络会尝试生成一张尽量接近原始图片的输出，通过反复调整网络参数来减小生成图片与原始图片之间的差异。这个过程类似于一个学生反复练习画画，直到他的作品看起来几乎和原作一模一样。

此外，自编码器有很多变种，不同的设计可以满足不同的需求。例如，稀疏自编码器通过加入特殊的约束，让模型生成更稀疏的特征表示，这对高维数据的处理尤其有用。去噪自编码器可以学习如何在输入数据受到噪声污染时恢复干净的数据，而变分自编码器（Variational Autoencoder，简称 VAE）则更进一步，它不仅可以学习数据的表示，还能够用这些表示生成全新的数据，比如用来生成虚拟人物头像或新型设计。自编码器作为一种强大且灵活的工具，它在机器学习和数据科学领域的影响力正在不断扩大。无论是降维还是生成新数据，自编码器都展现了其独特的能力。通过深入研究和优化，自编码器未来有望在更多场景中发挥作用，为人工智能的发展注入更多可能性。

（四）扩散模型

扩散模型（Diffusion Models）是一种近年来在生成式机器学习中备受关注的技术，主要用于图像、音频甚至文本的生成任务。它通过模拟自然界中的扩散过程，展现了生成式机器学习的新方向。它的灵感来源于自然界中的扩散过程，比如香水在空气中散开，或是颜料在水中扩散（图 2-15）。这种现象表明，事物从有序到无序的演变可以通过一定的数学方法

图 2-15
扩散模型原理示意图

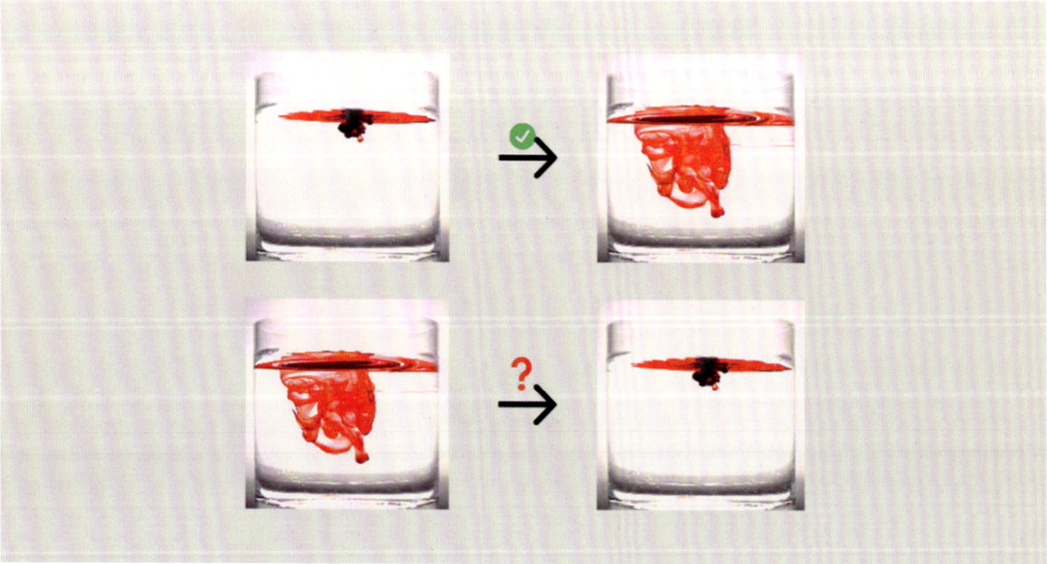

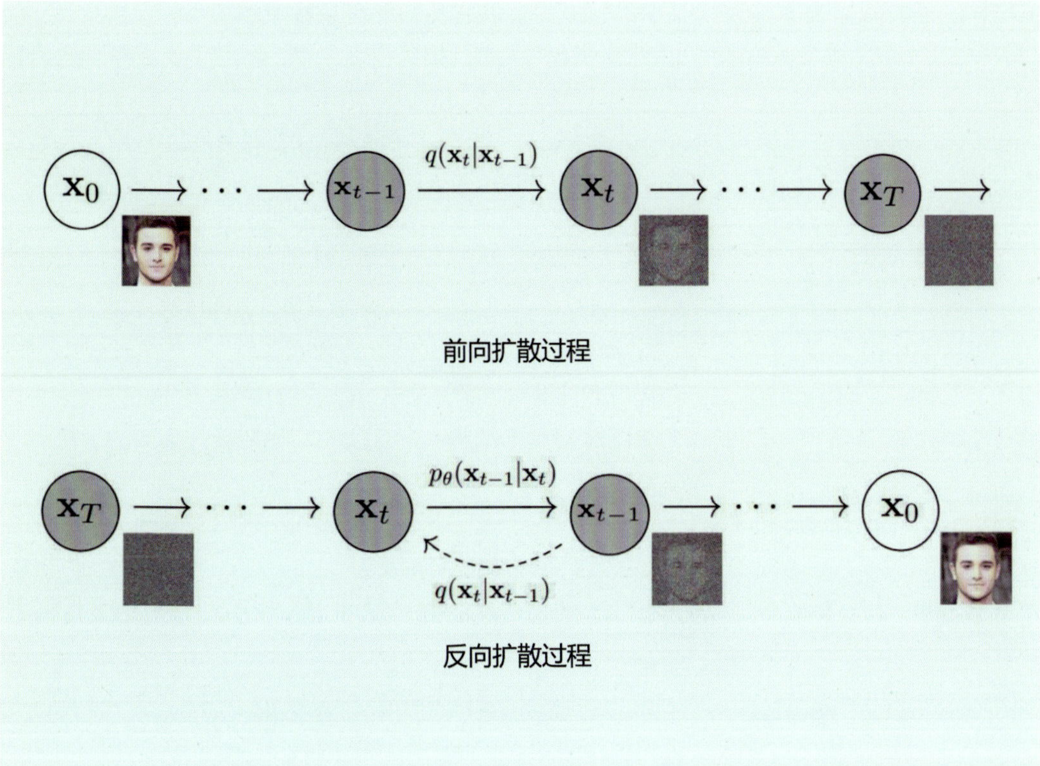

图 2-16
扩散模型的前向过程与反向过程

逆转，从无序状态还原到有序状态。扩散模型正是基于这一物理现象，通过一系列计算过程来生成高质量的内容。扩散模型的核心思想是分两步进行：先把数据逐步加入噪声，破坏其结构，直到接近完全随机的噪声分布；然后在生成过程中，模型尝试一步步移除噪声，还原数据的本来面貌（图 2-16）。这种逐步逆向还原的过程是通过神经网络完成的，模型需要学习如何从带噪声的图像（或其他数据形式）中提取信息，将其逐步转化为清晰的、符合目标分布的输出。

扩散模型的优势在于它的生成能力和灵活性。与传统生成模型相比，比如生成对抗网络（Generative Adversarial Network，简称 GAN），扩散模型更加稳定，不容易陷入训练中的“模式崩溃”问题。模式崩溃是指生成模型只能生成有限的几种结果，而扩散模型则可以覆盖更广的生成分布。这主要得益于扩散模型的概率性基础和分步生成机制，每一步的优化都帮助模型更准确地理解数据分布。此外，扩散模型不需要对抗性训练，因此避免了训练不稳定的问题。扩散模型在图像生成领域的应用尤其令人瞩目。例如，OpenAI 的 DALL · E 和 Stability AI 的 Stable Diffusion 都是基于扩散模型开发的。它们能够根据文本描述生成高质量、内容丰富的图像，这得益于扩散模型对数据分布的良好建模能力。具体来说，扩散模型在生成时可以逐步控制噪声的去除程度，使得最终输出的图像细节清晰、符合用户输入的要求。

（五）Transformer架构

Transformer 架构是近年来深度学习领域的重要突破，它首次由 Vaswani 等人在 2017 年的论文《*Attention is All You Need*》中提

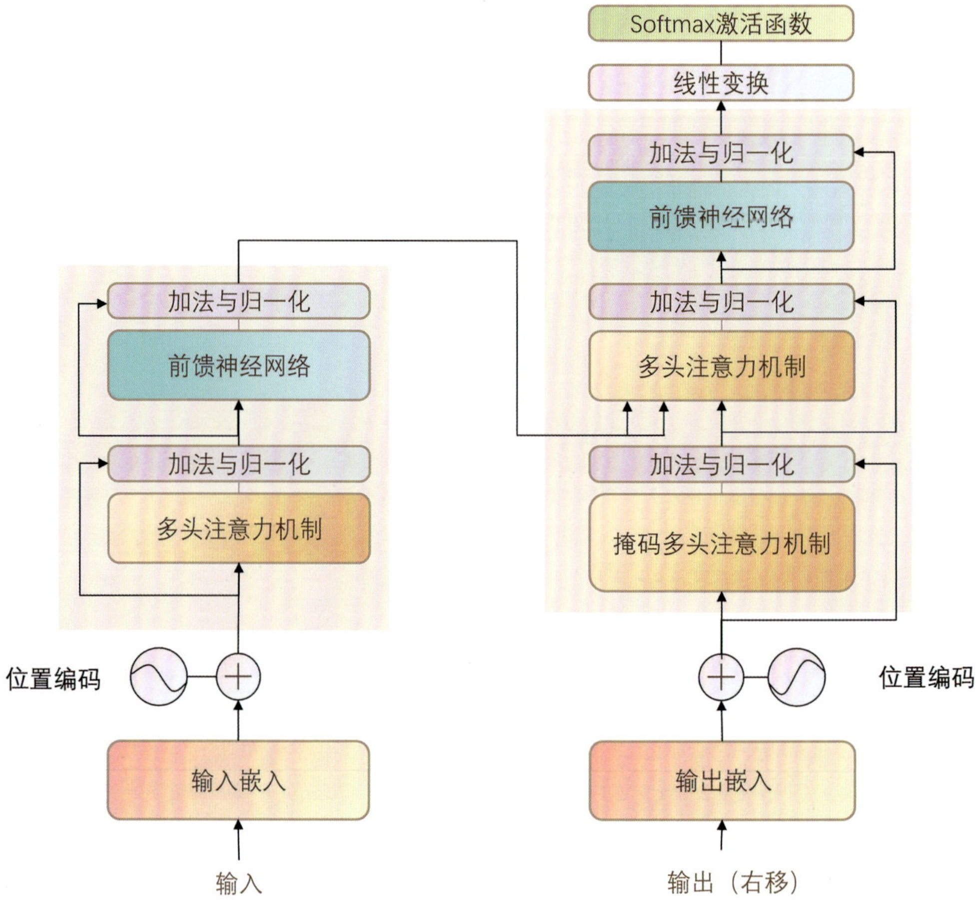

图 2-17
Transformer架构图示

出（图 2-17）。Transformer 的核心创新是引入了自注意力机制，并完全摒弃了传统序列模型中的循环神经网络和卷积神经网络。这种设计使得 Transformer 在处理长序列数据时更高效，同时保留了对上下文信息的捕获能力。自注意力机制是 Transformer 的关键部分，它能够让模型在处理某个词或元素时，动态关注输入序列中的其他部分，从而更好地理解全局信息。例如，在翻译任务中，翻译某个单词时，自注意力机制可以帮助模型找到与之相关的其他词，从而生成更准确的翻译。通过这种机制，Transformer 架构能够并行处理数据，相较于 RNN 这种需要逐步处理序列的模型，其计算效率大幅提升。

在生成式模型中，Transformer 扮演了至关重要的角色。生成式模型的目标是通过输入的信息生成新的数据，例如文本生成、图像生成和代码生成等。以文本生成为例，像 ChatGPT 这样的模型使用的正是基于 Transformer 的架构。具体来说，这类模型通常采用 Transformer 的解码器部分，通过自回归生成的方式一步步预测下一个词。这种生成过程结合了自注意力机制，使得模型能够在每一步生成时动态地考虑之前生成的上下文，确保生成的内容连贯且符合语义逻辑。其中，自回归是指一种生成数据的方法或策略，其中模型按照顺序一步步地生成输出，每一步生成的结果都依赖于之前生成的结果。此外，Transformer 的多头注意力机制也为生成式模型的多样性和丰富性提供了支持。多头注意力可以从不同的“关注点”捕捉输入数据的多层次关系，从而生成更加细腻且多样的输出。这种能力在大规模语言模型中尤为突出，使得 Transformer 成为现代生成式 AI 的核心架构之一。

趋势	文本端	文生图像	文生视频	文生3D
	2022 年底—2023 年上半年 Killer App-ChatGPT 出现	2023 年第二季度至今 众多图像生成应用涌现	2024 年下半年—2025 年上半年 视频生成或迎来 ChatGPT 时刻	2025 年及以后 3D 生成领域加速发展
基石理论	2017年6月Transformer架构提出	2020年6月DDPM提出	2022年4月 Diffusion base model kickoff	2020年3月NeRF论文发表；2023年8月提出3D Gaussian Splatting
核心模型	2018年10月Bert初代模型推出，2020年6月GPT-3奠定基石闭源模型	2021年1月DALL-E为初代模型，2022年8月Stable Diffusion基石开源模型	2022年9月出现Make-A-Video、ImagenVideo等；2024年2月Sora模型	/
代表应用	2022年11月ChatGPT推出，成为杀手级应用	2023年3月Midjourney-V5推出，成为代表应用	2023年11月29日Pika-1.0推出，拉开视频生成应用的帷幕	2023年12月Tripo的推出和2024年1月Genie-1.0文生3D应用崭露头角

从理论到应用的历时逐步缩短，多模态时代加速到来

图 2-18
大模型多模态发展情况（来源：西南证券）

三、多模态大模型

大模型的多模态发展历程可以追溯到深度学习领域的一些里程碑事件（图 2-18）。从理论提出到核心模型的不断迭代，再到实际应用的落地，每一步都体现了人工智能技术从基础理论创新到广泛应用的巨大潜力。以多模态为核心的大模型在过去几年中取得了显著突破，这不仅标志着人工智能能力的跨越式发展，也开启了技术和行业融合的新纪元。

（一）文本生成

2017 年 6 月，Transformer 架构的提出奠定了现代深度学习大模型的理论基础。该架构通过自注意力机制提升了并行计算能力，并显著改善了模型对复杂语言结构的理解与生成能力，迅速成为自然语言处理的核心框架，为后续的大型模型奠定了理论基础。2018 年 10 月，BERT 的发布标志着大模型从理论向实际应用的转变。BERT 通过双向编码器的设计，使得模型能够全面理解上下文，从而提升了自然语言处理任务的表现。2020 年 6 月，GPT-3 的发布进一步推动了大模型的发展，其超大规模的参数量和强大的多任务学习能力让它成为了生成式语言模型的代表，为文本生成领域奠定了基石（图 2-19）。

从 2022 年底到 2023 年，ChatGPT 的发

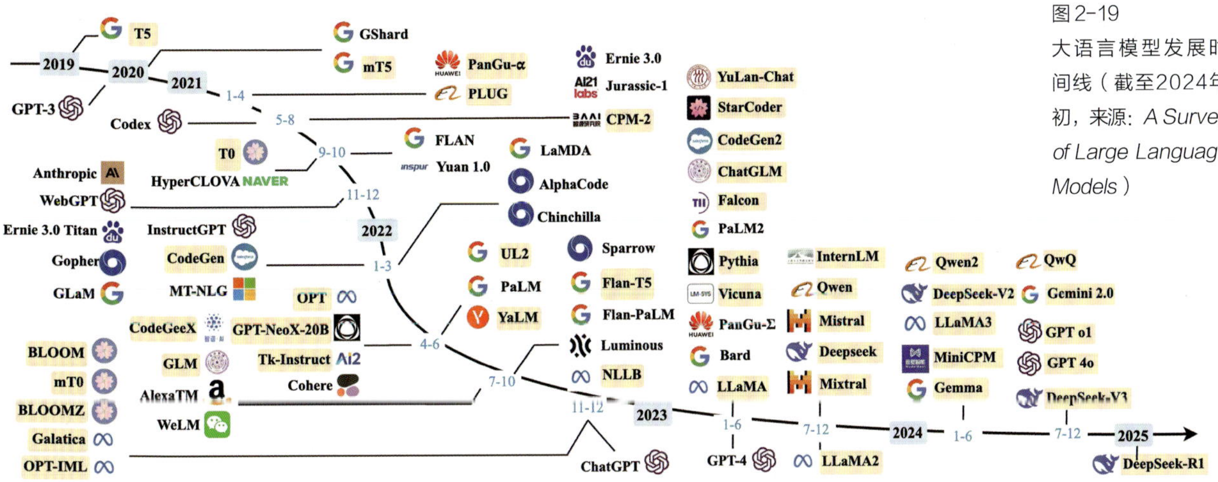

图 2-19
大语言模型发展时间线（截至2024年初，来源：*A Survey of Large Language Models*）

布成为人工智能发展的里程碑。OpenAI 推出的这一对话式人工智能工具让普通用户也能轻松体验到大语言模型（Large Language Model，简称 LLM）的强大功能，推动了人工智能技术的商业化和普及化应用。其在人机交互和用户体验上的突破，使 AI 不仅停留在学术研究阶段，还迅速走向了日常生活，并为多模态技术的发展提供了重要启示。2024 年起，推理模型逐渐成为大模型的核心组成部分，能够模拟人类的逻辑推理过程，解决语言理解、问题解答等复杂任务。代表性的推理模型，如 ChatGPT o3 和 DeepSeek R1，利用强化学习和海量数据训练，展现了在文本生成、信息检索和决策支持等方面的卓越能力。

可灵虚拟试衣视频

（二）图像生成

在文本生成领域取得突破之后，多模态技术的发展开始迅速扩展到图像生成。2020 年 6 月，去噪扩散概率模型（Denoising Diffusion Probabilistic Models，简称 DDPM）的提出，为生成模型的发展注入了新的活力。与传统 GAN 相比，扩散模型通过逐步去噪的过程生成高质量的图像，其稳定性和生成效果都优于此前的方法。2021 年 1 月，DALL-E 模型的推出则进一步展示了多模态结合的潜力。DALL-E 首次实现了通过文本描述直接生成图像，为 AI 在内容生成领域开辟了新的方向。到了 2022 年 8 月，基于开源的 Stable Diffusion 模型更是让图像生成技术走向了普及化。Stable Diffusion 凭借其开源的特性和出色的生成效果，被广泛应用于艺术创作、商业设计等多个领域。2023 年初，MidJourney V5 模型的推出成为图像生成应用的代表。与其他图像生成模型相比，MidJourney 专注于高质量的图像艺术创作，使得生成的图像在风格化表现和细节处理上更加出色。这一模型的出现再次将图像生成领域的应用推向高潮，也为未来多模态技术的发展指明了新的方向。

图像生成领域的技术路线同样呈现出多样化的趋势。目前，扩散模型已成为主流解决方案，在艺术创作、广告设计等领域应用广泛。然而，未来的潜在路径则表明，基于 Transformer 的自回归模型可能会引领下一波创新潮流。例如，Google 的 Parti 模型尝试通过自回归方式生成更复杂的图像内容。此外，扩散模型与 Transformer 架构的融合也在快速推进，例如 DALL-E 3 进一步提升了图像生成的表现力。这种技术路线的探索不仅能够改善生成效果，还可以大幅缩短训练时间，从而提高模型的实际可用性。

（三）视频生成

从 2022 年开始，多模态技术开始进入视频生成领域。2022 年 4 月，Diffusion 模型的基础理论正式应用于视频生成，奠定了这一领域的理论框架。同年 9 月，Make-A-Video 和 ImagenVideo 等代表性模型的问世标志着视频生成技术的实用化开端。特别是 2023 年 11 月 29 日，Pika-1.0 模型的发布，开启了视频生成应用的新时代。2024 年 2 月，Sora 模型的推出则进一步提升了视频生成的表现能力，使得 AI 生成视频在质量、流畅度和细节表现上达到了全新高度。这些模型的出现不仅拓展了多模态生成的边界，也为人工智能在影视、广告、教育等领域的应用开辟了广阔的空间。

在视频生成领域，技术发展的复杂性和挑战性更高。目前，扩散模型依然占据主流地位，其中 Stability AI 的 Stable Video Diffusion 以及 Google的Imagen Video是这一领域的标杆。然而，潜在的技术路径同样指向了Transformer架构的潜力。例如，Google的VideoPoet模型和W.A.L.T模型，分别通过自回归模型和扩散模型与Transformer架构的结合，为视频生成的质量与效率提供了新的解决方案。同时，OpenAI推出的Sora模型也表明，结合不同技术路径可以实现更高分辨率、更流畅的视频内容生成。随着计算能力的提升和算法优化的深入，视频生成领域的技术路径或将在短期内迎来新一轮突破，为影视制作、虚拟主播等应用场景提供技术支撑。

（四）3D生成

2025 年及之后，多模态技术的未来方向集中于 3D 生成领域。早在 2020 年 3 月，神经辐射场（Neural Radiance Fields，简称 NeRF）论文的发表便为 3D 场景建模提供了一种高效的新方法。2023 年 8 月，3D Gaussian Splatting 方法的提出进一步提升了 3D 生成的效率和表现力。伴随着技术的不断成熟，文生 3D（通过文本生成 3D 内容）的研究和应用也将成为多模态领域的新热点。2023 年 12 月，Tripo 模型的推出和 2024 年 1 月 Genie-1.0 模型的问世标志着文生 3D 技术开始崭露头角。通过将文本描述与 3D 建模相结合，文生 3D 技术有望广泛应用于游戏、虚拟现实、建筑设计等多个领域。

在最具前沿性和探索性的 3D 生成领域，当前的主流技术路线主要依赖于“2D 向 3D 升级”方案。通过扩散模型实现从文本到 2D 内容的生成，再借助 NeRF 实现从 2D 到 3D 的过渡，这种分步实现方式已成为目前工业界和学术界的主流。例如，OpenAI 的 Point-E、Google 的 DreamFusion 以及 Nvidia 的 Magic3D 均采用了类似方法。尽管这种技术路线有效地解决了 3D 生成的初步问题，但未来潜在路径将更加聚焦于 3D 原生生成。例如，OpenAI 的 Shape-E 和 Nvidia 的 Get3D 模型尝试直接从文本生成完整的 3D 模型，而不再依赖 2D 内容作为中间步骤。这种“跳跃式”的技术路径可能会显著提升 3D 生成的效率与效果，使得 3D 生成模型更适用于实时渲染、虚拟现实等应用场景。

整体来看，LLM 作为文本生成的主流技术路线，依托 Transformer 架构的强大解码能力，在文本生成等任务中表现突出。但是，图像、视频及 3D 生成的发展潜在路径依然充满未知与可能性（图 2-20）。从现有技术来看，Transformer 与扩散模型的结合是技术探索的重要方向，其目的是在生成质量、效率和灵活性之间找到更优的平衡。尤其是在多模态生成领域，不同技术路径的交叉融合将为人工智能提供更多可能性。从更大的技术发展趋势来看，多模态技术的核心目标是实现从单一模态到多模态的深度融合。这不仅需要更强大的模型架构支持，还需要在数据处理、算法优化、硬件性能等多方面进行协同创新。例如，在未来的技术路径中，如何通过更高效的模型训练方法缩短开发周期，如何通过更智能的参数优化算法提升模型生成的准确性，这些都是需要解决的重要问题。

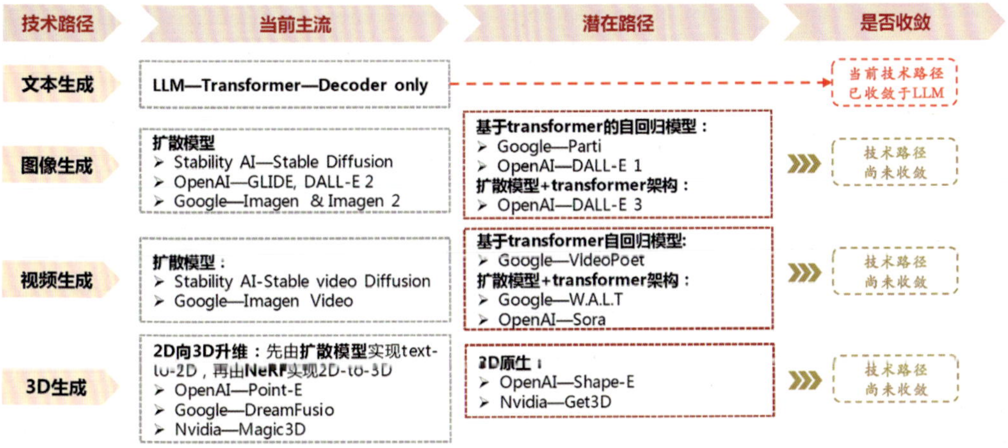

图 2-20
多模态大模型技术的路径情况（来源：西南证券）

第 3 章

数智化服装设计

服装设计是一个综合性的创作过程，它通过对人体形态、功能需求、文化背景及审美趋势的深入分析，结合设计学、纺织材料学、服装工艺等多学科知识，运用设计工具和技术，创造出兼具视觉美感、舒适性、实用性和文化表达的服饰产品。传统的服装设计流程是从流行趋势分析开始，之后结合流行趋势、目标消费者的需求以及文化、自然景观等设计元素提炼生成设计灵感，并将其绘制为设计效果图。接下来选择合适的服装面料，进行样板制作，完成样衣的缝制与修改，直至最终确认样衣并进入下一阶段的成衣生产（图 3-1）。

数智化服装设计是一种融合数字化技术与智能化手段的创新服装设计模式，它借助先进的数字工具（如 3D 建模、虚拟缝合等）和智能工具（如大数据分析、人工智能设计等），实现了服装设计全流程的升级。数智化服装设计不仅突破了传统设计的局限，提供了更高效、精准和个性化的解决方案，还能够通过实时数据反馈优化设计方案，以满足消费者多样化与即时性的需求。在数智化模式下，设计师可以借助人机互动、虚拟现实（VR）、增强现实（AR）等技术，将创意从二维纸面拓展到三维虚拟空间，实现更直观的虚拟展示。此外，数智化服装设计也是推动服装设计可持续发展的重要途径，通过数字化模拟优化材料使用与生产流程，有助于减少资源浪费，降低环境影响。

图 3-1 传统的服装设计流程

第一节 数智化服装设计概览

一、数字服装设计与AI服装设计概述

数字服装设计与人工智能（AI）服装设计是数智化服装设计的两大分支，也是技术演进过程中相互成就、共同发展的两个阶段。数智化服装设计的发展经历了从数字服装设计到AI服装设计的技术迭代过程，数字服装设计为AI服装设计提供了数据基础和技术支持，而AI服装设计则在此基础上拓展了设计边界，赋予设计更高的智能化和个性化能力。

（一）定义

数字服装设计是指利用数字化工具（如CAD软件、3D建模技术等）在虚拟环境中完成服装创意构思、结构开发与可视化呈现的全流程设计方法。具体而言，服装设计师通过多种计算机软件在虚拟环境中完成效果图手工绘制、面料选择、纹理设计、裁片制作及虚拟缝合等步骤，最终通过建模形成三维虚拟服装模型，这个三维虚拟服装模型就是数字服装。在数字化技术的支持下，数字服装不仅能够精准模拟真实面料的质感、色彩和形态，还能够突破物理世界的限制，实现传统材料和工艺无法完成的超现实设计，成为数字技术在服装与时尚领域的重要创新。

AI服装设计是指利用人工智能技术辅助或自动完成服装设计过程的方法。它结合了深度学习、计算机视觉、自然语言处理和生成对抗网络等AI技术，通过数据分析、趋势识别、方案生成和设计优化，帮助设计师创造出更加符合市场需求和消费者偏好的服装产品，并实现快速创意可视化。近年来，新型人工智能比早期人工智能具备更高的计算能力和学习能力，能更精准地理解和模拟人类思维，在艺术创作和设计领域的应用前景广阔，包括创造性绘画、快速原型设计、风格迁移、创意灵感、个性化设计等方面。

（二）设计流程环节应用

从服装设计流程上看，设计前中期的服装流行趋势预测、设计灵感生成和设计图生成绘制是AI服装设计主要应用的三个环节；设计中后期的效果图绘制、服装材质选择、样板制作、样衣制作试穿和修改完善则是数字服装设计的五个主力环节。两者的融合运用，贯穿服装设计全流程，为时尚产业的可持续发展注入了新的活力。

在服装设计前期利用AI工具能大幅提升创意产生的速度和精度。在流行趋势采集预测中，AI通过对大量数据的分析，包括历史销售数据、社交媒体趋势、消费者反馈等，快速捕捉流行趋势并进行预测，帮助设计师在创作初期把握市场脉动。在设计灵感生成中，AI能够辅助设计灵感的生成，通过深度学习模型分析大量的图案、色彩、面料组合等元素，为设计师提供多样化的创作灵感和建议，这一过程比传统的手绘草图快得多。在设计效果图绘制中，

AI 能够自动化生成设计图，通过图像生成算法，迅速将设计理念转化为可视化的图案和效果图，极大减少了手动绘制的时间和误差（图 3-2）。通过这些技术，设计师能够在短时间内完成多个设计方案的迭代与优化，从而实现创意倍速的效果，推动服装设计的快速响应与创新。而对于用户来说，人工智能可以根据其偏好和需求生成个性化建议，这在服装定制领域具备显著的实用价值。这种 AI 辅助的设计流程，使得服装设计更加高效、个性化，同时减少了市场风险并提高了生产效率。

在服装设计中后期利用数字化技术具有极强的灵活性。在设计效果图绘制和服装样板制作环节，数字服装设计可以提升设计效果，减少人工误差，提高设计精度。在服装材质选择环节，数字服装设计利用虚拟面料库和材质模拟技术，使设计师能够直观预览不同材质的效果，包括面料的质感、光泽及动态表现。这一技术不仅缩短了材质筛选的时间，还为设计师拓展了创意可能性。例如，设计师可通过调整虚拟面料的物理参数（如厚度、弹性等），快速测试不同材质对服装整体造型的影响。在样衣试穿与修改完善环节，数字样衣借助高精度 3D 建模和虚拟试穿技术，能够真实再现服装的剪裁效果与动态表现。设计师可在虚拟环境中多角度审视样衣，并根据试穿效果调整设计细节，如版型、缝线位置及装饰元素等。这一过程不仅减少了实物样衣的制作成本，还显著缩短了设计周期，为后续生产提供了高效支持。根据数字服装是否与实体服装具有对应关系，可以将数字服装分为两种应用场景，一种是作为数字样衣服务于实体服装设计的中间环节，另一种则是作为最终环节的成衣作品存在于数字虚拟世界。前者强调数字服装与实体服装之间的转化链接，特点为仿真精确度和可生产性要求较高，即通过高精度的 3D 建模、布料模拟和虚拟试穿技术，真实地再现服装的面料特性、剪裁效果和动态表现，以达到可以仿真展示的目的并确保数字设计能够顺利过渡到实体服装的生产中。设计师在这一过程中需要使用数字样

图 3-2
AI生成的灵感板和服装效果图

图 3-3
仿真类数字服装作品

图 3-4
创意类数字服装作品
（作者：赵庆秋）

衣来验证设计的实际可行性，从而优化样板制作、排料和生产工艺（图 3-3）。后者则强调数字服装在虚拟世界的使用，特点为创意无限并面向虚拟市场，设计师可以超越现实物理世界创造出充满创意和实验性的虚拟服装，这些服装并不一定需要实际制造，更多的是用于虚拟时尚秀、数字媒体艺术或游戏等虚拟环境中。在这一应用中，设计师的创作空间更加广阔，作品可以是前卫和独特的，迎合数字娱乐、虚拟资产（如 NFT）等市场的需求（图 3-4）。

二、服装的数智化设计模式变革

随着数字化技术和人工智能的快速发展，服装设计行业正经历前所未有的变革。从传统的手工绘制到现代数字绘图、虚拟试穿和智能生成，数智化设计模式不仅显著提高了设计效率和精度，还突破了创意的边界。设计师通过 AI 生成、3D 建模、服装模拟和材质渲染等技术，能够更直观、高效地实现创意，同时赋予消费者更加个性化和沉浸式的购物体验。传统服装设计和数智化服装设计模式在设计逻辑、技术工具、生产关联和用户体验四个方面具有较大的差异（表 3-1）。

由传统设计和数智化设计模式的对比可以看到，数智化设计不仅是工具升级，更是产业认知体系的重构和模式的变革。设计模式从线性到循环，建立 " 设计→用户反馈→迭代 " 实时闭环；从封闭到开放，开源算法生态打破创意边界；从实体到数字，创造虚实融合的新价值空间。

三、数智化服装设计发展历程

数智化服装设计的发展历程可归纳为从传统手绘向数字绘图的转型、服装 CAD 系统的应用与二维数字制版、从二维设计向三维建模的演进，以及 AI 技术的引入与智能生成设计四个关键阶段。

对比方向	对比项	传统设计	数智化设计	模式变革
设计逻辑	创意来源	依赖设计师的经验与灵感	数据驱动（社交媒体趋势/用户行为分析/历史销售数据）	从“感性直觉”到“数据智能”
	设计验证	物理样衣反复修改，修改耗时与成本较高	虚拟样衣实时渲染，修改耗时与成本降低	试错成本降低
	设计边界	受限于物理材料与工艺	支持超现实材质（发光/流体/动态纹理）	突破物理世界的限制
技术工具	核心工具	纸笔/剪刀/人台	Style 3D/CLO3D/Blender/Substance 3D 等计算机软件	物理工具→数字孪生
	协作方式	面对面沟通+实体样衣邮寄	云端协同，实时标注修改	空间限制的打破
	知识沉淀	依赖师徒传承	算法模型持续学习（StyleGAN 积累百万级设计数据）	经验资产数字化
生产关联	版型开发	手工打版（误差率 ± 2cm）	参数化自动生成（精度可达 0.1mm）	版型标准化率提升
	供应链响应	按季开发（以月为单位）	小单快反（开发周期缩短到一周）	库存周转率提升
	材料浪费	消耗物理面料	数字样衣实现零物理耗材	环保可持续
用户体验	个性化程度	标准化尺码（S/M/L/XL）	3D 扫描定制（支持 0.5cm 级尺寸调节）	合体度提升
	互动方式	实体试衣间	AR 虚拟试穿（NVIDIA Omniverse 支持实时光影渲染）	试穿转化率提升
	参与深度	消费者被动接受	用户参与设计（Adidas CONFIRMED App 定制球鞋）	从消费者到生产者（C2M）模式渗透率提升

表 3-1
传统设计和数智化设计模式对比

（一）从传统手绘向数字绘图的转型

1888 年，Elisha Gray 发明 Telautograph 数位板，首次实现笔触坐标电子化，为后续使用数位板进行数字绘图奠定了基础。至 20 世纪 80 年代，Wacom 无源无线数位板的出现和 Adobe Illustrator、CorelDRAW 等矢量绘图软件的发布推动了平面设计的数字化。20 世纪 90 年代，位图图像编辑软件 Adobe Photoshop 和开源的图像处理程序 GIMP 出现，使设计师在设计效果图中面料纹理与图案细节的丰富展现上可以更进一步。21世纪初期，移动端的绘图软件如SketchBook和Procreate（图3-5）的推出，进一步提升了设计流程的便携性与协作效率。当前，数字绘图技术在服装设计领域的使用已经较为成熟，设计师通常会使用数字绘图的方式绘制服装设计草图、效果图、款式图以及表达面料的图案和纹理。

（二）服装CAD系统的应用与二维数字制版

1963年，Ivan Sutherland开发Sketchpad，开创交互式CAD系统。但20世纪60年代的第一代CAD系统主要是用于实现重复性绘图工作自动化的二维绘图应用程序，并且需要配备大量专有硬件设备，用户主要为大型航空航天和汽车企业。直到1972年，美国Gerber公司推出了世界上第一套服装CAD系统——具有放码和排料功能的MARCON系统。20世纪80年代中期，服装CAD技术进入全球化扩散阶段，德国Assyst公司首次推出纸样设计系统Modular Pattern System，为服装行业的数字化制版和样板设计发展起到了重要作用，随后法国Lectra、以色列Optitex、加拿大PAD System、西班牙Investronica、日本Toray等公司通过兼容性升级，逐步构建起涵盖打版、放码、排料的完整服装CAD系统（图3-6）。中国从80年代中期开展的“七五”国家星火计划项目包含了服装CAD系统的研制开发任务，以ARISA航天服装CAD为代表的技术成果于1996年达到同期国际先进水平。21世纪后，服装CAD在打版、放码与排料领域的技术成熟度显著提升。当前，数字制版技术通过自动化与标准化，不仅使服装生产周期缩短30%左右，更推动产业向小批量、定制化模式转型，从传统的手工制版到如今的高度自动化、数字化制版，数字制版技术不仅极大地提高了制版的精度与效率，还推动了整个服装产业的现代化和智能化。

图3-5
使用Procreate绘制服装效果图

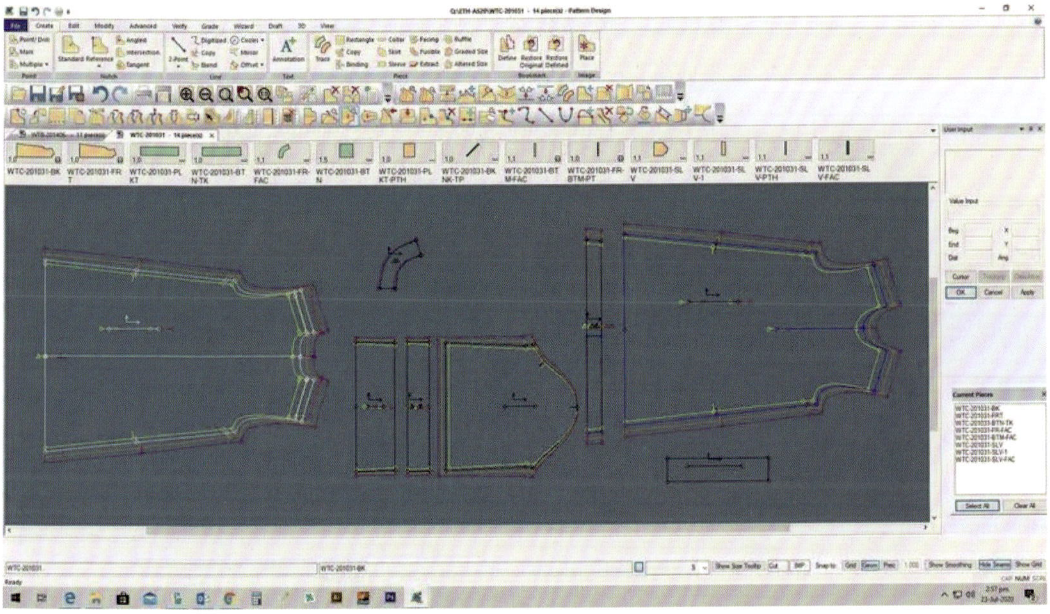

图 3-6
Gerber AccuMark 服装CAD软件界面

（三）从二维设计向三维建模的技术突破

20 世纪 70 至 80 年代，以 CATIA 和 Pro/ENGINEER 为代表的三维 CAD 系统，主要服务于航空航天与汽车工业的复杂曲面建模，其参数化设计与实体建模逻辑，为后续服装三维技术提供了底层算法框架。20 世纪 90 年代，三维建模技术进入跨行业扩散期。Maya、3ds Max 和 Blender 等通用软件在电影与游戏领域实现高精度建模与动态模拟，逐步为服装设计提供了三维建模和动画制作的技术支持。1996 年，法国 Lectra Systems 推出的 Modaris 3D，标志着服装设计从二维平面制版走向三维立体建模。21 世纪初，服装三维技术进入专业化发展阶段，VStitcher、Marvelous Designer 和 CLO 3D（图 3-7）等专注于服装 3D 模拟的软件相继出现，服装设计师开始能

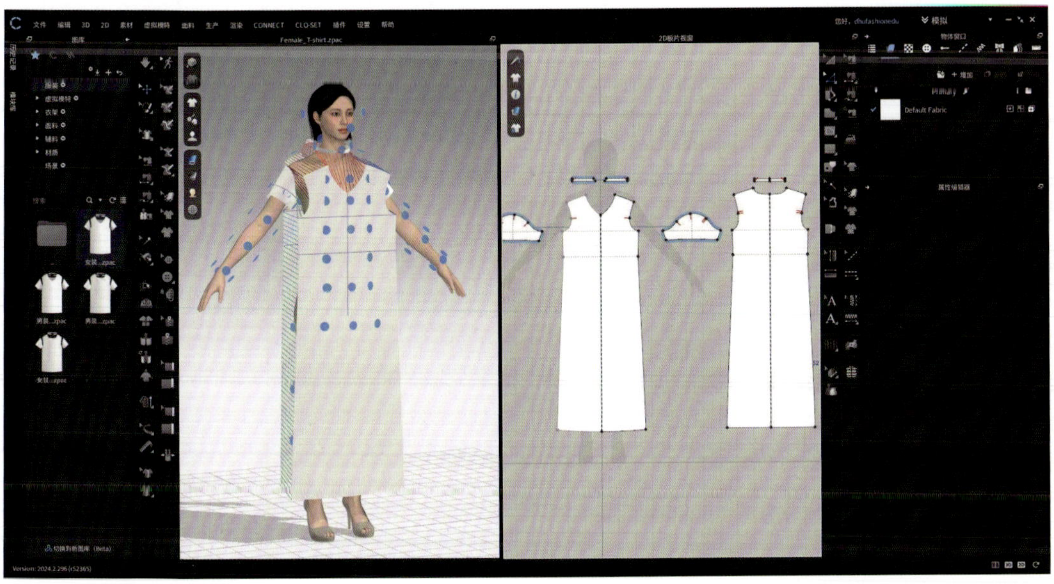

图 3-7
CLO 3D软件界面

图 3-8
WGSN网站界面

够通过 3D 技术更直观地呈现设计效果，精细仿真的数字样衣开始展现材料消耗少、打样效率高的优势。

（四）AI技术引入和智能生成阶段

21 世纪初，以 Zara 为代表的快时尚品牌率先将大数据与机器学习技术应用于消费者行为分析与需求预测，通过实时调整库存与产品设计，显著提升了市场响应速度。与此同时，全球时尚趋势预测平台 WGSN（图 3-8）开始整合 AI 技术，利用机器学习算法分析社交媒体、时尚秀场和销售数据，为品牌提供精准的趋势预测。2014 年，Ian J.Goodfellow 提出生成式对抗网络 GAN 为新一代 AI 生成内容奠定了技术基础。2018 年，英伟达发布的 StyleGAN 模型能够自动生成高质量图像，标志着 AI 在视觉创作领域的突破。同年，AI 生成的画作在佳士得拍卖行得以 43.25 万美元成交，成为首个出售的人工智能艺术品，也标志着 AI 创作具有市场价值的发展潜力。2021 年，OpenAI 推出了 DALL-E 模型通过文本－图像交互生成内容，进一步拓展了 AI 在创意设计中的应用场景。2022 年，Midjourney、Stable Diffusion 模型相继问世，显著提升了图像生成的精细度与效率，为服装设计提供了新的工具。当前，服装设计进入智能生成的新阶段，StyleGAN-Fashion、Fashion-Diffusion 等针对服装生成的大模型持续发展，服装行业的倍速设计时代已然到来，AI 协同数字的新服装设计模式也将不断构建。

第二节　数字服装设计技术架构

常用软件工具网址

数字服装设计技术架构是现代服装产业实现高效、精准设计的重点支撑体系，通过整合计算机图形学、三维建模与虚拟仿真等技术，构建起从设计构思到成品呈现的数字化解决方案。数字服装设计技术主要包括数字绘图与图像处理技术、数字制版技术、数字服装模拟技术以及相关拓展技术。

一、数字绘图与图像处理技术

数字绘图与图像处理技术是通过计算机软件将设计师的创意转化为可视化图形。数字绘图允许设计师使用矢量图形和栅格图像精确绘制服装款式、面料纹理和细节，而图像处理技术则用于调整图像的颜色、对比度、纹理等，优化设计效果。这些技术大大提高了设计效率，支持精细化设计，并使得设计作品更易于修改、共享和展示。

数字绘图与图像处理工具的关键功能主要包括画笔工具与绘图功能、图层与蒙版、色彩填充与调色板，以及文字和排版工具四类。画笔工具与绘图功能通过高度可定制的画笔设置（如大小、流量、透明度和纹理效果），使设计师能够精准控制线条的粗细与细节表现，从而实现对服装款式、面料纹理和装饰细节的精细刻画。图层与蒙版功能提供了灵活的分层编辑能力，设计师可以将面料纹理、服装款式和装饰细节分别置于不同图层中进行独立调整，而蒙版功能则支持对特定区域的精确修饰，避免对其他部分造成干扰，这一功能在细节优化与分层设计中尤为重要。色彩填充与调色板工具为设计师提供了多样化的色彩管理方案，渐变填充、选区填充和智能选色等功能，使设计师能够对服装的不同部分进行精确的色彩渲染。自定义调色板功能则确保了设计过程中色彩的一致性与协调性，为品牌视觉识别提供了技术支持。文字和排版工具应用于服装标签、商标和广告海报的设计中，设计师可通过精确设置字体样式、大小、行间距和文字路径，创造出符合品牌调性的视觉元素。

在服装设计的具体应用中，数字绘图与图像处理工具主要用于款式图与效果图绘制（图3-9）、面料图案设计以及品牌视觉设计。在款式图与效果图绘制中，设计师可通过数字化手绘稿并结合图层与笔刷功能，模拟布料的质感、

图3-9
使用Adobe Photoshop绘制服装效果图

光影和纹理，快速调整和替换图案元素，测试不同设计方案。面料图案设计借助纹理合成、图案填充和无缝拼接等功能，创建高质量的数码印花和织物纹理，并将其应用于服装效果展示中。此外，品牌商标、吊牌和包装设计等视觉元素也可通过这些工具高效完成，确保品牌形象的一致性与创造性。

数字绘图与图像处理技术的代表工具有：Adobe Photoshop、GIMP、Adobe Illustrator、CorelDRAW、Painter、PaintTool SAI、Sketchbook、Procreate 等。Adobe Photoshop 是一款以图层编辑、滤镜效果和色彩调整为主要功能的图像处理软件，常用于服装设计中的面料纹理处理、图案细节优化以及效果图后期调整。GIMP 作为开源图像编辑软件，提供了与 Photoshop 类似的功能，尽管操作界面相对复杂，但其具有免费和可定制的特性。Adobe Illustrator 专注于矢量绘图，能够生成高精度的线条与图形，应用于服装款式图、标志设计及矢量图案创作，其路径编辑功能为设计师提供了较高的灵活性。CorelDRAW 同样以矢量设计为核心，其界面设计较为直观。Painter 以其仿自然媒介的笔刷效果为特点，能够模拟水彩、油画等传统艺术效果，适合需要手绘质感的设计场景。PaintTool SAI 以其轻量化和流畅的绘图体验为特点，适合绘制服装设计草图和线稿，但其功能相对单一，更适合辅助设计而非全流程应用。Sketchbook 和 Procreate 是移动端绘图工具的代表。Sketchbook 提供了多种笔刷和图层功能，适合快速捕捉设计灵感；Procreate 则以其画笔引擎和直观的操作界面为特点，适合在 iPad 上进行创意表达与细节刻画。这些工具各有其功能侧重点（表 3-2），设计师可根据具体需求选择适合的工具。

二、数字制版技术

数字制版技术是利用 CAD 软件在计算机中创建、调整和优化服装样板的技术。通过精准的数字化工具，版师可以在虚拟环境中绘制、调整和优化服装纸样，确保尺寸、比例和裁剪线的准确性。这项技术不仅提升了制版效率，减少了手工操作中的误差，还便于快速进行样板修改和多尺寸生产。同时，数字制版技术还支持自动化功能，如自动排料和样板拼接，进一步提高了生产效率和资源利用率。

数字制版系统的关键功能主要包括版型设计与修改工具、自动化优化与放码、排料、数据管理与生产集成四个方面。版型设计与修改工具可以在二维平面上精确创建和修改版型，并通过自动化修整功能优化设计。例如，版师可以调整服装的胸围、腰围、臀围或袖长，同时通过精确的曲线调整确保服装的合体度。自动化优化与放码功能可以快速生成多个尺寸版本的版型，适用于批量生产。例如，完成初版 T 恤设计后，系统可根据预设尺寸比自动生成 S、M、L、XL 等不同尺寸的版型，无需手动调整每个尺寸的领口、袖口和胸围，显著提高了工作效率并确保各尺寸服装在样式和舒适度上的一致性。排料功能可以根据样板形状和面料幅宽，自动生成最优排料方案，最大化面料利用率。数据管理与生产集成功能支持样板数据不同版本的云端存储和共享，方便团队协作，自动生成包含缝制工艺、尺寸表等信息的工艺单，指导生产线操作，并生成与自动裁剪机兼容的文件，直接用于裁剪生产。

在服装设计的具体应用中，数字制版技术主要用于高效的版型开发与尺寸管理，以及简化的生产与沟通流程。版师可以快捷进行尺寸调整和修改，并通过自动放码快速生成不同尺寸的服装版型，确保服装的合体性与舒适性

表 3-2 数字绘图与图像处理技术代表工具的优势与局限性

图标	工具	优势	局限性
	Adobe Photoshop	图像编辑与修饰功能，适合用于照片编辑和数字绘图；丰富的滤镜和效果，适合复杂图像处理；大量的插件和扩展支持，功能极为全面；良好的跨平台兼容性	学习曲线较陡，需要时间熟悉各种工具和功能；相比其他绘图软件，绘图功能偏向于图像处理，缺乏矢量图形处理能力
	Adobe Illustrator	矢量图形设计功能，适合制作标志、图标、字体、插图等；高精度的路径和形状控制，适合专业平面设计；与 Photoshop 兼容，便于在多平台协作	对于复杂的像素绘图和照片处理不如 Photoshop；初学者可能会感到界面复杂，功能繁多
	CorelDRAW	矢量图形设计工具，适合制作精细的插图、标志、广告等；用户界面直观、易于上手，适合初学者；页面布局和印刷设计功能强大	不如 Adobe 产品在业内标准中普及，部分兼容性差；高级功能不如 Adobe Illustrator 全面
	Painter	绘画模拟功能，能模拟传统绘画效果如水彩、油画、粉笔等；丰富的画笔库和纹理，适合艺术创作；支持自然绘画的流畅性，适合艺术家和插画师	处理速度较慢，特别是在处理大型文件或复杂绘画时；不适合需要矢量图形或图像编辑的任务
	GIMP	开源、免费使用，适合预算有限的用户；图像处理和编辑功能，类似于 Photoshop；支持多种插件，具有高度自定义性	用户界面不如商业软件精致，较为复杂；在矢量图形和高级绘图功能方面逊色于 Illustrator 和 Photoshop
	PaintTool SAI	绘图流畅，适合插画师进行线条绘制；简单直观的界面，容易上手；精细的画笔控制，适合细致的画风	不支持矢量图形，功能较为简单，局限于绘图而非综合设计；仅支持 Windows 平台，跨平台性差
	Sketchbook	简单易用，适合快速草图和概念设计；直观的界面，适合快速创作和绘画；免费提供基本功能，适合初学者和学生	高级功能（如图层管理、色彩调整等）有限；在专业设计和图像处理方面不如 Photoshop 或 Illustrator
	Procreate	触摸屏绘画体验，适合 iPad 使用；快速响应和绘画体验流畅，适合手绘风格；丰富的画笔和工具，易于创作复杂的艺术作品	仅支持 iOS 平台，平台局限性较大；不支持矢量图形，功能较为简单，无法与桌面版本的 Photoshop 或 Illustrator 匹敌

（图 3-10）。同时，CAD 系统能够快速生成生产所需的各项数据，导出多种格式文件用于样板打印或进一步修改，确保设计与生产之间的无缝对接，提高整个生产流程的效率和准确性。

服装 CAD 技术诞生于 20 世纪 70 年代，是计算机技术与传统的服装行业相结合的产物，主要的服装 CAD 系统有美国的 Gerber AccuMark、法国的 Lectra Modaris、以色列的 Optitex PDS、日本的 TORAY ACS、加拿大的 PGM、中国的富怡 CAD 和博克 CAD 等。Gerber Accumark 是由美国的 Gerber Technology 公司开发的一款广泛应用于服装行业的 CAD（计算机辅助设计）软件，其优势在于它不仅提供了强大的设计工具，还支持二次开发，使得用户可以根据自身需求定制功能和工作流程。该软件主要用于服装设计、样板制作、排料和生产管理等环节，其强大的功能和灵活性使其成为行业内的标准工具之一。

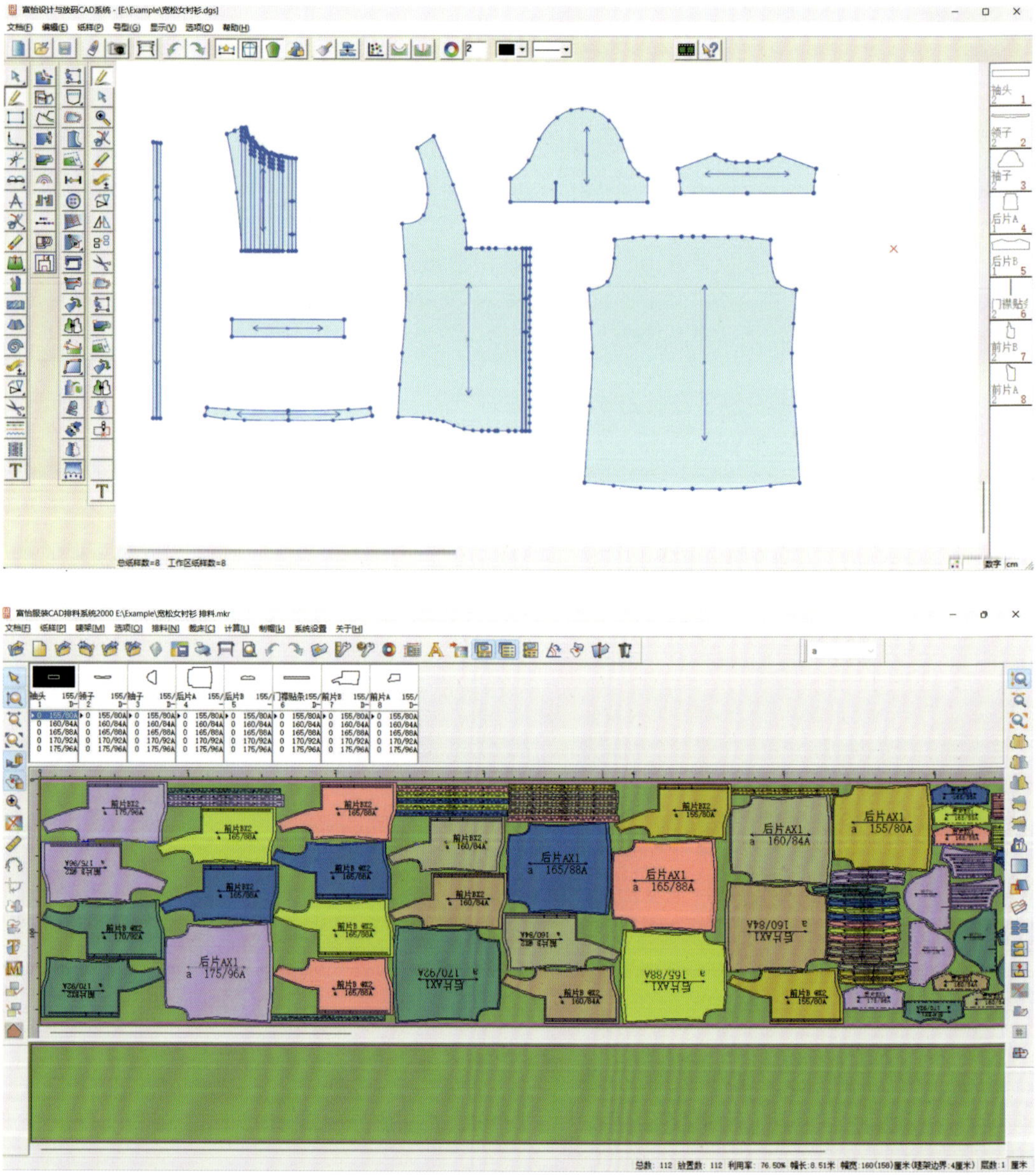

图 3-10
富怡CAD打版和排料界面

Lectra Modaris 是法国力克公司（Lectra）推出的一款用于服装样板设计的服装纸样设计系统，比起传统的打版工具，Lectra Modaris 可以直接从设计草图产生新款样板或从现有的款式中进行修改。Gerber AccuMark 和 Lectra Modaris 都有 3D 模块，可导入人体模型，具有虚拟缝纫和面料模拟功能，可以实现基础的人模合身性评估，但呈现服装效果不够仿真，渲染需要依赖第三方软件。Optitex PDS 是由以色列公司 Optitex 开发的一款服装 CAD 软件，该软件的排料系统结合了人工排料经验和计算机强大的处理能力，能够对多个样板进行排料，以最大限度提高用布率，降低成本。经过纺织品、服装业的测试，Optitex PDS 的用布率平均比类似软件高出 3% 以上。Optitex PDS 的 3D 功能除了基础的合身性评估，还包含渲染、工艺细节仿真、面料张力显示以及模特形态与姿势调节。日本东丽（TORAY ACS）CAD 系统的最大特色在于它用信息化的思维模式实践于服装工艺流程。由于日本在信息化产品上的强大开发能力，决定了东丽 CAD 系统具有独特的数据库平台，不断升级更新的 CREACOMPO 是东丽 ACS 软件系统的主导产品，它包括 PatternMagic 制版软件、GradingMagic 放码软件、MarkerMagic 排料软件、Torso 3D 虚拟缝制等产品。CREA CMPO II 的 3D 模拟则仅限于人台和基础属性面料。PGM 除了 2D 制版的功能，也具有相对应的 3D 数字样衣系统 Aphro 3D。这些系统的优势与局限性见下表（表 3-3）。

表 3-3
数字制版技术代表工具的优势与局限性

公司图标	工具	优势	局限性
	Gerber AccuMark	行业标杆，全流程覆盖，硬件兼容性强，数据精度高（+0.1mm）兼具 2D/3D 功能	价格较高，小型企业或初创公司负担较重。系统复杂，学习曲线较陡，初学者可能需要较长时间上手
	Lectra Modaris	高端定制能力，面料物理仿真，工艺数据库丰富，兼具 2D/3D 功能	对硬件要求较高，可能需要高性能的计算机支持。系统较为复杂，需要较长的学习时间和培训
	Optitex PDS	2D 与 3D 无缝联动，实时 3D 模拟与动态展示，云端协同	对计算机性能要求较高，处理复杂设计时可能较为缓慢。订阅成本高
CREA COMPO II	TORAY ACS	拥有强大的菜单，多种多样的组合，可自行设定的界面，最大限度满足纸样师个性化打板流程的需求	系统复杂，价格较高
PGM SYSTEM	PGM PDS	可直接对接同公司的 CAD 硬件设备	与 3D 功能分属两个软件
R 富怡	富怡 CAD	本土化标杆（GB/T 标准），价格低且有免费版，超级排料（95%利用率）	国际兼容性差，不具备 3D 试衣功能
BOK	博克 CAD	AI 排料，云端协同，定制系统全面	国际认可度低，不具备 3D 试衣功能

三、数字服装模拟技术

数字服装模拟技术通过计算机模拟衣物在虚拟角色上的表现，重现布料的质感、物理特性和动态效果。该技术结合了物理学原理，如重力、摩擦力、弹性等，精确模拟布料在运动中的褶皱、下垂、褪色等变化，可以实现逼真的衣物穿着效果，帮助设计师在数字化环境中测试款式和面料，为生产提供更精准的参考，减少了样衣制作的成本和时间。

数字服装模拟软件的关键功能主要有 3D 服装设计与模拟、面料仿真与物理特性模拟、虚拟缝合与虚拟模特适配、工艺仿真、简单动画模拟、实时协作与数据共享六个方面。3D 服装设计与模拟功能允许设计师直接在 3D 环境中进行服装设计与制作，设计师可以导入或绘制 2D 版片，通过虚拟缝合生成 3D 模型，或使用软件内置的版片模块进行组合设计。此外，设计师还可以在虚拟模特上绘制造型，自动生成版片，并在虚拟环境中实时查看服装的设计效果，检查其合身度、面料垂感和动态效果。例如，设计师在软件中创建一款运动外套时，可以通过旋转、缩放功能多角度查看领口设计、袖口褶皱效果等细节，确保设计符合预期。面料仿真与物理特性模拟功能能够模拟不同面料的物理特性，如弹性、厚度、光泽度和褶皱效果。设计师可以选择或自定义面料属性，并通过渲染功能设置摄像头、灯光等参数，真实还原金属、玻璃、镭射等特殊材质的视觉效果，提升数字服装展示的质感与真实度。虚拟缝合与虚拟模特适配功能支持设计师将服装应用到不同体型的人体模型上，评估服装的合身度、版型流动性和穿着效果。设计师还可以调整虚拟模特的姿势，观察服装在不同状态下的适配性，确保设计适合多种体型特征。工艺仿真功能支持添加明线、扣子、拉链等辅料附件，真实还原服装的设计状态。简单动画模拟功能允许设计师录制动态布料解算过程，生成服装展示动画，用于虚拟时装秀或营销展示。实时协作与数据共享功能支持团队成员、供应商和客户之间的实时设计与反馈交流，确保所有相关人员能够同步查看最新的设计进展、虚拟样衣和面料选择，提升团队协作效率。

在服装设计的具体应用中，数字服装模拟软件主要用于提高设计效率与减少成本、优化面料选择与款式搭配、多样化虚拟缝合与人体适配、加速生产流程与缩短产品上市时间，以及支持环境友好与可持续发展。例如，通过虚拟样衣制作和实时仿真功能（图 3-11），设计

图 3-11 Style 3D Studio制作长袖连衣裙界面

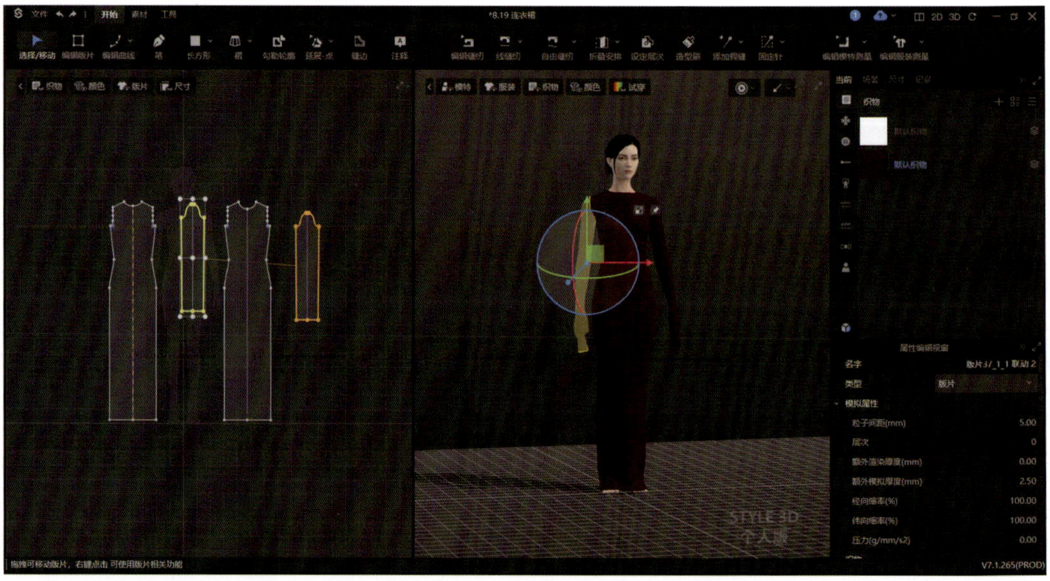

图标	软件名称	优势	局限性
	VStitcher	生产流程整合（Gerber/Lectra 兼容），工业级精度（±0.5cm），专注工业化生产流程，优化批量生产中的效率与标准化	价格昂贵、操作复杂、动态褶皱表现弱
	Marvelous Designer	影视级布料动态（粒子系统），跨平台兼容（FBX/OBJ），性价比高，服务于影视、游戏等对真实感要求极高的领域	无生产模块、精度低（±1cm）、渲染依赖第三方插件
	CLO 3D	全流程覆盖（设计→展示→生产），活跃社区（5 万+资源库）、创意设计与时尚概念可视化，快速制作概念设计并进行渲染展示	专属格式、直接用于服装生产的精准度仍有提升空间、对计算机硬件性能有一定要求、掌握丰富的功能需要持续学习
	Style 3D Studio	中国本土化服务，性价比高，数字孪生整合，更新迭代较快，结合 AI，效率和仿真提升，注重各类技术创新	专属格式、直接渲染质量中庸、对计算机硬件要求较高、掌握丰富的功能需要持续学习

表 3-4
数字服装模拟代表软件的优势与局限性

师可以在短时间内完成设计优化，减少样衣制作和修改的次数，节省设计与生产的时间与成本。面料仿真功能则帮助设计师在设计阶段优化面料选择与搭配，确保设计既符合时尚潮流又具备实际穿着的舒适性。此外，虚拟缝合功能支持在不同体型模型上测试服装设计，确保其适合多种穿着需求，特别适用于定制化设计与快速时尚生产。

数字服装模拟技术的代表软件有 VStitcher、Marvelous Designer、CLO 3D 和 Style 3D Studio。VStitcher 由 Browzwear 开发，集成二维样板与三维服装建模，具备高精度的物理模拟和尺寸适配功能，能够再现面料的悬垂感及动态效果。该软件适用于服装品牌和制造企业，支持 PLM（产品生命周期管理）系统对接，以优化供应链管理并提高生产效率。Marvelous Designer 主要应用于三维服装动态模拟，支持实时调整服装结构并观察布料物理变化，适用于游戏、影视和动画行业。与其他三款软件相比，该软件更侧重视觉表现，而非工业制版与生产流程。CLO 3D 在 Marvelous Designer 的基础上增加了自动缝合、智能放码和面料参数调整功能，支持实时渲染和多格式输出，并具备云端协作能力，以提升产品开发效率，适用于时尚设计和成衣生产。Style 3D Studio 作为中国本土研发的解决方案，强调云端协作与 AI 驱动设计。其特点包括基于云平台的多人协同编辑、AI 辅助版型优化和可持续设计分析功能。这些系统的优势与局限性见上表（表 3-4）。

四、相关拓展技术

（一）角色建模与动画技术

角色建模及动画技术用于创建虚拟角色并赋予其动作和姿态。在数字服装设计中，角色建模指通过三维建模软件构建虚拟人物的身体结构和外观，包括面部特征、肌肉和衣物等，建模方式可以分为雕刻类和调节类。动画技术则利用骨骼绑定系统和运动捕捉数据，使角色在虚拟环境中进行自然的动作表现。这项技术不仅广泛应用于游戏、影视和虚拟时尚，还能为服装设计提供更精准的试穿模拟和动态展示。

1. 雕刻类角色建模工具

雕刻类角色建模工具的关键功能主要有数字雕刻、自动重拓扑、多重工具和自动布线。

数字雕刻功能可以通过笔刷在模型表面雕刻出纹理、褶皱和肌肉线条，笔刷包含预设笔刷（如雕刻笔刷、纹理笔刷）和自定义笔刷，适用于角色建模中的面部细节、衣物褶皱和饰品雕刻。例如，设计师在进行角色设计时，可以使用数字雕刻功能对角色皮肤纹理进行刻画，同时添加衣物褶皱和装饰细节，以呈现更贴近现实的穿着效果。自动重拓扑功能允许设计师在不受网格密度限制的情况下进行自由雕刻，提高了工作效率。设计师可以在不需要重新拓扑的情况下，对作品进行大规模修改，确保设计过程的灵活性与高效性。多重工具功能使设计师能够在同一模型中处理多个独立的部分，如衣服、配件和饰品。类似于数字绘图中的图层功能，设计师可以分别雕刻每一部分，且不受其他部分影响，最终将所有元素组合成一个完整的角色模型。自动布线功能则能够优化网格拓扑，在保持模型细节的同时降低不必要的面数，使后续操作更加流畅。例如，设计师在雕刻服装袖口细节时，可以利用自动布线优化模型，使网格结构更加均匀，便于后续的动画或渲染工作。

在虚拟角色建模与服装设计的具体应用中，这类工具主要用于精细化服装褶皱与纹理雕刻，以及虚拟角色模型的细节优化。数字雕刻功能帮助设计师还原面料的褶皱、缝线和折叠效果，使虚拟服装更贴近现实中的物理特性。它能够模拟面料的光泽感、拉伸感和磨损效果，为服装设计提供了更多的创作空间。此外，在角色建模中，设计师可以通过数字雕刻技术优化面部表情、肌肉线条和衣物细节，提升角色的真实感与表现力。

雕刻类角色建模代表工具主要有 ZBrush 和 Nomad Sculpt。ZBrush 具备专业级雕刻与复杂细节处理能力，其核心优势在于对高密度模型的极致刻画能力，支持影视级生物设计、硬表面雕刻及角色面部细节的深度优化，应用于影视、游戏及高精度角色设计领域，ZBrush 与主流 3D 软件（如 Maya、Blender）深度兼容，便于结合使用。Nomad Sculpt（图 3-12）定位于移动端与轻量化设计，以跨平台便携性与简化工作流为核心特点，适配 iOS、Android

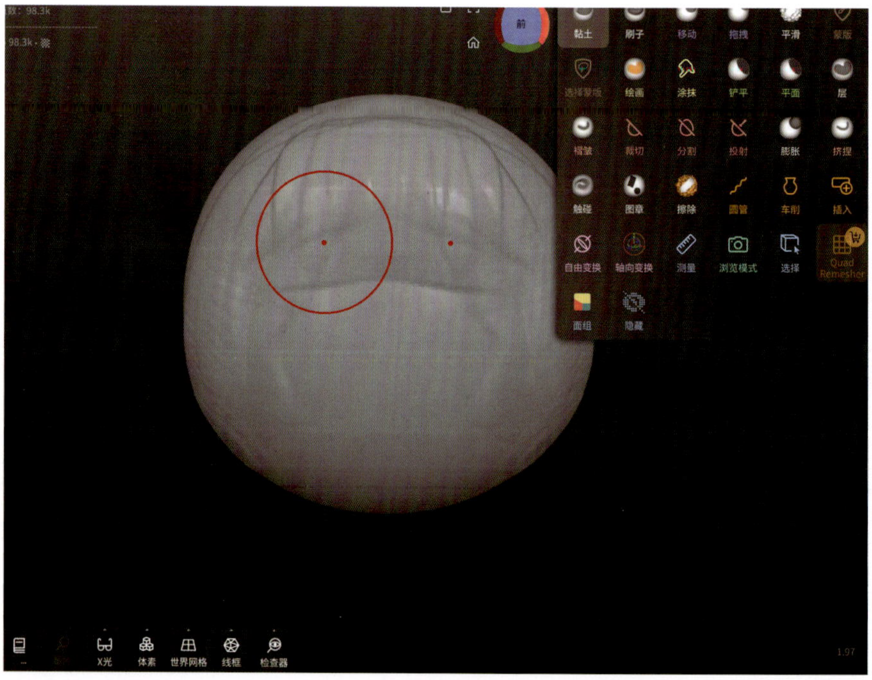

图 3-12
Nomad Sculpt
用户界面

及 Windows 系统，便于平板触控操作，支持随时随地的快速原型设计与概念草图创作。其界面直观且对硬件要求较低，适合教育场景、入门级用户及需要快速迭代的设计需求。相较于 ZBrush 的工业级定位，Nomad Sculpt 技术门槛更低，更注重创意表达的灵活性。

2. 调节类角色建模工具

调节类角色建模工具的关键功能主要包括易用的角色定制功能、多样的体型与面部特征选择、兼容性与导出功能、肌肤和衣物的贴图模拟，以及动态姿势和动画支持。角色定制功能通过用户友好的界面，允许设计师或艺术家轻松调整虚拟人物的性别、身高、体重、肌肉量、面部特征和种族等参数。这一功能使设计师能够根据需求快速生成符合要求的人体模型，显著节省角色建模时间。多样的体型与面部特征选择功能包括身高、胸围、腰围、臀围、肌肉量、骨骼结构和面部骨骼等。设计师可以通过调整这些参数，创建不同体型比例和面部特征的角色模型，便于在服装设计过程中针对不同用户群体进行虚拟样衣测试。兼容性与导出功能可以将设置好的角色模型导出为多种常用 3D 格式（如 FBX、OBJ、STL 等），方便与其他 3D 设计软件（如 Blender、Marvelous Designer、ZBrush 等）协同工作。设计师可以在创建角色模型后，将其导入其他软件中进行细化设计、服装模拟和渲染。肌肤和衣物的贴图模拟功能可以为角色应用不同的材质和纹理，模拟不同肤色和衣物质地效果，为服装设计提供更直观的感受。动态姿势和动画功能允许用户将角色调整为不同的动作姿势，模拟服装在不同体态下的表现。这一功能有助于观察服装的灵活性和舒适度，为设计优化提供参考。

在服装设计的具体应用中，这类工具主要用于服装适配与版型调整，以及多样化人物设计与市场定位。角色建模提供的人体模型可以作为设计的基准，确保服装在设计阶段具备合适的版型和合身效果。设计师可以基于这些模型调整服装的肩宽、袖长、裤长等，快速生成合适的尺寸比例。此外，调节式人体定制功能使设计师能够根据目标客户群体（如青少年、成年人、老年人）定制人物模型，有助于为不同人群设计符合其特点的服装，提升市场定位的精准性。

调节类角色建模代表工具主要有 Make Human 和 DAZ 3D。Make Human（图 3-13）

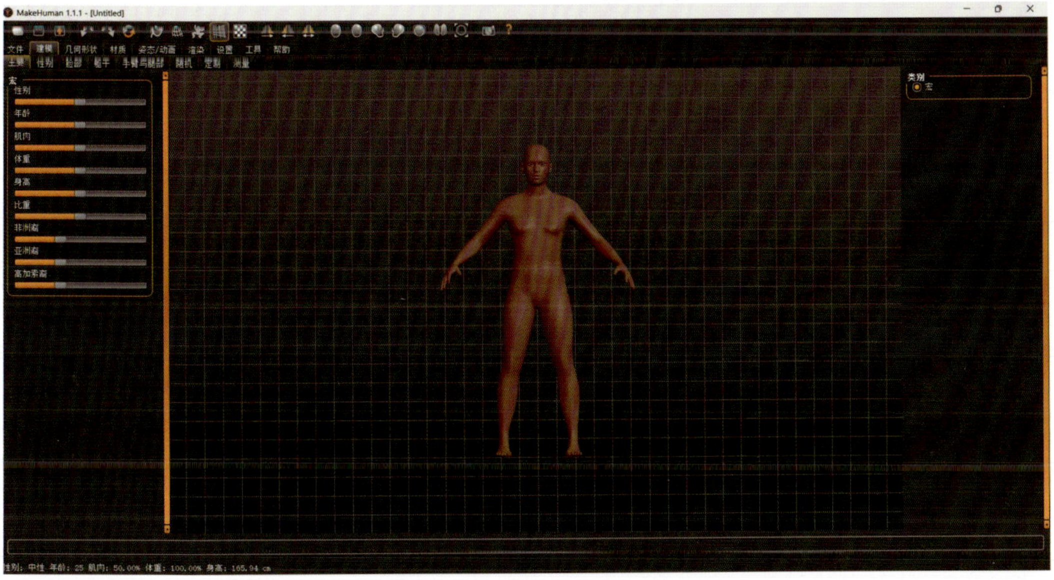

图 3-13
Make Human用户界面

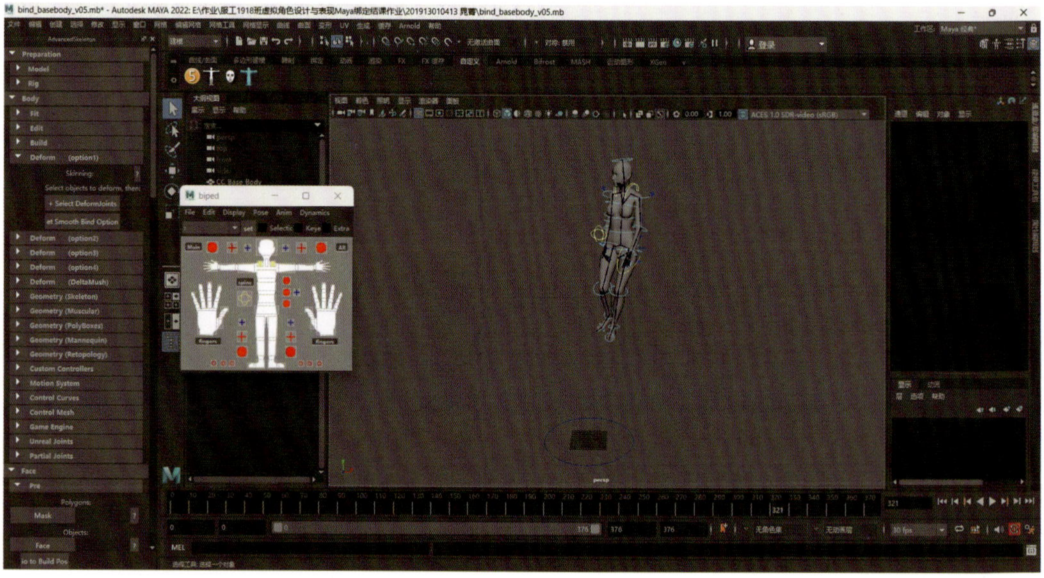

图 3-14
Maya人物绑定界面

Style 3D数字服装舞蹈动画视频

Style 3D数字服装走秀视频1

Style 3D数字服装走秀视频2

是一款开源参数化人体建模工具，其核心优势在于基于科学人体数据的快速模型生成。通过调节性别、年龄、体型、肌肉量等生物特征参数，能够快速生成符合解剖学标准的基础人体模型，适用于医学可视化、动画预制作及服装基础版型设计等场景。其开源特性允许开发者自定义插件与扩展功能，但模型细节与艺术表现力相对有限，更侧重于功能性而非视觉呈现。DAZ 3D 定位于艺术创作与商业化视觉表达，具有预设模型库与高精度变形工具。提供大量预置角色、服装及场景资源，用户可通过非破坏性变形技术（如 Genesis 变形系统）快速调整角色的面部特征、体型比例与动作姿态，并支持高质量渲染输出。DAZ 3D 的生态系统包含大量付费资产，适合影视概念设计、数字插画及个性化角色创作，但其模型拓扑结构通常需适配特定渲染管线，对工业级动画制作的兼容性较弱。

3. 动画设计及绑定工具

动画设计及绑定工具的核心功能包括建模工具、角色建模与绑定、动画与动态表现，以及渲染与细节优化。建模工具提供了多边形建模、曲线建模和细分曲面建模等多种方式，帮助设计师快速创建各类 3D 模型，并进行细致的结构设计。角色建模与绑定功能支持设计师构建虚拟人物的骨骼系统，并通过骨骼绑定和蒙皮技术，使服装与角色的动作协调一致，确保服装在动态模拟中表现自然。动画与动态表现功能集成了时间轴和关键帧技术，允许设计师创建角色和服装的动态模拟，测试服装在复杂动作（如舞蹈、运动）中的表现，检查其灵活性、舒适性和耐用性。渲染与细节优化功能通过内置或插件形式的渲染引擎，提供了高质量图像和动画序列的生成能力。设计师可以利用光照、材质和纹理设置，精确控制服装的质感表现，如面料的光泽度、透明度和反射效果。逼真的物理渲染功能则进一步帮助设计师生成高度真实的服装效果图。

在具体应用中，这类工具主要用于角色动画设计与服装适配性测试，以及场景建模与视觉效果制作。在角色动画设计中，设计师可以通过导入动作捕捉数据或自行创建动态，将服装与虚拟模特的动作绑定（图 3-14），模拟不同动作下的穿着效果。例如，设计师在设计运动服时，可以模拟运动员的跑步、蹲下等动作，确保服装在这些动作下能够舒适贴合身体，不限制运动。在场景建模中，这类工具能够构建虚拟场景，并通过粒子系统、流体模拟、火焰、烟雾等特效功能，实现高度复杂的动态模拟。与 Houdini 等专业软件的协同工作，进一步扩展了其在电影和游戏行业中的应用范围。

动画设计及绑定工具的代表工具有 Maya、Blender 和 Mixamo。Maya 具有高度专业化的动画绑定系统与工业化流程集成能力。其动画模块支持复杂的角色骨骼绑定、非线性动画编辑及动力学模拟，广泛应用于高精度角色动画、影视特效与游戏动作设计。Maya 的生态系统深度整合了行业标准插件（如 Arnold 渲染器、MotionBuilder 动作捕捉工具），并与上下游软件（如 Adobe 系列、Unity、Unreal Engine）形成无缝协作，尤其适合大型工作室的团队化、标准化生产需求。然而，其高昂的授权费用与陡峭的学习曲线对个人用户及小型团队构成一定门槛。Blender 的特点是开源免费并具备全流程集成能力，覆盖建模、动画、渲染及后期合成的完整创作链路。其动画绑定系统虽在功能深度上略逊于 Maya，但通过社区驱动的快速迭代，已能胜任多数中低复杂度动画项目。Blender 的开放性架构允许用户自定义插件与脚本，适配独立开发者、教育机构及新兴市场的灵活需求。例如，其内置的 Grease Pencil 工具可直接在 3D 空间中绘制 2D 动画，实现跨维度的创意融合。相较于 Maya 的行业垂直化定位，Blender 更强调工具的普适性与成本效益，适合中小型团队与个人创作者。Mixamo（图 3-15）与 Maya、Blende 这类建模软件不同，它是由 Adobe 开发的一个在线 3D 角色动画和自动化生成平台，主要用于为 3D 模型快速添加和编辑动画，其预设动画库提供了超过数千种预设动作，通过简单的上传和校准操作，即可将这些动画自动化骨骼绑定应用到自定义的 3D 角色模型上，从而快速获得人物动画。

包含了雕刻类建模、调节类角色建模以及动画设计及绑定工具的角色建模与动画技术代

图 3-15
Mixamo平台界面

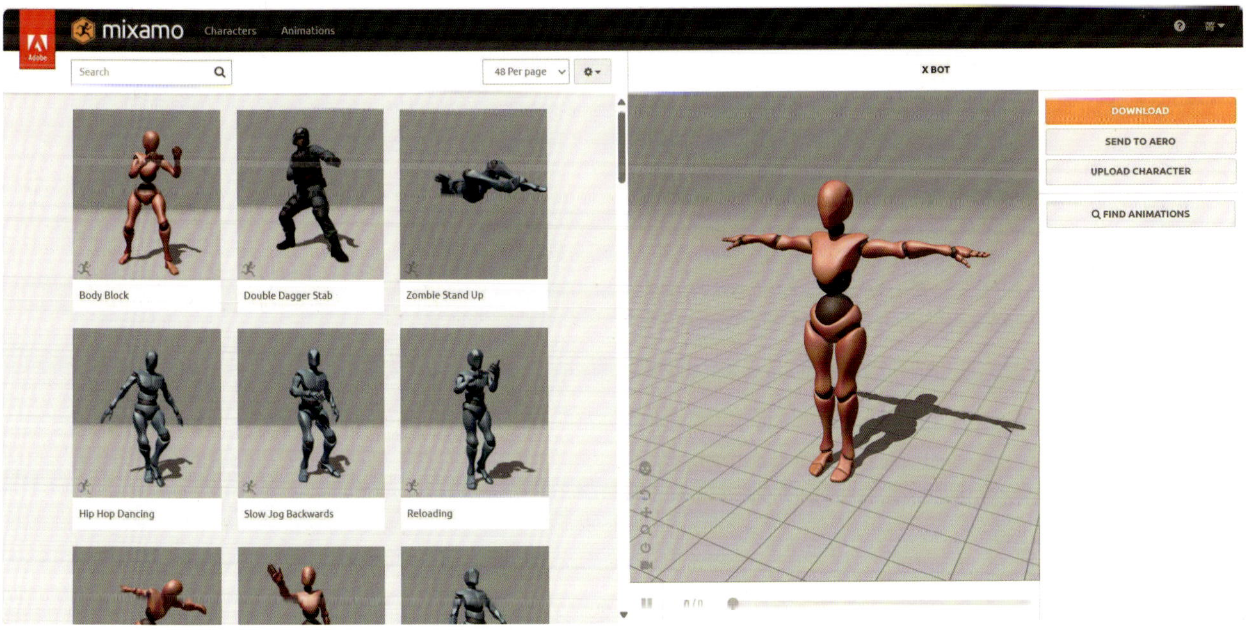

表工具的优势与局限性见下表（表 3-5）。

（二）3D材质与纹理模拟技术

3D 材质与纹理模拟工具的关键功能主要包括 3D 绘制与纹理创建、实时预览与渲染、智能材质与纹理应用、纹理细节编辑与微调，以及与其他软件的无缝集成。3D 绘制与纹理创建功能基于物理的渲染（PBR）技术，允许设计师直接在 3D 模型上绘制材质和纹理。通过刷子工具、图层功能和遮罩功能，设计师可以为服装模型创造丰富的材质效果，如布料纹理、皮革效果和绸缎光泽。例如，在设计一款皮革外套时，设计师可以通过 3D 绘制精确添加皮革的皱纹、光泽和磨损效果，确保外套的材质感和质感在数字环境中完美呈现。实时预览与渲染功能使设计师能够在绘制纹理的过程中，直接在 3D 模型上查看最终效果。该功能支持高质量的实时光照和材质效果，能够展示布料的光泽、皮革的反射以及复杂的纹理细节。智能材质与纹理功能模拟了棉布、皮革、丝绸、羊毛等常见材质类型，设计师可以直接应用这些材质，并根据需要进行调整。纹理细节编辑与微调功能提供了细节编辑工具，设计师可以调节每个纹理的细节层次，包括磨损、褪色、折痕和污渍等效果。这些细节为服装设计增添了层次感和真实性。3D 材质与纹理模拟工具与其他软件的无缝集成功能使其与多款 3D 建模软件（如 Maya、Blender、3ds Max）和服装模拟软件（如 Style 3D、CLO3D）具有良好的兼容性，设计师可以轻松导入服装模型，并将绘制的纹理导出到其他软件中进行渲染和展示。

在具体应用中，这类工具主要用于高质量

表 3-5
角色建模与动画技术代表工具的优势与局限性

图标	软件名称	优势	局限性
	ZBrush	具有雕刻功能，适用于高多边形复杂模型。精细的纹理和细节雕刻，适合高级艺术创作、大型项目，应用于电影、游戏行业中的角色建模和道具设计	学习曲线陡峭，界面复杂，需要经验及美术基础。处理大型项目时，对硬件性能要求较高。主要聚焦雕刻，尺寸精度不高，对实际服装生产制造的帮助不大
	Nomad Sculpt	移动设备上进行雕刻创作。简洁直观的用户界面，易于学习和使用。高效的雕刻性能，适合中等复杂度模型。适合初学者和中级艺术家，快速迭代小型项目或草图	功能较为简化，移动端承载力度有限，容易出现程序崩溃。不适合处理非常复杂或高分辨率的模型。功能丰富度不如 ZBrush，格式兼容性仍有提升空间
	Make Human	界面简单功能直观，适合初学者和快速搭建角色模型，开源免费，允许多样定制	人模面部细节较少，可能无法调整到设计师的理想状态，功能较为简单，需要配合其他软件使用
	DAZ 3D	角色资源丰富，调整精细，具有高质量渲染功能	精细雕刻不足，依赖已创建好的数字资源，需要搭配其他软件一起使用
	Maya	精度建模与细节控制，动画制作，动力学交互模拟，专业渲染	需要较高的计算资源，因此需要较强的硬件支持，学习使用需要时间和经验积累
	Blender	免费开源，功能极其全面，包含建模、雕刻、骨骼系统、动画系统等，迭代快速，可以进行高质量渲染	需要较高的计算机硬件支持，掌握丰富的功能需要持续学习
	Mixamo	简单易用，无需复杂的 3D 建模或动画技术，用户只需简单操作，即可快速生成人物动画，适合快速原型制作和动画演示	动作更贴近游戏中的人物形态，动画细节和定制性有限

图 3-16
Adobe Substance 3D Painter用户界面

材质和纹理创建、虚拟服装试穿和可视化以及细节优化与效果增强。在数字服装设计中，设计师可以为虚拟服装创建高质量、逼真的材质，如棉质、皮革、羊毛和丝绸等。通过精细的纹理绘制，设计师能够呈现服装面料的细节，如纹理、褶皱、光泽、反射和透光性。在虚拟缝合过程中，工具帮助设计师实现高精度纹理和材质，确保服装在不同光照条件下的自然表现。此外，细节编辑工具使设计师能够为服装模型增加自然褶皱和磨损效果，提升服装的视觉真实感，使其更加贴近实际使用情况。

尽管这类工具在纹理和材质绘制方面具有高精度和实时预览的优势，但其局限性在于制作高水平材质和纹理需要较好的绘画基础，同时高质量的渲染对计算机硬件要求较高，需要较强的计算能力。

3D 材质与纹理模拟技术代表软件是 Adobe Substance 3D Painter（图 3-16）。Adobe Substance 3D Painter 是一款 3D 纹理绘制软件，能够创建高质量、复杂的材质和纹理设计。它允许用户在 3D 模型上直接绘制和编辑纹理，模拟真实世界材质的光泽、反射、粗糙度、透明度等属性。在服装设计领域，Substance 3D Painter 为设计师提供了精准控制纹理效果的工具，帮助其创建逼真的虚拟服装面料和纹理效果。

（三）三维建模与游戏引擎技术

三维建模技术是数字服装技术架构中的核心技术，除了对服装本体进行建模，还可以对服装展示场景、服饰细节等进行高精度的三维构建，实现概念设计的可视化完整表达。游戏引擎技术是一套集成化的软件开发框架，其核心功能包括实时渲染、物理模拟、动画控制、交互逻辑编程及多平台部署能力，旨在高效构建并运行交互式数字内容。游戏引擎技术为服装设计注入了实时渲染与物理模拟能力，设计师可在引擎驱动的虚拟环境中，实时观察服装在不同光照、动作及场景下的动态表现，模拟复杂物理交互（如风吹动裙摆、面料与人体运动的力学响应）。这种技术融合为数字时装秀、元宇宙时尚生态及可持续设计实践提供了底层技术支持，推动数字服装向实时化、场景化方向深度演进。

1. 三维建模工具

三维建模工具的关键功能主要包括精确建模与拓扑优化、高级渲染与材质效果，以及插件扩展与集成。精确建模与拓扑优化功能提供了多边形建模、曲面建模和拓扑优化工具，使设计师能够快速创建复杂的 3D 模型，同时确保模型的几何精度。这一功能为后续的渲染和模拟奠定了坚实的基础。高级渲染与材质效果功能通过与 V-Ray 和 Arnold 等专业渲染器的集成，提供了真实的光照、材质表现和细节模拟。设计师可以通过这些工具模拟不同材质（如棉布、皮革、丝绸等）的纹理、反射和光泽，并展示其在各种光照条件下的效果。插件扩展与集成功能为多软件协同工作提供了可能，例如，Marvelous Designer 与 3ds Max 和 Cinema 4D 等三维建模软件的转换插件，使设计师能够在 Marvelous Designer 中创建服装模型，并将其传输到通用建模软件中进行进一步的渲染和模拟。这种集成功能显著提升了设计流程的灵活性和效率。

在具体应用中，这类工具主要用于虚拟服装展示和高质量渲染与宣传效果。在虚拟服装展示中，设计师可以创建虚拟服装展示场景，并通过光影效果展示服装在不同光照环境下的表现。这种方式不仅提升了设计的可视化效果，还使虚拟试穿更加真实，适用于电商平台和虚拟缝合间等场景。在高质量渲染与宣传效果方面，工具内置或外置的优质渲染器（如 V-Ray、Arnold、OctaneRender、Cycles、Redshift、Corona、Renderer、Eevee）能够生成高清渲染效果图，为服装设计师提供高质量的视觉素材，帮助他们更好地向客户展示设计作品。

三维建模代表工具包含在动画设计与绑定工具介绍中提到的 Maya 和 Blender，还有 3ds Max 和 Cinema 4D。与前文中专注于服装模拟的软件不同，这里的三维建模工具更加通用，虽然一般也具备布料模拟系统，但更多还是用于配饰建模和服装展示场景等硬建模的搭建。3ds Max（图 3-17）具备多边形建模

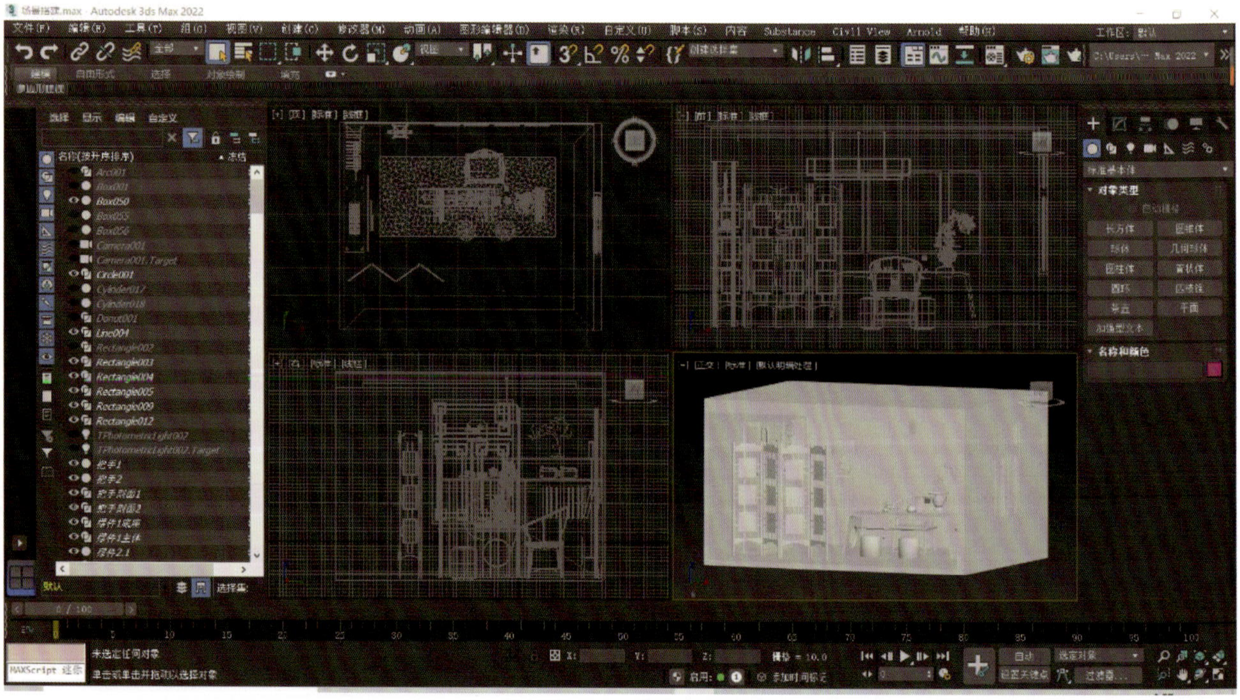

图 3-17
3ds Max场景建模界面

与复杂场景构建能力，应用于建筑可视化、游戏资产制作及影视特效领域。其特点在于对大规模场景的高效管理能力，支持精细的硬表面建模、参数化修改器堆栈及 V-Ray、Corona 等专业渲染器的深度集成，尤其适合需要高精度工程化设计的场景（如建筑结构模拟、游戏道具批量生成）。然而，其操作界面相对复杂，学习曲线陡峭，更适配具备技术背景的专业团队。Cinema 4D 则具有直观的用户界面与高效的动态图形（MoGraph）模块，成为广告包装、品牌视觉设计及动态艺术创作的常用工具。其 MoGraph 系统通过克隆器、效应器等工具，可快速生成复杂的运动图形效果（如粒子动画、抽象几何变换），极大提升了动态视觉内容的创作效率。Cinema 4D 的渲染引擎（如 ProRender、Redshift）与实时预览功能，使其在短周期商业项目中表现突出。相较于 3ds Max 的工程化定位，Cinema 4D 更强调创意表达的灵活性与操作友好性，适合独立设计师与中小型工作室（表 3-6）。

2. 游戏引擎工具

游戏引擎工具主要用于开发视频游戏、互动媒体以及虚拟现实（VR）和增强现实（AR）体验。这些软件提供了一个集成的平台，使开发人员能够创建三维图形、物理模拟、光照效果、声音设计等复杂功能，从而进行高度交互和沉浸式体验的开发。对于数字服装设计来说，其互动性体验设计以及 VR 和 AR 的体验设计也可以作为拓展用户参与设计模块的部分加入。

这类工具的主要功能包括跨平台支持、图形和渲染功能、物理引擎和模拟、实时渲染与交互式体验、可视化编辑器和工作流，以及 VR 和 AR 支持。跨平台支持功能使开发者能够将同一项目发布到多个平台，包括 PC、游戏主机（如 PlayStation、Xbox）、移动设备（如 iOS、Android）、Web 和 VR/AR 设备等，确保了不同平台的用户能够同步体验设计内容，提升了项目的覆盖范围和用户参与度。图形和渲染功能提供了高质量的渲染引擎，支持实时光线追踪（Ray Tracing）和全局光照（Global

表 3-6
三维建模与游戏引擎技术代表工具的优势与局限性

图标	软件名称	优势	局限性
	3ds Max	主打建模功能，适合硬表面建模和复杂几何形状。支持多种插件，兼容性好。具有高级动画和渲染功能，适合电影和游戏，同时在建筑可视化和产品设计方面有广泛应用	学习曲线较陡，界面复杂，初学者需要时间适应。仅支持 Windows 平台，限制了其使用范围。高度依赖硬件配置，资源占用较高
	Cinema 4D	简洁直观的用户界面，适合快速上手。具备动画和动态图形制作能力，适合广告和片头动画制作。具有集成渲染功能，兼容多款渲染器。支持 Mac 和 Windows 平台，跨平台协作便捷	建模工具在处理复杂硬表面建模时功能较弱。高端物理模拟和复杂渲染特效方面功能较少。在角色动画和大规模动画制作方面功能有限
	Unreal Engine 5	Nanite 技术进行超高精度虚拟化几何体，能够处理大量的细节和高多边形模型。提供先进的 Lumen 实时光照系统，能够动态计算全局光照效果。支持高级物理模拟和大规模场景	学习曲线较陡，初学者上手困难。资源占用高，对硬件要求较高。使用 C++编程，需较强编程能力
	Unity	简单易学，适合初学者和小型项目。跨平台支持，适用于移动端和 Web。使用 C#语言，容易上手	在大规模项目和复杂渲染上不如 Unreal，动画和物理模拟功能相对较弱，复杂项目性能表现较差

Illumination）等先进技术，使设计师能够创建逼真的视觉效果。物理引擎和模拟功能内置了物理引擎，能够模拟现实世界中的物理效果，如重力、碰撞、流体和布料等，为服装设计中的动态表现提供了技术支持，使虚拟服装在不同动作和环境下表现出真实的物理特性。实时渲染与交互式体验功能使设计师能够即时查看服装的材质效果、纹理呈现和光照变化。通过实时渲染，设计师可以在虚拟环境中调整设计细节，提高设计精度。例如，设计师可以通过游戏引擎创建虚拟服装展示平台，展示一系列秋冬服装，观众可以在不同光照条件下查看服装的纹理和反射效果，并进行交互式选择，调整观看角度。可视化编辑器和工作流功能提供了拖拽式开发环境，允许开发者通过调整组件和资源进行开发，并运用编程和逻辑控制创建复杂的交互和事件。此外，VR和AR支持功能使开发者能够为Oculus Rift、HTC Vive、Microsoft HoloLens等设备开发应用，创建沉浸式的虚拟体验，为数字服装设计展示提供新的可能性。

Style 3D实时数字服装模拟视频

在具体应用中，游戏引擎工具主要用于数字服装展示交互与多维创新延伸。在数字服装展示交互中，引擎驱动的实时渲染与物理模拟技术可构建动态环境，使服装在虚拟场景中呈现面料飘动、光泽变化等逼真效果，观众可通过交互视角自由探索细节。在多维创新延伸中，同一服装资产可无缝嵌入游戏、社交应用及元宇宙空间，实现虚拟形象的多场景一致性，拓展数字服装存在场域。

游戏引擎的代表工具主要有Unreal Engine 5（UE5）和Unity。UE5（图3-18）具备影视级高保真渲染与大规模场景构建能力，其Nanite虚拟几何体技术可处理数十亿多边形模型的无损细节，结合Lumen动态全局光照系统，能够实现服装材质在复杂光照环境中的超写实表现（如丝绸的光泽渐变、皮革的微观划痕），适用于高端虚拟时装秀与元宇宙高精度数字服饰开发。Unity的特点是轻量化、跨平台兼容性及快速迭代，其可定制渲染管线（如URP、HDRP）支持从移动端AR试穿到VR虚拟展厅的全场景覆盖，适配中小型团队快速构建交互式服装展示应用。例如，Unity的Burst编译器与Job System可优化移动端实时布料模拟性能，使低功耗设备也能流畅运行虚拟试衣功能。

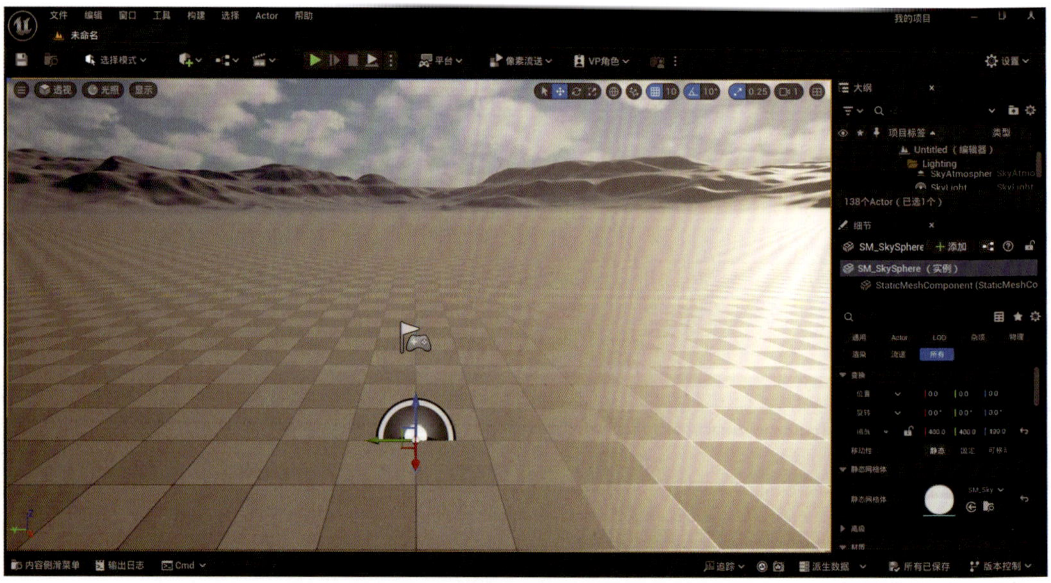

图3-18 Unreal Engine 5用户界面

第三节　AI服装设计技术架构

AI 服装设计技术架构以数据驱动为核心，融合机器学习、计算机视觉与生成式模型重构传统设计流程，形成从趋势洞察到创意生成落地的智能化设计体系。AI 通过特征提取、模式挖掘与创意合成，拓展了设计灵感来源，减少重复性工作，注重审美判断与策略优化，标志着服装设计从经验驱动向智能协同的范式转型。AI 服装设计技术目前主要包括 AI 时尚趋势预测技术和 AIGC 技术两大类。

一、AI时尚趋势预测技术

AI 时尚趋势预测技术基于海量历史销售数据、社交媒体趋势及文化语境分析，通过时间序列预测、自然语言处理（NLP）等技术，识别色彩、廓形、图案等元素的流行周期与关联规律，为设计方向提供量化决策依据，将传统依赖主观经验的趋势研判转化为数据驱动的科学决策体系。其核心逻辑在于构建“数据采集－特征提取－模型训练－趋势推演”的分析框架，通过快速分析海量时尚数据，解析消费者行为与市场动态的隐性关联，预测时尚潮流趋势，帮助设计师、零售商、品牌和制造商制定更精准的商业决策。结合行业大模型与社交媒体、电商销售数据等各类信息，能够更精准地预测时尚的流行趋势。AI 时尚趋势预测主要有基于图像数据预测、基于文本数据预测以及结合图文预测三种方式。

1. 基于图像数据预测

基于图像数据的预测依托计算机视觉技术（如卷积神经网络 CNN、视觉 Transformer），解析秀场图像、街拍照片及社交媒体视觉内容中的设计元素（如款式、廓形、色彩搭配、印花类型等），通过特征聚类与风格迁移模型识别潜在流行主题。例如，从社交媒体图像中提取高频出现的款式或服饰品类，总结频率并列出图表为趋势预测提供依据（图 3-19）。

图 3-19
从社交媒体图片中进行数据提取并进行AI分析

AI通过计算机视觉技术对海量视觉信息进行对应解析与建模，构建从原始图像到趋势洞察的完整认知链路。系统首先对输入的时尚图像（如秀场图、街拍、社交媒体内容）进行标准化预处理，包括噪声过滤、服装主体识别及分辨率优化，随后通过预训练的卷积神经网络（CNN）或视觉Transformer（ViT）提取深层视觉特征，涵盖色彩分布、轮廓几何参数及微观纹理特征。这些特征经无监督聚类算法（如K-means）形成风格族群，并结合时空演化图谱分析特定设计元素（如宽肩剪裁、渐变印花）的历史流行强度与扩散路径。图神经网络（GNN）进一步挖掘风格节点间的关联规则，识别跨文化事件的共现模式（如“高腰裤装”与音乐节舆情的强相关性）。在预测阶段，时间序列模型（LSTM、Transformer）对聚类结果的动态分布进行回归分析，生成未来季度的趋势图，同时借助类激活映射（CAM）技术可视化神经网络决策依据（如领型关注度权重），输出色彩流行指数、廓形采纳率等量化指标。该技术通过图像特征提取、时空模式挖掘与可解释性建模的三层架构，将非结构化视觉数据转化为可操作的时尚策略，显著提升趋势预测的客观性与跨周期适应性。

2. 基于文本数据预测

基于文本数据的预测利用自然语言处理技术（如BERT、GPT），挖掘时尚新闻、时尚评论、潮流报告、电商搜索词及社交媒体话题的语义关联，量化消费者对特定风格（如极简主义、赛博朋克）的关注度与情感波动。例如使用DeepSeek汇总基于2023—2024年时尚行业公开报告、社交媒体趋势（如TikTok、Instagram）及权威时尚媒体（Vogue、WGSN）的文本数据总结的时尚趋势关键词及其占比（图3-20）。

AI通过自然语言处理（NLP）技术对非结构化文本信息（如社交媒体评论、时尚博文、电商搜索词及新闻资讯）进行语义解析与模式挖掘，构建从语言到趋势的量化映射关系。系统首先通过预训练语言模型（如BERT、GPT）对海量文本进行向量化编码，提取关键词共现频率、情感极性及语境关联特征，例如识别“可持续面料”“Y2K复兴”等话题的讨论热度与情感倾向分布。随后，基于时间序

图3-20
使用DeepSeek分析服装时尚相关关键词生成词云

列分析（如LSTM）与主题建模（如LDA），追踪特定风格词汇的传播轨迹及其与外部事件（如电影节、气候倡议）的语义耦合强度，量化设计概念的潜在流行周期。注意力机制（Attention）进一步聚焦用户评论中的细粒度描述（如“宽松剪裁”“低饱和度配色”），构建消费者偏好与设计元素的动态关联图谱。最终，系统通过情感扩散模型预测风格接纳度曲线，并生成语义可解释的趋势报告（如“极简主义关注度季度环比增长23%，与‘居家办公’话题相关性显著”），为设计师提供基于语言认知的趋势决策支持，实现从模糊舆情到精准策略的转化。

3. 结合图文预测

图文多模态预测通过跨模态对齐算法（如CLIP模型），将视觉特征与语义描述进行联合建模，以消除单一数据源的预测偏差。目前主流预测平台如WGSN、POP等均采用混合预测架构，其技术内核包含对抗生成网络（GAN）驱动的趋势模拟模块，可生成符合预测结果的虚拟设计提案，形成“数据洞察－方案生成－商业验证”的科学预测系统。

AI通过多模态对齐技术（如CLIP、ViLBERT）构建跨媒介语义关联，实现图像特征与文本描述的深层耦合分析。系统首先对输入的时尚图像与关联文本（如社交媒体配文、商品详情）进行并行编码：视觉分支通过卷积神经网络提取服装的轮廓、纹理及色彩特征，文本分支利用预训练语言模型（BERT）解析评论中的风格关键词（如“复古”“机能风”）及情感倾向。随后，跨模态对比学习（Contrastive Learning）将两者映射至共享的潜在空间，量化图文一致性指数（如某印花图案与“环保主题”文本描述的语义匹配度）。自注意力机制（Self-Attention）进一步捕捉跨模态细粒度关联，例如识别秀场图像中解构剪裁与同期时尚报道中“后现代美学”术语的共现规律。最终，多任务学习框架联合优化趋势预测与可解释性生成，输出图文协同驱动的趋势（如“荧光色系在街头文化语境下的传播潜力指数”），揭示设计元素与文化符号的动态交互机制，为设计师提供兼具视觉逻辑与语义一致性的趋势决策支持。

常用的时尚趋势预测平台有WGSN、POP、Heuritech和Stylumia等。以WGSN品类预测为范例，通过AI分析市场数据进行趋势与预测（图3-21），分析结果为美国女装外套被归类为平稳。外套品类表现出明显的季

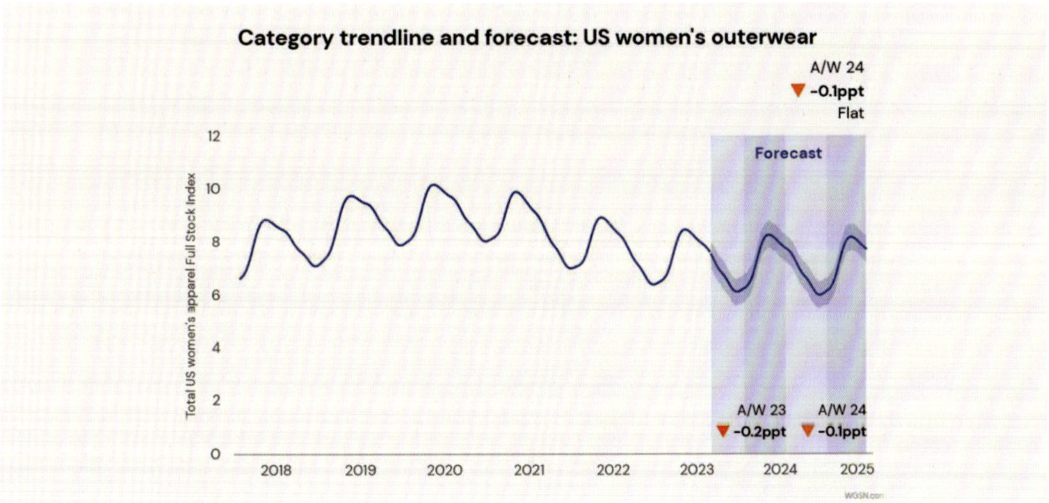

图3-21
WGSN品类趋势与预测：美国女装外套

节性，在秋冬达到顶峰，自 2019/2000 秋冬 10.1% 的高点以来，服装的整体份额持续下降。预计下降幅度将在 2024/2025 秋冬期间趋于平稳，在 11 月达到服装份额的 8.2% 的峰值。市场信号通过新品的增长、全价缺货的增加和指数下跌的深度来支持该类别的稳定。虽然该品类整体将保持平稳，但建议零售商对品类进行重新分类，以利用市场对西装外套的回归需求和机车夹克的持续需求机会。

二、AIGC技术

人工智能生成内容（AIGC）是指通过人工智能技术自动生成或辅助生成数字内容的一种新型生产方式。它的核心特点是利用人工智能的算法与模型，能够自主进行内容创作，如文本、图片、视频、音频等形式的内容。AIGC 从内容生产方式上进行了创新，突破了传统的基于规则和模板的生产方法，能够以低边际成本和高效率满足大量个性化需求。AIGC 的发展得益于深度学习、生成对抗网络（GAN）、扩散模型（Diffusion Models）、大模型等技术的突破，能够处理多模态数据，提供高质量且具备创意的内容生成能力。此外，随着计算能力的提升，AIGC 在内容创作上逐渐向智能化、自动化、个性化方向发展，推动了包括传媒、电商、影视等多个行业的数智化转型。其潜力不仅在于创作质量的提升，还能在虚拟数字人、自动化写作、视频剪辑等应用领域扩展创新，极大丰富数字内容的生产方式。

AI 服装设计中的设计灵感生成和设计图生成绘制主要依靠的就是 AIGC 中的 AI 图片生成技术，通过学习现有设计数据集的特征分布，自动生成符合品牌调性或市场偏好的服装设计方案。AIGC 技术中 AI 图片生成的方式主要有文生图、图生图以及图文混合生成。其主要功能和应用有草图生成、款式生成、色彩搭配、图案生成、风格迁移和模特生成六个方面。

（一）AI 图片生成

1. 草图生成

草图生成是 AI 图片生成工具在服装设计中的一项基础功能。它通过分析输入的文字描

图 3-22
Midjourney根据“夏季花卉连衣裙草图”和“简约款式风格的上衣外套线稿”生成的草图和线稿

述或参考图像，自动生成设计草图，帮助设计师快速将创意转化为视觉形式。设计师可以输入特定的设计需求，比如“夏季花卉连衣裙草图”或“简约款式风格的上衣外套线稿”(图3-22)，AI工具则根据这些指令自动生成一系列草图选择，为后续的设计开发提供了灵感并加速了设计过程。

2. 款式生成

款式生成功能通过输入的文字描述或参考图像创造出新的服装款式，帮助设计师进行创意扩展。需要提供裙装、裤装、西装等基本的设计要求，AI会自动生成多个不同款式供选择。在文生图中，设计师可以输入“卡其色宽松休闲夹克”(图3-23)，AI将会生成相应的款式图供设计师挑选或修改，生成的款式还可以根据文字描述继续进行局部修改。在图生图中，可以使用草图生成款式图（图3-24)、原有款式延伸成新效果图（图3-25）等方式进行更加有针对性的生成。

图3-23 DALL · E与Midjourney 根据“卡其色宽松休闲夹克”生成并延伸的服装款式

图3-24 LOOK AI线稿生成款式图

图3-25 LOOK AI原有款式生成新的款式图

3. 色彩搭配

色彩搭配功能让设计师通过 AI 算法自动调整服装设计中的色彩方案。AI 通过分析设计师提供图像中的色彩种类，生成适合设计需求的色彩组合。这一功能通常结合图像识别技术，识别设计中已有的色调并提供与之协调的颜色。设计师可以选择不同的色彩进行服装的 AI 配色尝试（图 3-26），也可以结合款式生成探索配色的更多可能（图 3-27）。

图 3-26
Style3D iCreate
系列换色功能

图 3-27
iMuse.AI同款换色
换材质

图 3-28
Midjourney根据“马卡龙色系的抽象艺术风格的花卉印花”拓展描述生成的图案

4. 图案生成

图案生成是指 AI 工具根据设计需求或视觉风格自动创作服装上的图案。设计师可以输入图案类型或关键词，如“马卡龙色系的抽象艺术风格的花卉印花”，AI 就能自动生成相应的图案，得到一系列图案创意，大大加速了图案设计的过程（图 3-28）。也可以根据设计师提供的图案进行融合或者变形设计（图 3-29）。

5. 风格迁移

风格迁移是一种 AI 技术，允许设计师将一种风格应用到另一种设计上，从而创造出新的服装设计。通过提取设计中的风格元素（如线条、色彩、形状等），并将这些元素应用到目标设计上。AI 工具能够通过用户输入的图片和风格，进行图像的风格转换，快速实现风格上的创新。例如，设计师可以直接生成具有某品牌

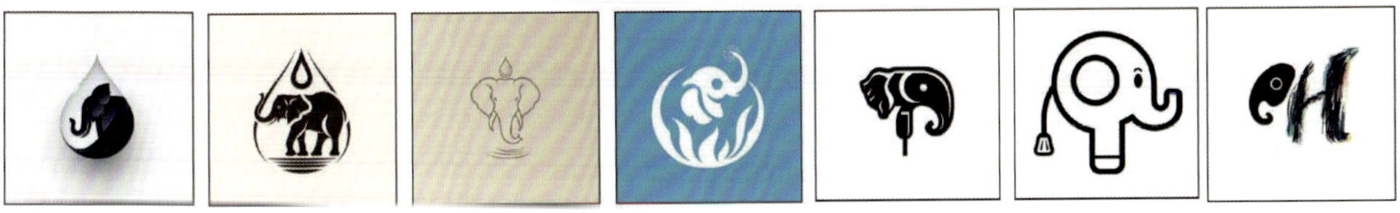

图 3-29
iMuse.AI图案融合设计功能

风格的服装成片（图 3-30），也可以将原有款式衍生成不同品牌风格的服装（图 3-31），或者将不同风格的服装进行融合创款（图 3-32）。

6. 模特生成

模特生成是指 AI 根据服装设计，创建与之匹配的虚拟模特。AI 通过从多个模特的数据集中学

图 3-30 Midjourney生成的具有某品牌风格的服装成片

图 3-31 iMuse.AI风格迁移功能

图 3-32 LOOK AI风格融合款式生成

图 3-33　AI生成具有特定体型和面貌的模特

习，生成具有特定体型和面貌的虚拟模特，并用其展示设计的服装。设计师可以选择不同的体型、肤色、发型等，生成与目标市场和设计风格相符的虚拟模特（图 3-33），还可以进行模特 AI 换脸（图 3-34）或是辅助数字模特进行质感提升（图 3-35）。

AI 图片生成代表工具有 Stable Diffusion、Midjourney、DALL · E3、Artbreeder 等。专门开发用于服装时尚领域的 AI 工具有 Mercer、Designovel、AiDA、Style3D iCreate、自绘AI- Fashion 、POP · Ai智绘、LOOK AI、iMuse.AI等。Stable Diffusion基于扩散模型架构，依赖本地算力，其开源特性允许开发者定制化训练服装设计专用模型；Midjourney模型闭源付费，生成的图像具有高质量和视觉冲击力，图片生成风格较为发散，适合灵感激发；DALL · E3（OpenAI）通过多模态对齐技术，实现文本指令与服装细节的匹配；Artbreeder擅长生成具有独特风格的图像，适合设计师快速实验创意和风格。Mercer聚焦时尚趋势预测与设计生成一体化，通过分析社交媒体数据驱动AI生成符合市场偏感的款式；Designovel除服装效果图生成外主要利用AI提供设计创新见解；AiDA具有设计师特色视角，擅长综合如情绪板、织物印花、颜色选择和草图形成一个设计集合；Style3D iCreate依托云端协作平

图 3-34　Style3D AI模特换脸

图 3-35 Style 3D使用AI辅助数字模特进行质感提升

Style 3D AI
换景视频

Style 3D AI
换脸视频

Style 3D AI
AI加强视频

台，提供从2D草图到3D虚拟样衣的AI辅助设计路径；自绘AI-Fashion专注本土化需求，内置中国传统纹样数据库，支持非遗元素智能融合；POP · Ai智绘依托POP服装趋势网；LOOK AI能实现数字绘画同步实时生成款式图；iMuse.AI则构建多品牌风格库，实现跨季设计元素的智能重组与迭代。这些工具的优势与局限性见下表（表3-7）。

表3-7
AIGC技术部分代表工具的优势与局限性

模型	优势	局限性
Stable Diffusion	开源免费，易于自定义，适合个性化定制设计。图像生成能力较为可控，细节丰富，适合创意性设计	学习需要一定时间，生成速度依赖本地算力。对于复杂的服装设计，可能需要额外调优和多次生成以达到预期效果
Midjourney	创意和艺术效果突出，擅长生成抽象和艺术化的设计。生成的图像具有高质量和视觉冲击力，适合灵感激发，在线即可生成	有一定费用，生成图片内容比较随机，风格化过强，可能不适合实际服装设计制作。输出的细节较难进行精确调整
DALL · E3	容易上手，生成速度较快，能够联动ChatGPT，根据文本描述精确生成特定服装款式和设计元素	需要输入精确的文本描述，生成过程较为依赖文字描述的准确性。某些细节（如材质质感）可能不够准确
Artbreeder	擅长生成具有独特风格的图像，适合设计师快速实验创意和风格。可以混合多种设计元素，生成新颖的服装样式	在生成具体服装设计时缺乏精准度，生成图像的实用性较低。限制了用户在调整细节方面的自由度
Mercer	整合了时尚设计人工智能平台CALA，形成了统一设计、开发、生产和物流的时尚平台。为独立设计师和时装公司提供资源，以优化创意工作流程和集中设计流程	有一定费用，AI出图有限额，主要面向独立设计师和品牌，可能不适合大型企业。部分功能可能需要额外的学习和适应
Designovel	主要利用AI提供创新见解，包括行业趋势分析和企业内的各种解决方案、市场预测、感知和产品/服务规划	专注于设计决策生成，设计图生成能力有限
AiDA	设计师特色视角，强调用户控制，确保人工智能生成的设计与设计师想法与品牌风格相融合。擅长综合情绪板、织物印花、颜色选择和草图等，形成一个设计集合	使用价格不菲，生成设计成品效果图仿真质量有待提高，生成的设计一般需要人工调整，才能满足实际生产需求
Style3D iCreate	可以结合Style3D数字服装模块和内容进行更快速的模块生成，更新迭代速度较快	部分功能可能需要额外的硬件支持
自绘AI Fashion	是穿针引线与美国德州大学一家工作室联合开发，拥有自己千万级时尚大模型。主打款式AI、图案AI、模特试衣三大功能	需要本地部署，没有线上版本
POP · Ai智绘	由POP服装趋势网推出的AI服装设计工具，数据量有一定的保证。款式、图案和产品图都可以生成	生成图片较为保守，创意程度有限
LOOK AI	能实现数字绘画同步实时生成款式图，包含线稿生图、风格融合等基本功能，写实性较好	配色等部分功能不够成熟，设计特征标签分类不够明确，部分生成服装仍需人工调整
iMuse.AI	生成无限制，内嵌上百个设计风格模型，服装设计功能全面	模型闭源，数据库更新依赖软件后台开发

（二）AI 3D模型生成

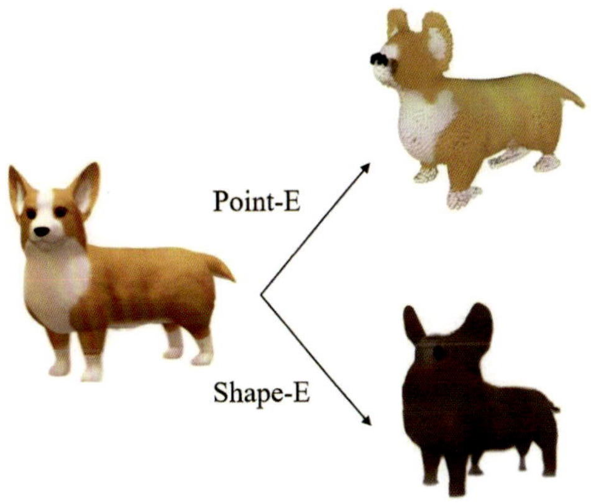

图 3-36
同一小狗图像采用Point-E和Shape-E生成的不同模型对比

在AIGC技术发展过程中，除了对2D图片的各类生成和优化外，在3D建模领域也在进行尝试，但开发的模型总体还处于不成熟阶段，目前使用AIGC技术进行3D生成的模型有Point-E、Shape-E、Dream Fusion和Magic3D等，Point-E基于扩散模型框架，通过文本或图像输入生成3D点云数据，并利用Mesh重建算法转化为轻量化网格模型，其高效推理速度（单样本生成约1-2分钟）使其适用于快速原型设计，但细节精度受限于点云密度。Shape-E进一步优化3D生成，支持从文字或图片生成带纹理的3D资产，同一图像采用Point-E和Shape-E生成的3D模型不同（图3-36）。Dream Fusion首创分数蒸馏采样（Score Distillation Sampling）技术，无需3D训练数据即可将预训练2D扩散模型（如Imagen）的知识蒸馏至3D空间，生成具有复杂拓扑结构的服装模型，但计算成本较高。Magic3D在Dream Fusion基础上引入两阶段优化流程，先以低分辨率生成基础几何，再通过超分辨率网络细化细节，平衡生成速度与质量，生成相对高质量和高分辨率的3D模型，可以修改与不同输入文本提示相对应的3D模型的不同部分，同一描述词采用Dream Fusion和Magic3D会生成的不同模型，其中Magic3D的精细度会高于Dream Fusion（图3-37）。4种AI 3D生成模型的核心功能、特点和局限性对比见下表（表3-8）。

图 3-37　同一描述词a teddy bear pushing a shopping cart full of fruits and vegetables采用Dream Fusion和Magic3D生成的不同模型进行对比

表 3-8
4种AI 3D生成模型对比

模型	核心功能	特点	局限性
Point-E	3D点云生成	高效生成点云数据	需要后期处理，精细度较低
Shape-E	图文到3D形状转换	快速生成带纹理的3D模型	自定义控制较少，需要进一步微调
Dream Fusion	文本到3D模型生成	生成一定质量的3D模型	生成速度较慢
Magic3D	文本到3D生成	快速生成相对高质量和高分辨率的3D模型	细节仍需改善，灵活性有限

第四节 数智化服装设计的趋势与挑战

服装设计正经历数智化技术带来的产业认知体系的重构和模式的变革，促进传统服装设计流程的蜕变。

一、数字化服装设计的多方协作图景

随着数字化技术和智能技术的不断发展，数智化服装设计正逐步成为未来服装行业的强力工具。作为服装设计领域的研究人员，从数智化服装设计的角度来看，以下是其未来几年的发展趋势：

（一）数字化与智能化的深度融合

数智化服装设计本身就代表着数字化与智能化的融合。未来，数字工具将与智能技术更加紧密地结合在一起，推动服装设计进一步的自动化、智能化和个性化。这一趋势不仅提高了设计效率，还增强了设计的精准性和灵活性。随着AI技术、3D设计和虚拟样衣技术的成熟，服装设计从创意生成到生产实施的各个环节将实现全流程数智化。设计师通过AI分析消费者数据，预测时尚趋势，生成符合市场需求的设计，减少设计师在创作过程中的不确定性，数字化工具完成从草图到服装版型的设计，再到数字样衣的虚拟展示和定版，减少物理样衣的制作需求、修改周期和生产成本。在此基础上，AI和自动化技术还能够为生产环节提供智能化支持，实现更加灵活和高效的生产体系。设计生产周期的缩短使得小批量生产成为可能，品牌能够在保证生产灵活性的同时，降低库存压力，提高市场响应速度。缩短生产周期，紧随流行趋势，进行快速的市场反应和反馈，增加开发批次，减少每批次的生产数量，从而减轻后续可能带来的库存压力等实际问题。随着消费者需求的个性化，数智化设计将推动小批量定制化生产的普及。通过大数据分析和AI技术，设计师可以根据消费者的偏好和体型进行精准的设计，提供量体定制和个性化款式选择。

（二）数智生态与绿色设计的相伴相生

可持续性与绿色设计是数智化设计的基因，推动服装产业与绿色环保事业的协作。根据联合国欧洲经济委员会的数据，生产一件棉衬衫大约需要2700升水，生产一条牛仔裤需要约7500升水，而一个人一年的饮水量只有1000升左右。与此同时，纺织服装行业的温室气体排放量已超过国际航班和海运的总排放量。因此，服装设计应积极采取节能减排措施，推动行业向更加环保和可持续的方向转型。在服装设计领域，可持续性与绿色设计的核心目标是减少资源消耗和环境污染，推动节能减排。除了传统的优化生产工艺、选择可再生、可降解或回收的材料制衣、设计耐用且易于维护和修复的服装以及推动循环再利用的服装转化经济的方法以外，通过数智化服装设计相关技术，设计师可以更好地预见不同设计方案对资源的消耗和环境影响，从而选择更加环保的面料和设计方案。同时，AI可以对设计方案进行进一步分析和优化，减少布料的浪费，提升生产利用率。环保理念将在数智化设计中与技术创新相结合，从新角度推动绿色设计和生产。

（三）兼容并包的数智大观园

数字化的本质是开放、兼容和共享，AI的加入更是加速了多种领域、多种模态的数据融合。数智化与服装设计本就是计算机与服装跨行业的交叉融合，未来，数智化服装设计不仅局限于服装行业本身，跨行业的合作将成为常态。例如，时尚、科技、零售、人工智能和物联网等领域的技术合作，将进一步推动服装设计的创新。企业将更加注重开放平台的建设，促进技术和创意的交流与合作，推动服装设计从传统的单一创作走向更加多元化、智能化的跨行业融合模式。从数字服装设计制作的例子来说，服装设计已经不仅限于服装3D软件的使用，而是拓展到了游戏、动画、影视制作等领域的优质制作模型和工具选用，跨行业合作已经成为不可阻挡的时代潮流趋势。从Blender、Stable Diffusion以及2025年1月DeepSeek正式发布的新一代推理大模型DeepSeek-R1等开源工具的发展速度不难看出，凝聚公共智慧的开放平台将逐渐成为众望所归并将持续发展迭代。因此跨平台合作与开放平台必定是数智化服装设计难以忽略的发展趋势。

二、转型新航道的破浪乘风

随着数智化技术在服装设计领域的应用，转型的同时设计师们也面对着史诗级风浪。虽然数智化设计能够提升工作效率、促进创新，但与此同时，相关技术的深度应用、数据管理，以及市场需求变化等因素也带来了诸多挑战。为了适应时代趋势和市场变化，服装设计行业需要在转型新航道上破浪乘风，勇往直前的迎接新的技术，升级职业职能，紧握审美这一核心竞争力，向更远处进发。

（一）人机装备的同步升级

尽管数智化设计工具带来了诸多便利，但软件与硬件的匹配问题仍然是主要挑战。除了版本兼容问题，精细化的模拟往往伴随着对计算机显卡、算力等配置的高要求，尤其对于目前追求灵活办公以及移动端操作的设计师来说，难以使用有限的硬件来运行需要的软件。此外，高配置的硬件设备以及高质量设计工具的价格往往较高，给行业的广泛应用带来了障碍。数智化设计涉及的技术领域多样，包括人工智能、深度学习、虚拟现实、增强现实等。这些技术的运用需要设计师具备较高的技术素养和跨学科的知识，但传统的服装设计教育体系往往侧重于艺术和创意，缺乏对数字技术的充分训练。因此，许多设计师可能会因技术壁垒而难以有效利用这些先进工具。随着数智化技术的跨行业应用，许多服装设计师面临技能短缺的问题。尤其是在使用复杂的设计工具（如3D建模软件、AI设计工具等）时，设计师需要花费大量时间进行学习和实践，才能充分发挥这些工具的潜力。

应对这一系列问题的对策一是拓展云平台

的使用，目前市面上已经有一些云算力租用平台，在网络良好的情况下，即便现实中的设备不具有高级别的运算能力，也可以通过云算力进行流畅的高需求软件使用，比如深圳云天畅想信息科技公司提供的加速计算平台服务就可以实现解放终端设备性能的效果，一台办公笔记本接入加速计算平台，可以流畅使用 CLO 3D 等高运存占用者，甚至可以流畅运行《黑神话：悟空》这种 3A 游戏大作。二是推广开源和标准化的设计软件，这不仅能减少软件与硬件之间的兼容性问题，还能降低工具的使用成本。例如，开源项目通过社区的力量不断迭代和优化，使得更多设计师能够轻松上手使用这些工具，推动行业的普及和发展。三是为了缩小技术差距，服装设计院校应当在传统设计课程的基础上，引入更多的数字化、人工智能和编程等内容，培养复合型的设计人才。同时，企业也可以为现有设计师提供技能培训，帮助他们提高对数字化工具和技术的掌握能力。建立行业与教育机构的合作平台，在软件社区交流平台中更新和优化设计教育课程。此外，还应提供便捷的在线课程和在线客服以及用户交流平台，使设计师能够轻松获取帮助，并快速适应行业的技术变革。通过这种方式，设计师不仅能够跟上技术发展的步伐，还能在新时代的设计领域中保持竞争力。

（二）智能创新的博弈权衡

随着人工智能生成内容（AIGC）技术的应用，服装设计领域的设计过程得到了极大的提升，然而，AIGC 的应用也带来了一些深刻的伦理与版权问题，这些问题可能对设计师的创新创造力产生限制。尽管 AIGC 能够加速设计的生成过程，但其在创造性和法律层面的潜在风险却不容忽视。随着 AI 技术的发展，许多设计师将更多利用 AI 生成设计草图和成品，过快的设计生成速度可能导致设计师逐渐失去对创作过程的热情、耐心。AI 虽然能加速设计流程，但过度依赖 AI 工具可能使设计师缩减自主创作的空间，导致在创作过程中缺乏深度的思考和情感投入，从而使其作品变得平庸和缺乏深度。而且 AIGC 能够根据大量现有的设计数据生成新的设计作品，但这些作品是否具备原创性仍具有一些争议。由于 AI 工具是通过学习大量已有数据（如过去的设计、时尚趋势、图案等）来生成内容的，难免产生版权归属的问题。例如，AI 生成的设计可能会无意中侵犯已有设计的版权，尤其是当 AI 系统学习了未经授权的作

品或数据时。这种版权问题不仅涉及法律风险，也可能导致设计师的原创性受到质疑，尤其是在 AI 工具生成的设计作品被商用时，可能会引发版权争议。虽然 AI 能够生成高效且多样的设计，但这些作品的创作过程缺乏透明度。AI 的创作基于预设的算法和已有的数据，这意味着 AI 创作的设计作品缺少人类设计师的情感和文化判断。设计师在创作过程中融入个人情感和社会文化的深度，而 AI 的生成往往局限于数据的处理和模仿，无法提供真正的创新与个性化表达。若设计师依赖 AI 工具完成创作，可能导致其作品缺少创新的个性，甚至对设计师的创作能力产生依赖性，从而影响其个人的艺术性表达。

应对这一系列问题的对策一是提升设计师的创新能力。设计师应该采取人机协作模式，而不是完全依赖 AI 工具。AI 可以用来激发创意和优化设计，但最终的设计决策尤其是审美方向仍应由设计师主导。设计师可以通过对 AI 生成设计的调整和优化，保留自己的创作印记，从而确保作品中仍然具备个性化和创新性。在此过程中，设计师的独立性和艺术性应当得到充分尊重和体现。二是解决版权归属与 AI 生成作品的法律问题。为应对 AI 生成设计中的版权问题，服装设计行业需要建立更明确的法律框架，确保 AI 生成内容的版权归属问题得到解决。设计师可以与技术公司、法律专家共同制定相关规范，明确 AI 创作作品的归属问题。此外，设计师应当在使用 AIGC 工具时，确保其使用的数据库和素材是合法授权的，以避免潜在的版权纠纷。三是提升 AI 设计过程的透明度，进行 AI 伦理教育与设计师素质提升。为了缓解 AI 创作过程中可能出现的伦理问题，AI 设计工具的开发者应当提高 AI 创作过程的透明度。例如，AI 生成的设计作品应明确标注生成过程中使用的数据库和数据源，以便设计师了解 AI 创作背后的原理和数据支持，确保不侵犯他人的版权。同时，设计师可以通过选择合适的 AI 工具，避免使用未经授权的数据集，确保自己的创作不涉及版权争议。为应对 AIGC 工具对设计师创造力的潜在限制，设计师还需要加强对 AI 伦理和版权的理解。设计教育应当包括对 AI 技术的使用规范、伦理框架和版权知识的教育，帮助设计师在使用 AI 工具时做出更有意识和合规的决策。

（三）数据基板的及时修缮

随着大数据和人工智能技术的应用，服装设计领域的设计过程逐渐依赖于大量的数据支持，包括消费者数据、市场趋势、设计趋势等。然而，数据质量和数据安全成为数智化设计中的两大瓶颈。设计师和品牌在依赖数据驱动的设计决策时，往往面临数据的不准确、不完整或不一致等问题。这些数据由于来自不同渠道，如社交媒体、线上购物平台、传感器等，缺乏有效的数据清洗和整合机制，可能导致错误的设计决策。例如，错误的消费者偏好数据可能导致设计的产品与市场需求不符，浪费资源和时间。随着个人隐私保护意识的提高，服装品牌在收集、存储和使用消费者数据时，必须确保其数据安全性。如果数据泄露或不当使用，可能引发消费者信任危机，甚至法律诉讼。数据保护法规如欧盟的 GDPR（通用数据保护条例）对服装品牌提出了更高的要求。

应对这一系列问题的对策一是数据清洗与标准化，为了提高数据质量，服装企业需要建立完善的数据管理流程，采用自动化的数据清洗工具，确保数据的一致性、准确性和完整性。同时，设计师和数据科学家应紧密合作，确保数据能够为设计决策提供有价值的洞察。二是加强数据安全和隐私保护，企业需采取先进的数据加密技术和安全存储方案，确保消费者数据的隐私安全。建立健全的数据安全管理体系，定期审查和更新安全措施。同时，在设计和开发过程中，要始终遵守相关法律法规，确保合法合规地使用数据。

第 4 章

数智化服装制造

随着物联网、大数据与 AI 技术的深度融合，服装制造业正经历从“经验驱动”向“数据驱动”的模式转变。数智化服装制造是一种利用智能技术和系统实现数字驱动的制造方式，以订单信息为源点，以互联网数据传感器为载体，通过对机器设备、工艺、原料、能源等进行全方位、高效率的监测、控制和协调，将服装制造周期内的人、机、服装物料通过数据信息化识别技术自动采集，并将各类子系统与网络有机结合在统一物联网综合数智化平台中，以实现制造过程的自动化、网络化、数字化和智能化。

数智服装制造打破传统制造模式在资源配置、制造效率等方面的局限，以较低成本实现制造效能的大幅提升，达成新市场适配产品的快速制造与交付，以及满足新兴消费群体个性化需求的目标，实现制造流程的精准化控制，制造效果的可量化评估，以及制造信息的全面数据化管理，从而完成比传统制造模式更具科学性与智能性的服装制造活动。

第一节 数智化服装制造流程全景图

构建一个完备且高效的数智赋能服装制造体系是一项复杂的系统工程，其中涉及众多相互关联的流程。这些流程相互交织、彼此支撑，共同构成了数字化转型的坚实基础。深入分析这些关键要素，不仅能够帮助企业明确转型方向、把握发展机遇，更能推动整个服装制造行业向数字化、智能化的新纪元迈进。

其价值创造路径已形成“数据驱动决策－智能优化流程－价值反哺生态”的良性循环（图4-1）。本节将深度解构数智化转型下服装制造流程的核心逻辑，揭示数智技术如何重构服装制造的“数据－算法－执行”三位一体价值链。

一、订单多模态的数字解析

服装工厂的数智化流程紧密围绕从订单承接至产品交付的整个制造运作环节，借助数智化技术实现各环节间的高效协同与精准把控。在订单数智化管理阶段，线上凭借电商平台、企业官网等渠道直接接收电子订单，系统瞬间自动抓取关键信息并录入订单管理系统，同时通过智能语义解析模块，可将客户特殊需求自动转化为工艺参数，如将"复古风褶皱"转化为特定压烫参数。线下则由业务人员严谨地将纸质订单或口头订单信息准确无误地录入其中，录入内容涵盖服装款式、尺码、颜色、数量、交货日期以及客户提出的特殊要求等详尽信息。

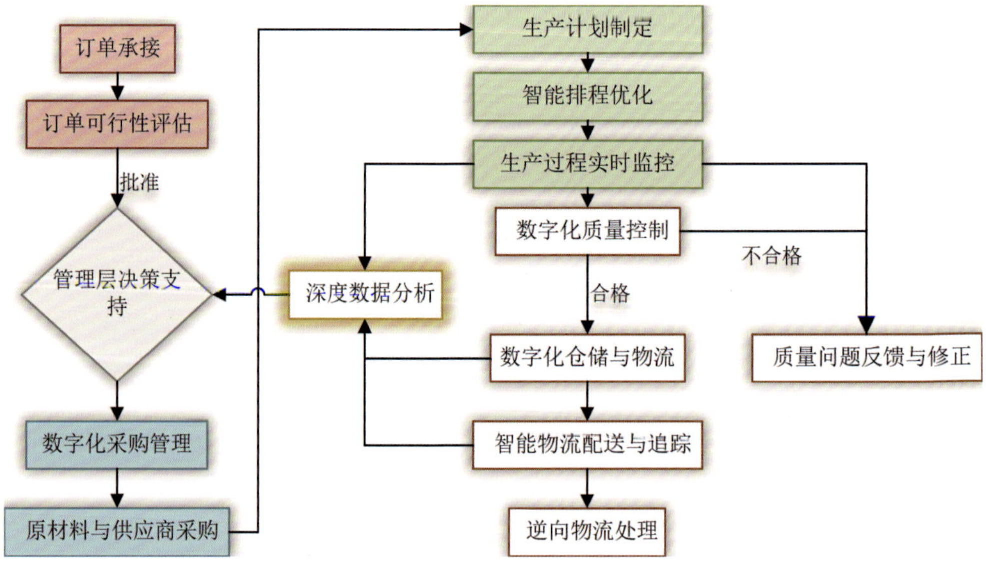

图4-1 数智赋能下的服装制造全景图

随后，系统依据工厂当下的制造能力、原材料库存状况以及制造排期等数据，迅速且精准地评估订单的可行性，例如判断订单数量是否在当前产能可承受范围内，交货日期能否切实满足等。与此同时，通过深入分析订单历史数据，敏锐捕捉类似订单未来的需求趋势，辅助企业提前科学规划产能与资源。

服装企业的订单入口已形成线上线下双通道融合态势，其数智化转型的核心价值在于构建需求“感知 - 产能评估 - 趋势预测”三位一体的智能中枢。头部企业如申洲国际通过 API 接口打通电商平台与 ERP 系统，实现秒级订单解析与产能匹配，将传统 3 天的订单确认周期压缩至 15 分钟。更具前瞻性的实践在于利用订单历史数据训练需求预测模型，如波司登通过 LSTM 神经网络对区域订单进行季节性波动预测，使原材料预备准确率提升 27%。值得关注的是，中小企业在订单数字化中常陷入“重采集轻分析”的误区，通过建立订单数据湖架构，将客户特殊要求文本等非结构化数据纳入分析维度，挖掘长尾需求价值。

二、数智赋能的执行与控制

数智化采购管理环节，依据订单所提供的详细信息，制造管理系统能够精确自动计算出所需原材料与辅料的具体种类及数量。以制造某款衬衫为例，系统会依据订单数量，精细地计算出所需面料的精确米数、纽扣的准确数量、拉链的合适长度等。企业通过搭建数字化供应商管理平台，全面记录供应商的各类关键信息，包括产品质量、交货期、价格等数据。借助该平台，企业能够高效筛选出契合需求的优质供应商，并在线便捷地发送采购订单，同时可实时跟踪订单状态，一旦供应商上传发货信息，系统即刻自动更新预计到货时间，实现采购流程的透明化与高效化。此外，运用库存管理软件对原材料和辅料的库存水平进行实时监控，精心设置安全库存预警值，当库存低于设定数值时，系统会即刻自动提醒采购部门及时补货。并且，通过深入分析库存周转率，不断优化库存结构，最大限度地降低库存积压成本，提升资金使用效率。

在数智化制造计划与排程方面，制造管理系统综合考量订单交货日期、产品工艺路线以及设备产能等多方面信息，精心制定详尽的制造计划，明确订单在各个制造阶段的精确开始时间、结束时间以及制造数量，有力保障制造有条不紊地推进。通过智能排程算法，充分考虑设备维护计划、人员技能水平以及物料供应时间等关键因素，对制造任务进行科学优化排程。例如，优先安排交货期紧迫的订单，合理调配设备与人员资源，有效提高设备利用率与制造效率。在制造现场，借助扫码枪、RFID 等先进技术，实时采集各工序的制造进度数据，并及时反馈至制造管理系统（图 4-2）。管理人员只需通过该系统，便可随时随地查看订单的制造进度，清晰了解订单当前处于裁剪、缝制或整烫等具体工序的完成比例，实现制造进度的实时掌控。

数智化制造执行过程中，裁剪环节数字化是指数控裁剪设备精准接收版型数据，并依据预设的排版方案对面料进行精确裁剪。设备可根据不同面料的特性，自动灵活调整裁剪速度、压力等关键参数，同时搭配自动铺布机，将面

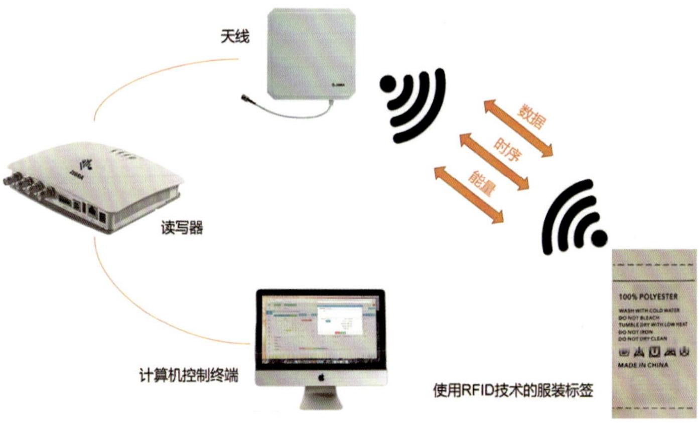

图4-2 RFID技术在服装标识管理中的应用示意图

料平整有序地铺放，大幅提高裁剪精度与面料利用率。缝制工序迈向智能化，智能缝纫机配备先进的自动化控制系统，能够依据工艺要求自动精准调整针距、线迹、缝纫速度等参数，部分设备还支持自动换线、自动剪线功能，极大减少人工操作时间，提升制造效率。通过设备联网技术，实时监控设备的运行状态，一旦设备出现故障，系统会立即自动报警，并迅速通知维修人员，确保制造的连续性。整烫环节自动化是指自动整烫设备依据服装款式和面料特性，自动精准调整温度、压力和熨烫时间，同时利用悬挂式输送系统，将缝制完成的服装自动、顺畅地输送至整烫工位，实现制造流程的无缝自动化衔接。

数智化质量控制贯穿制造全流程。首先将服装质量标准，诸如尺寸公差、缝制工艺要求、外观检验标准等，全面转化为数字化指标，并录入质量管理系统，为检验人员提供精确的检验操作依据。在制造过程中，运用智能检测设备，如机器视觉系统，对裁剪精度、缝制质量、熨烫效果等进行实时在线检测。一旦发现质量问题，系统即刻自动报警，并详细记录问题的位置、类型等关键信息，同时迅速将问题反馈至相应制造工位，以便操作人员及时进行调整修正。质量管理系统对质量检测数据进行深入统计分析，例如精准计算次品率、细致分析质量问题的分布规律等。通过这些数据分析，深度挖掘质量问题的根源，进而采取针对性的改进措施，如优化制造工艺、加强员工培训等，持续稳步提升产品质量。

在数智化仓储与物流环节，采用自动化立体仓库，并借助仓储管理系统对库存货物进行精准定位与全方位管理。货物入库时，系统自动合理分配存储位置，并详细记录相关信息；出库时，依据订单信息自动完成分拣、配货操作。通过实时进行库存盘点，确保库存数据的准确无误，为制造与销售提供可靠的数据支持。物流管理系统依据订单地址、交货日期、运输方式等信息，运用智能算法优化物流配送路线，精心选择合适的物流合作伙伴。同时，与物流供应商系统实现无缝对接，实时跟踪货物运输状态，客户可通过企业官网或手机 APP 便捷查询订单物流信息，提升客户体验。此外，建立完善的数字化逆向物流流程，妥善处理客户退货、换货等情况。对退回产品进行严格的质量检测和细致的分类处理，例如可修复产品进入专门的维修流程，不可修复产品则进行合理报废处理。通过深入分析逆向物流数据，不断改进产品质量和售后服务水平，提升企业的市场竞争力。

三、数据导向的决策管理

在数智制造的数据导向决策阶段，数据的重要性不言而喻。在企业运营的每个环节，如订单处理、采购、生产加工、质量把控、仓储物流等，都会产生海量数据。数据分析与决策支持如同企业发展的强劲引擎，为其注入源源不断的动力。

为了充分发挥数据的价值，企业需整合各环节数据，构建起数据中心。这个数据中心要确保数据的准确性、完整性与一致性，从而为深度数据分析夯实基础。在此基础上，借助专业的数据分析工具和先进算法，对数据展开全面且深入的剖析。

在服装生产的实际场景中，数字孪生通过整合物联网、大数据、云计算等技术，能够实时获取并监控每台设备的运行参数，如缝制设备的转速、针脚密度以及设备对应工人效率等，成为服装制造的“实时镜像管家”。一旦设备或对应工位出现异常，“实时镜像”便会立即发出警报，并精准定位问题所在。这使得维修人员能够迅速响应，减少设备停机时间，保障生产的连续性与稳定性。同时，企业能够清晰了解设备效率、人员绩效、服装质量等关键信息。

在基于生产数据深度分析的决策过程中，多种方法可有力辅助决策。虚拟仿真通过对生产系统的内在逻辑和复杂关系的抽象与建模以模拟生产情况，提前发现瓶颈、验证新方案，优化生产流程并降低风险。比如，通过对生产流程的仿真建模，可以精准分析不同工序之间的时间衔接和资源分配，从而发现潜在的瓶颈环节，为制定科学合理的生产计划提供依据；人工智能算法里，机器学习能预测设备故障、进行质量分类，深度学习可实现面料瑕疵检测与操作规范识别；优化算法中，线性规划用于资源有限时的最优分配，遗传算法可寻找车间布局等的最优解，模拟退火算法能解决复杂优化问题，助力生产调度；数据挖掘算法可挖掘潜在模式规律，如关联关系与聚类分组，为生产改进和管理提供参考；决策树算法以树状结构展示决策过程和结果，帮助企业快速判断产品质量等并及时采取措施。这些方法相互配合，为企业在工艺、工序、车间布局、订单交付时间预计、质量检测等方面的运营决策提供坚实依据。将分析结果以直观的可视化报表、图表等形式呈现，如制造进度看板，实时动态展示各订单制造进度；通过质量分析报告，清晰呈现质量问题的分布和趋势，能让企业管理层一目了然，助力他们及时察觉问题、迅速制定决策，推动企业持续健康发展。

第二节 服装制造的数智化工艺架构

流程再造与全链路数据打通，让行业触及效率升级的门槛。然而，新的问题出现了：电脑中的工艺参数，如何转化为车间里实实在在的成衣？这一看似简单的“从数字到实物”的转变，背后实则需要一套强大的工艺架构。此架构不仅要深谙设备运转的物理逻辑，还要精通数字系统的语言。

数智化工艺架构正是通过硬件与软件的协同，将前端流程中的数据、工艺参数与生产指令，转化为可精准执行的制造动作。从布料裁剪到缝纫成型，从色彩印染到立体整烫，每个环节都在智能设备的精准操控下，完成从传统手工到科技制造的华丽转身，硬件体系是服装制造工艺落地的物质基础，软件是硬件与工艺的连接中枢，能够对工艺参数进行精确设置和优化，以及对工艺流程进行规划和管理，赋予设备智能化和自动化能力（图 4-3）。

此架构不仅决定了生产环节的柔性化水平与质量控制能力，更是实现“数据驱动制造”的物质载体。本节将聚焦其核心组成，解析硬

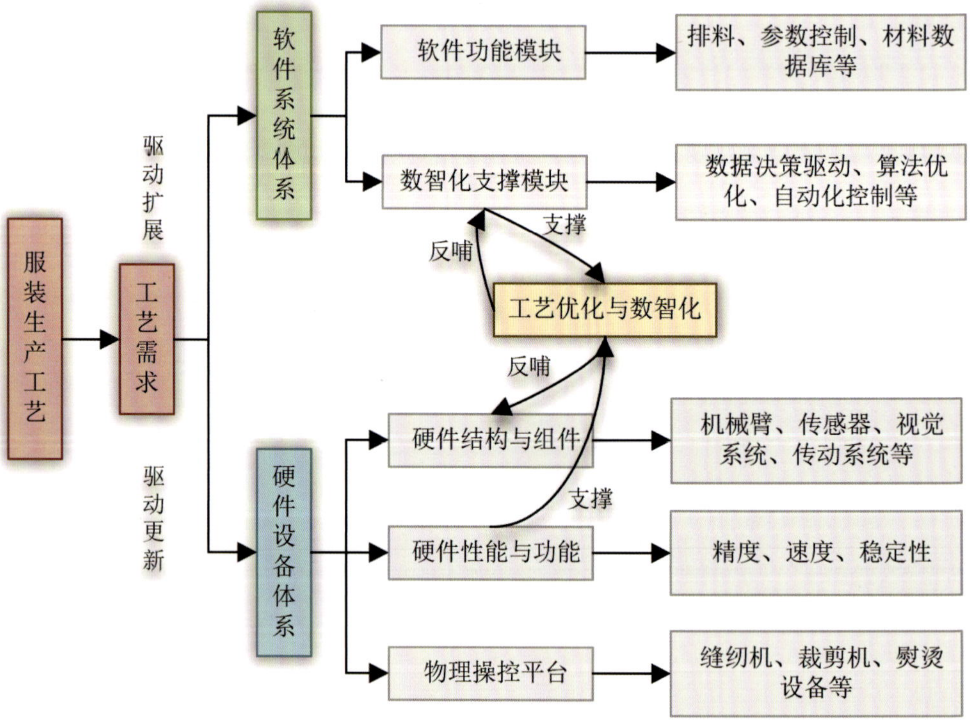

图4-3
服装工艺的数智化架构

件体系与软件系统如何共同构建服装制造的智能化工艺底座。

一、精准高效的数控裁剪

数智化裁剪工艺是服装制造流程的起始关键环节，现代服装制造的第一道工序已不再是老师傅的手起刀落，而是数控裁剪设备的精准雕刻。这项技术如同给布料安装上“数字导航”，借助激光或振动刀具，能够将版师绘制的样板，精准无误地转化为毫米级精度的实体裁片。这项技术的核心奥秘在于其三维联动的智能系统。

该智能系统首先会依据面料的幅宽、订单的具体数量、服装款式种类等多样化且复杂的因素，运用自动排版软件对版型布局进行优化。在这个过程中，自动排版软件会进行大量的计算和分析。它会考虑到每一块面料的大小、形状，以及不同服装款式在面料上的最佳摆放位置，以最大限度地提高面料的利用率。例如，对于一些不规则形状的裁片，软件会通过算法找到最合理的排列方式，避免出现过多的边角废料。

材料数据库在其中也起着至关重要的作用。它详细记录着各种面料的特性，包括面料的厚度、弹性、硬度、纤维走向等。这些数据为后续的裁剪过程提供了精确的参考依据。当面对不同类型的面料时，刀具系统能够根据材料数据库中记录的面料切割特性，自动切换到最适合的切割模式。比如，对于柔软且弹性较大的面料，刀具系统会选择较低的切割速度和适当的压力，以防止面料在切割过程中发生变形；而对于质地较硬的面料，则会采用更高的切割速度和更大的压力，确保切割的效率和质量。

在实际应用中，众多先进的数控裁剪技术在不同的工厂中展现出了卓越的性能。在宁波申洲国际的现代化车间里，法国力克 Vector 系统堪称解决弹性面料裁剪难题的典范。传统上，弹性面料由于其自身的伸缩性，在裁剪过程中极难控制，容易出现尺寸偏差和次品。而力克 Vector 系统配备了高精度的压力传感器，这些传感器能够实时感知材料在切割过程中的张力变化。当面料的张力发生变化时，传感器会立即将数据反馈给系统的控制中心。控制中心根据这些反馈信息，迅速精准地调整切割速度，确保切割过程的稳定性和准确性。通过这一技术的应用，次品率从原来的 3% 大幅降至 0.5%，极大地提高了生产效率和产品质量。

在意大利 Macpi 工厂，激光裁剪头采用的脉冲能量调节技术在雕刻牛仔布料方面表现出色。与传统的刀片切割方式相比，激光裁剪具有诸多优势。激光裁剪时，通过精确控制脉冲能量的大小和频率，能够在瞬间将牛仔布料的纤维切断，使得切割边缘更加平整光滑，无需再进行额外的边缘处理工序。同时，由于激光裁剪不需要刀片与布料进行直接接触，减少了摩擦和磨损，从而降低了能耗。经实际测试，相比传统刀片切割，能耗降低了 30%，既节约了生产成本，又符合环保理念。

美国 SoftWear Automation 的 Thread Vision 技术同样令人瞩目。该技术通过多自由度送料系统，能够精确控制布料沿预设路径自动裁剪。多自由度送料系统赋予了布料在三维空间内的灵活移动能力，它可以根据裁剪路径的要求，精确地调整布料的位置和角度。在裁剪过程中，系统会实时监测布料的移动情况，并通过反馈机制进行微调，确保裁剪误差小于 0.5mm。这种高精度的裁剪技术，使得复杂的服装款式也能够得到精准的制作，为高端服装的生产提供了有力的技术支持。

此外，AI 算法在数控裁剪领域也发挥着重要作用。以 OptiTex 软件的优化排版功能为例，它基于先进的人工智能算法，能够对版型进行智能分析和优化。在排版过程中，它会考虑到面料的利用率、裁剪的难易程度、生产效率等多个因素。通过对大量数据的学习和分析，OptiTex能够找到最优的排版方案，相比传统的人工排版，减少了10%-15%的面料浪费。这不仅降低了生产成本，还对环境保护做出了积极贡献。

二、算法协同的智能缝纫

传统缝纫依赖人工经验与重复劳动的桎梏被逐步打破。智能缝纫呈现出“四化”趋势，分别以“设备网络化”实现协同智控，以“工艺数智化”重构生产知识体系，以“操作拟人化”突破柔性材料操控极限，以“生产认知化”赋予机器自主决策能力。

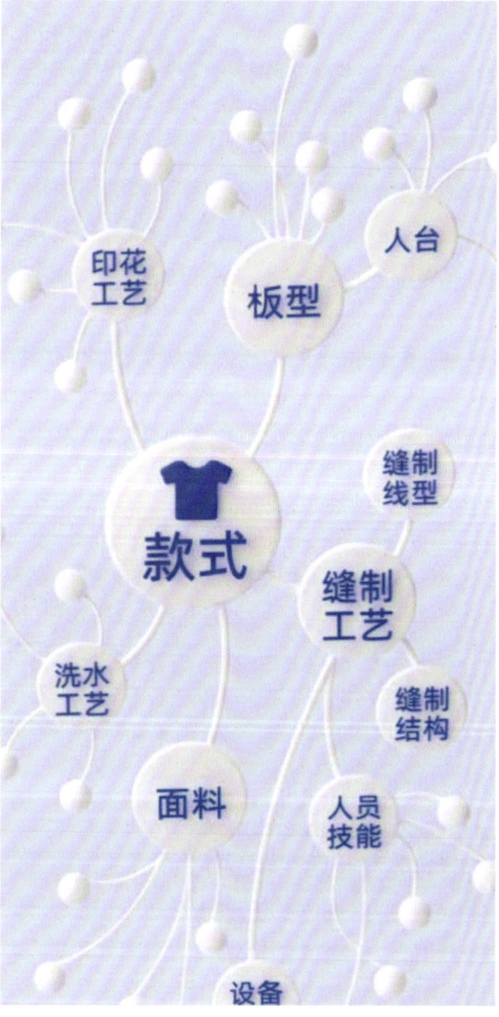

图4-4
服装制造工艺数据库（来源：犀牛制造官网）

设备网络化指借助物联网，智能缝纫机能够与制造管理系统实现紧密联网，如同高效的信息传递员，实时将缝纫长度、故障信息等设备运行数据上传至管理系统，极大地方便了管理人员及时、全面地监控制造进度以及设备的实时状态。犀牛制造通过物联网收集每一台缝纫机的工作数据，如工作时长、针数、线耗等，同样构建起庞大的工艺数据库（图4-4）。基于此数据库，AI算法能够对缝纫工艺进行智能优化，提前预判可能出现的质量问题并及时调整工艺参数。此外，JUKI物联网系统使用NFC技术实时传输缝纫机状态数据，结合云端AI分析预测设备故障，减少停机时间。上工申贝有限公司PFAFF自动拼接机的云平台将缝纫机的运行数据如针头磨损度、线轴剩余量上传至云端，实现跨工厂的产能调度优化。

工艺数智化是指缝纫过程中的参数自动调整、丰富多样的花样缝制以及制造过程的实时监控等多个方面。从实现方式上看，智能缝纫机配备了先进的控制系统，能够依据输入的详细工艺指令，自动且精准地对针距、线迹类型、缝纫速度等关键参数进行调整。杜克普QONDAC系统通过采集缝纫机的振动、温度、线迹偏移等数据，构建工艺知识图谱，实现异常检测与工艺参数自优化。日本优衣库的卫衣生产线上，Brother缝纫机器人正在不断优化其质量管控标准。搭载ResNet-50深度学习模型的设备，通过分析5万组缝合数据形成的"经验库"，将弹性面料跳针率从人工操作的3.2%压缩至0.07%。犀牛制造也在工艺数智化方面成果斐然，在其服装生产车间中，智能缝纫机配备了自主研发的数智化控制系统。该系统能够与生产管理系统无缝对接，依据不同服装款式、面料特性以及订单要求等信息，自动生成精准的缝纫工艺参数。例如，当处理丝绸等轻薄面料时，系统会自动降低缝纫速度，同时调整针距和线迹类型，以避免面料出现破损、褶皱等问题。

操作拟人化是指从机械复制到生物仿生的跃迁，通过模仿人类手部动作的灵活性与适应性，解决织物这类柔性材料的动态操控难题。触觉传感器作为“数字神经”以极高的灵敏度让机械抓手拿捏布料，辅助实现复杂的自动缝纫任务。苏州柔触的仿生抓取器通过多自由度关节设计和触觉反馈系统，模拟人类手指的“捏、拉、推”复合动作，实现对不同厚度、纹理织物的无损抓取（图 4-5）。在雅戈尔工厂，速英科技的 UR10e 机械臂集群正在以毫米级精度缝制西装驳头，配合视觉系统实时校正线迹，单条产线产能相当于 10 名熟练工人，却能将小批量订单的交付周期缩短 65%（图 4-6）。LEAPFROG 项目的软体机器人采用硅胶气动执行器，模仿章鱼触手的非刚性接触，避免传统机械夹爪对薄纱类材料的损伤。美国 SoftWear Automation 的缝纫机器人，通过多轴机械臂与真空吸盘实现 T 恤全自动缝制，将人工参与度降低 90%（图 4-7）。以及丹麦优傲协作机械臂结合康耐视 3D 视觉实现复杂线迹缝制。

此外，各大实验室还在积极研究多种类型的面料机械抓手，如硅胶软抓手、静电黏性抓手和吸附性抓手等。在设备研发的同时，抓握算法也在不断精进，通过运用机器视觉和深度学习等算法，能够更准确地预测布片的变形情况，从而实现更精准的抓握操作。这些研究成果不仅提升了智能缝纫设备的性能，也为整个行业的智能化发展注入了新的动力，推动着智

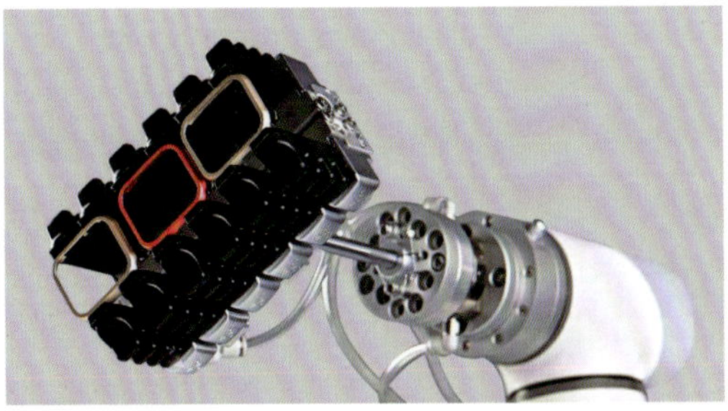

图4-5
苏州柔触公司的抓握型机械柔指（来源：柔触公司官网）

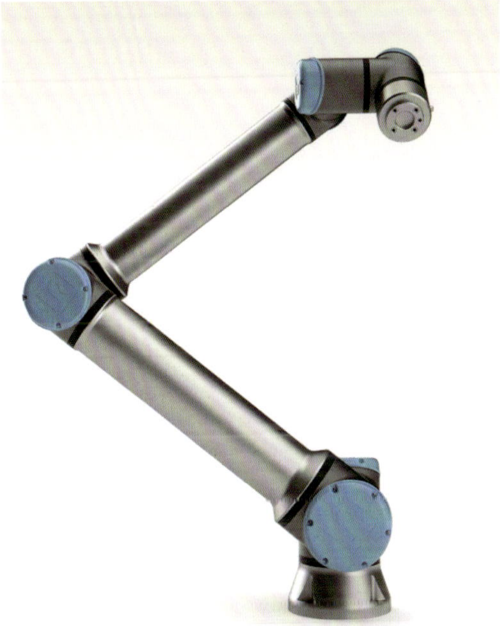

图4-6
速英科技的UR10e机械臂

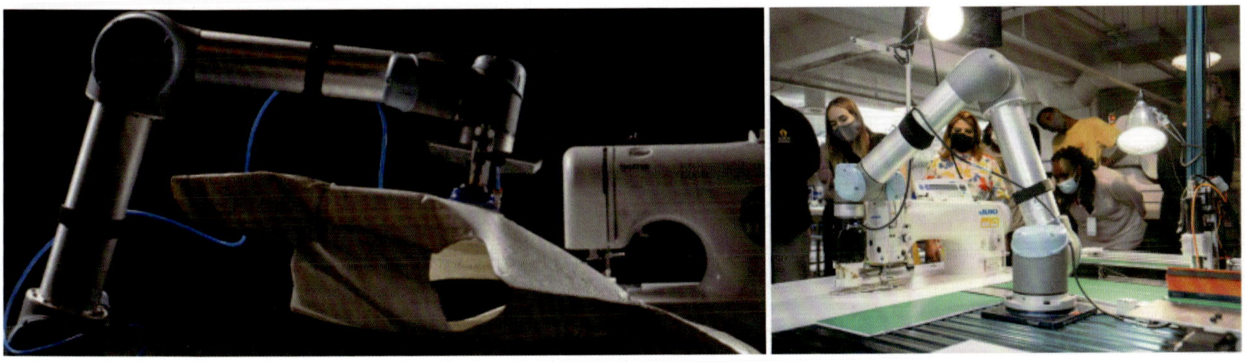

图4-7
SoftWear Automation公司的吸附型机械手（来源：世界纺织信息网WTIN）

能缝纫技术朝着更加高效、精准、智能的方向迈进。

生产认知化指赋予机器对缝纫场景的语义理解能力，实现动态环境下的自主决策SoftWear的ThreadVision系统通过高帧率工业相机捕捉布料微米级位移，结合CNN卷积神经网络识别褶皱、偏移等异常状态，实时调整送布轨迹。三菱人机交互系统采用NLP自然语言处理技术，允许工人通过语音指令快速切换缝制模式。

这“四化”特征不仅标志着缝纫从机械重复迈向智能创造的模式转变，更揭示了制造业从人机协作向自主系统进化的底层逻辑。其本质是通过对“布料的语言”的解码，如形变、张力、纹理等，构建起连接物理世界与数字空间的智能制造新模式，为行业开启“零技能制造”“瞬时换产”“碳效最优”的未来图景奠定一定的技术基石。

三、参数控制的智能整烫

智能整烫技术通过“温度－压力－时间”三元协同控制与数智化工艺模板，实现了服装制造从经验化到科学化的跃迁。其核心在于动态感知与算法优化，通过温度传感器实时校准加热功率，避免丝绸等脆弱面料的热损伤；压力传感器结合面料力学特性自动调节施压力度，例如羊毛需高压定型而丝绸需低压保形；时间控制器则精准匹配最佳温压作用时长。更进一步，蒸汽系统的湿度、流量参数与整烫设备联动调节，形成“热－湿－力”多物理场耦合控制，典型代表如Veit Turbomat蒸汽整烫机可动态适配丝绸与羊毛的差异化需求。此外，意大利的知名整烫设备品牌Macpi运用先进的立体整烫工艺，能依据服装的不同部位和版型，自动调节整烫的角度、压力和温度，精准整烫领口、袖口、肩部等部位，打造出完美的立体造型；配备高精度的温度和湿度传感器，可实时监测并调节整烫过程中的温湿度，为不同面料营造适宜环境，避免面料受损变形，且让整烫效果更持久；拥有强大的蒸汽发生装置，能快速产生大量均匀蒸汽，渗透进服装纤维内部，使纤维柔软便于定型，大幅提高整烫效率、缩短整烫时间。在应用领域方面，Macpi整烫设备在高级时装定制领域，能满足对服装品质的

图4-8 MACPI智能立体整烫设备（来源：MACPI官网）

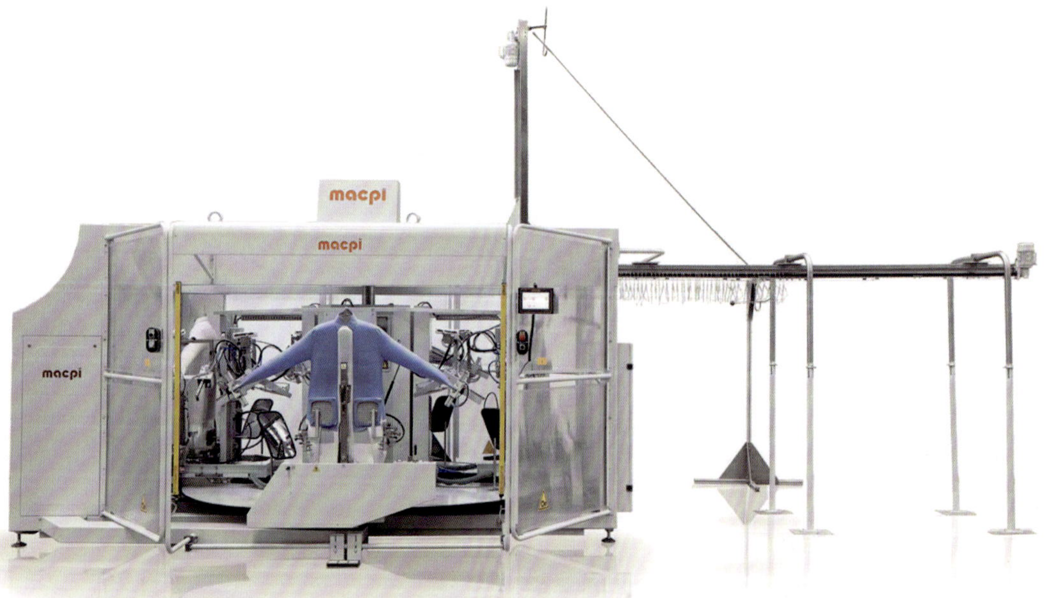

严苛要求，完美呈现设计师的创意与版型，让定制服装达到极致的平整度和立体感；对于大规模服装生产企业，可实现高效稳定的整烫作业，保障产品质量一致，提升生产效率并降低成本（图 4-8）。

智能整烫技术还可通过数字孪生模型与多目标优化算法实现参数精准匹配，从而为整烫工艺带来质的飞跃。数字孪生模型能够对整烫设备和整烫过程进行高度逼真的虚拟模拟，多目标优化算法则能在众多复杂的参数中寻找到最优解，两者相辅相成，确保整烫工艺的精准性和高效性。以海澜之家为例，其在整烫环节借助 RFID 技术实现了智能化的工艺应用。当服装进入整烫流程时，RFID 技术能够自动、快速且准确地识别面料的种类、特性等信息，并依据这些信息迅速调取预设的最佳整烫工艺参数。这一创新举措极大地减少了人工判断和调整参数的时间，使整烫效率显著提升了 40%，有效缩短了生产周期，提高了生产效益。

尽管智能整烫已取得显著效益，行业仍面临动态适应性不足与材料创新滞后的双重挑战。复杂装饰部位的形变监测精度不足、新型环保材料的热力学建模空白，暴露出现有传感与仿真技术的局限。对此，前沿技术正从强化学习算法突破，通过自主探索未知面料参数，构建自进化工艺库；仿生技术则从自然中汲取灵感，例如仿墨鱼皮肤微孔结构的蒸汽喷射系统可节能 35%。这些创新不仅指向更精细的工艺控制，更推动行业向绿色制造与无限柔性进化。

四、可持续的数字印染

服装印染行业的数字化技术核心在于两个方面：制造过程的精准智能控制，以及全产业链的可持续发展转型。

在技术层面，行业突破了传统工艺的精度极限。新一代设备能实现比头发丝还细微的墨水喷射控制，通过实时扫描检测系统，将产品缺陷率从过去的每百件 5 个不良品降低到接近零缺陷。意大利 MS Printing 的 Jeti Mira 打印机通过飞升级墨滴控制实现微米级落点定位，配合 AI 多光谱质检系统 ELIspectra 每秒 300 帧的缺陷扫描，将传统质检漏检率从 5% 压缩至 0.5%。更关键的是，生产过程不再依赖老师傅的经验判断，而是通过智能算法实时分析数千个参数，自动优化染色配方和工艺，使得染料利用率显著提升，部分创新技术甚至完全消除了传统染色必需的耗水环节。更深层的变革在于工艺逻辑的重构，瑞士 SedoStream 的 SmartDye 系统融合强化学习与流体力学模型，动态优化染色参数，使染料利用率提升 22%，而荷兰 DyeCoo 的二氧化碳激光染色技术彻底消除耗水环节，标志着印染从“经验试错”转向“计算驱动”（图 4-9）。

印染技术使得整个生产链条建立起可追溯系统，从染料成分到成品服装的每个环节都能追踪碳排放数据。制造模式也发生根本转变，借助智能调度系统，订单可自动分配到全

图4-9 DyeCoo公司二氧化碳激光染色成品（来源：DyeCoo公司官网）

球各地的微型工厂，实现三天内完成个性化定制生产。最显著的环保成效体现在节水领域，创新染色工艺使每件服装的耗水量骤减近九成。如 Levi's 的 ReColor 系列使用量子点显色纤维，通过电压调控实现动态变色，将服装转化为信息交互界面；区块链溯源平台 TextileGenesis 为 LVMH 打造的系统（图 4-10），构建从染料分子到成衣的全链路碳足迹追踪。英国 Unmade 平台与 Adidas 合作，通过数字微流体染色技术将浴比降至 1:0.8，节水率突破 89%。数字化染色则借助自动化染色设备以及精确的控制系统，如同严谨的科学实验，精确地控制染色过程中的温度、时间、染料浓度等关键参数。例如，通过在线检测系统实时对染液浓度和温度进行严密监测，依据监测数据自动精准地调整添加染料的量，从而确保染色的均匀性和一致性，显著提高染色质量的稳定性。

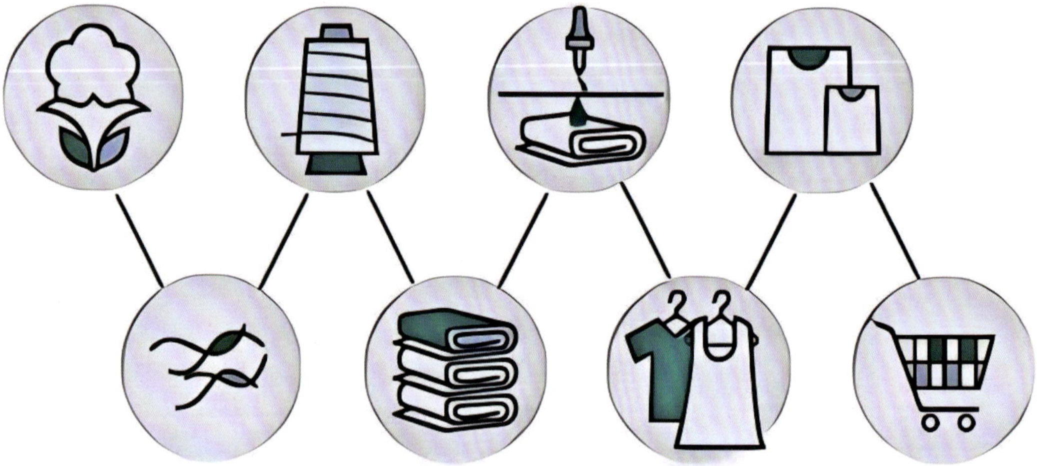

图4-10
TextileGenesis区块链溯源平台（来源：TextileGenesis官网）

第三节　服装数智制造关键技术支撑体系

数智化服装制造的底层革命，本质上是工业机理与数智技术的深度融合再造。技术不再是孤立工具，而是共同构筑起“数据定义生产”的新模式。技术突破的背后，实则是服装制造业从“规模经济”到“精度经济”的模式转移，其终极目标不仅是降本增效，更是通过技术消解行业“大企业垄断创新，小工厂被动跟随”的痼疾，为全服装制造产业链打开可持续进化的可能空间。本节聚焦关键数智技术，揭示其如何通过算法重塑生产逻辑。

一、数智化制造系统生态

在服装制造业的数智化转型浪潮中，各类辅助系统已突破单一工具属性，形成了贯穿智能制造流程全价值链的智能生态体系。此体系可解构为三大战略层级：资源统筹层、过程执行层与质量保障层（表 4-1）。分层结构不仅体现了系统功能的垂直穿透性，更通过数据流贯通战略规划与物理执行，构建了自洽闭环的智能决策网络。

表4-1　数智化制造生态体系

战略层级	系统名称	功能描述	对服装制造的作用
资源统筹层	高级计划与排程系统（Advanced Planning and Scheduling System，APS）	基于订单需求、产能、物料等多因素，精确规划制造计划与排程，优化资源分配与制造顺序	合理安排订单制造顺序与时间，确保按时交付，提高设备与人力利用率，减少库存积压
	制造调度系统（Manufacturing Scheduling System，MSS）	根据制造订单、库存状况、设备产能以及人员配置等信息，对制造任务进行合理分配和动态调整	优化制造流程，提高制造效率，降低制造成本，确保订单按时交付
过程执行层	制造执行系统（Manufacturing Execution System，MES）	对从订单下达到产品完成的整个制造过程进行优化管理，实时采集制造数据，监控制造进度等	实时掌握制造现场动态，及时发现制造瓶颈与异常问题，实现制造过程的透明化管理，保障制造按计划推进
质量保障层	质量检测系统（Quality Inspection System，QIS）	运用机器视觉、传感器等技术，对服装的尺寸、颜色、图案、缝制质量等进行快速检测	及时发现不合格产品，减少次品流入市场，提高产品整体质量，提升品牌形象
	仓储管理系统（Warehouse Management System，WMS）	货品信息管理、精准物料供应、仓库信息管理与实时监控、智能分拣	保障原材料和产品质量，快速响应订单，同时，提高仓储空间利用率

（一）全链路动态优化与弹性网络构建

资源统筹层发挥着全链路动态优化的关键作用，APS 凭借先进的信息技术和强大的数据处理能力，系统能够精准收集和分析制造订单的详细信息，包括订单数量、交货日期、产品规格和数量等。

APS 在核心决策算法上，常用数学规划算法、进化机制算法、群体智能算法、物理算法以及混合优化算法五类，把生产计划和排程问题的可行解表示为特定算法中的编码，通过模拟算法中的行为不断迭代编码组合，逐步找到最优或近似最优的方案，在处理多目标优化问题，如同时考虑订单交期、生产成本、设备利用率等目标时表现出色，使用合适的算法可在复杂的解空间中快速搜索到较优的生产计划和排程方案。在使用算法时需要精确处理各种复杂约束条件和扰动因素，确保计划符合实际生产限制，提高计划的可行性和可执行性。

虚拟仿真技术同样关键，它先创建与实际服装生产系统相对应的虚拟模型，涵盖生产流程、设备布局、人员配置等方面，通过对其进行仿真分析，能提前预测生产中可能出现的问题，还能在虚拟环境中对不同的生产计划和排程方案进行模拟和评估，对比分析各方案的优劣，同样为实际生产提供最优决策支持。

在风险评估与预测环节，有两种重要算法发挥着关键作用。蒙特卡洛算法通过大量随机模拟试验，统计各种结果的发生概率，以此评估事件的风险和不确定性。在服装生产中，它可用于对物料短缺、交期冲突等复杂风险场景进行预判。比如，该算法能模拟不同供应情况下物料的到货时间和数量，进而评估物料短缺的概率和影响程度，为企业提前制定应对策略提供依据。而时间序列分析算法则是根据历史生产数据和市场需求数据，分析数据的变化趋势和周期性规律，建立时间序列模型，以对未来的生产需求、订单量等进行预测。这有助于企业提前做好生产计划和资源准备，合理安排生产进度，减少因需求波动带来的生产混乱和成本增加。通过上述方式，APS 系统形成了具备抗扰动能力的弹性排产网络，确保生产计划在面对各种突发情况时仍能保持稳定与高效。

然而，制造业的生产过程充满了不确定性，订单变更、设备故障、原材料供应延迟等突发情况时有发生。面对这些挑战，MSS 基于 MES 中积累的海量且动态的数据，借助重调度算法、机器学习、强化学习等算法实现生产中的动态调度，展现出了强大的动态调整能力。它能够根据实时变化的情况，迅速调整生产计划和任务分配。当出现订单加急时，系统会立即重新评估资源，优先安排相关任务，确保紧急订单能够按时完成；当设备出现故障时，系统会迅速将该设备上的任务转移到其他可用设备上，保证生产的连续性；当原材料供应延迟时，系统会调整生产顺序，优先处理不受原材料影响的任务，减少生产停滞时间。环境交互学习最优策略，对生产任务、资源分配、时间安排等多个目标进行综合考量与优化。

《2023—2024 中国服装行业科技创新白皮书》以某快时尚品牌为例，深入阐述了 MSS 在实际应用中的显著成效。该品牌通过 MSS 与 APS 的紧密协同，实现了订单响应周期缩短 37% 的飞跃。这意味着企业能够更快速地对市场需求做出反应，将产品更快推向市场，极大地提升了客户满意度。同时，设备空转率下降 22%，有效提高了设备的利用率，降低了生产成本。MSS 与 APS 的协同合作，彻底突破了传统物料需求计划的静态局限。在服装行业“小单快反”的发展趋势下，这种协同模式实现了从“预测驱动”向“需求驱动”的根本性模式跃迁。传统的“预测驱动”模式依赖于对市场的预测来安排生产，往往难以精准匹配快速变化的市场需求。而“需求驱动”模式则以实时获取的市场需求为导向，实现生产资源的即时优化配置，实现弹性网络的构建。

（二）智能运维与设备全生命周期管理

智能运维与设备全生命周期管理使得生产线具备自愈能力，为企业在面对复杂多变的生产环境时提供了坚实的保障。它能够快速响应设备突发状况，在维持生产效率的同时，确保产品质量不受影响。

MES 系统作为该层面的核心枢纽。其借助工业物联网、大数据、云计算等技术搭建起全方位的数据感知体系。一方面，通过在生产设备、仓储设施等部署大量传感器来进行数据采集，构建数字孪生模型实时反映实际生产状态；另一方面，它能实现生产现场各环节之间的数据共享与交互，使 MES 系统获取全面、及时的信息，准确评估设备产能，知晓每一台生产设备的运行状态、加工能力和维护计划；全面掌握人员配置，熟悉每一位员工的技能水平、工作负荷和工作效率。

MES 同时担任设备健康检测的职责，采集的设备健康参数细致入微地反映了设备各个部件的运行状况，为深入洞察设备健康状态提供了丰富的数据基础。与此同时，APS 充分整合维护工单的数据，运用诸如 LSTM 神经网络等先进的机器学习算法，对故障预测模型进行深度训练。LSTM 神经网络凭借其独特的时间序列处理能力，能够有效捕捉设备运行参数在时间维度上的复杂变化模式与潜在规律。通过对大量历史数据的学习与分析，该模型能够精准预测设备可能出现故障的时间节点与故障类型，从而将传统被动的“故障后维修”模式成功转变为主动的“预测性维护”。这种前瞻性的维护策略，使企业能够在设备故障发生前及时采取针对性的维护措施，避免因突发故障导致的生产中断，保障生产流程的连续性与稳定性。

某西装智能制造基地的实践，充分彰显了 MES 在提升设备性能与降低成本方面的显著成效。通过构建MES的数字孪生体，该基地实现了设备平均故障间隔时间提升65%。这一提升不仅意味着设备能够在更长时间内稳定运行，减少了因设备故障造成的生产延误，还显著提高了生产效率，为企业创造了更多的生产价值。同时，维护成本下降41%，这得益于系统预测性维护模式的精准实施，避免了不必要的过度维护与紧急维修，使维护资源得到更为合理、高效的配置，有效降低了企业的运营成本。

更为关键的是，MES与APS和MSS的深度集成，进一步拓展了其在智能制造生态中的价值与影响力。通过这种无缝集成，设备状态数据能够实时、准确地反馈至APS和MSS系统，实现生产过程的动态优化与智能决策。其次当MES检测到某流水线缝纫机主轴温度异常时，APS系统会迅速自动触发工单重路由逻辑。这一逻辑基于对整体生产资源与任务优先级的实时评估，将当前受影响的生产任务动态、合理地分配至备用设备，确保生产活动不受设备局部故障的影响，持续稳定进行。通过这种方式，成功构建起具有卓越自愈能力的智能产线。

在质量检测环节，QIS系统凭借先进视觉系统和识别算法，实现毫秒级的快速质量检测。该技术能够敏锐捕捉产品表面及内部的细微缺陷，不放过任何可能影响产品质量的瑕疵。一旦检测到缺陷数据，便会通过数字线程这一贯穿整个生产流程的信息通道，反向传输至CAD的设计规则库。设计规则库依据这些反馈数据进行优化调整，从而形成一个协同且高效运转的“设计－制造－检测”全流程闭环反馈过程。凭借标准化的流程与精准的参数控制保证生产效率与质量的平衡。

WMS在整个生态中扮演着物资枢纽的角色。它对原材料、在制品和成品进行全面管理，精确记录货物的入库、出库、存储位置和库存数量等信息。根据APS的计划和MES反馈的生产进度，WMS能够合理安排仓储空间，优化货物的存储布局，提高仓储利用率。同时，它还能与物流配送系统集成，确保货物能够及时、准确地发货和配送，实现物流的高效运作。

这五个关键系统相互关联、相互协作，形成了一个完整的全流程闭环管理体系。APS为生产与仓储提供了宏观的规划指导，MSS根据实际情况进行灵活调度并与仓储协同，MES对生产过程进行精细化管理并反馈物料使用，实时监控保障生产与仓储调配的顺利进行，QIS对产品质量进行严格把控并指导仓储安排，WMS则对物资进行高效管理与调配。它们共同构成了服装制造的协同创新生态，使企业能够在激烈的市场竞争中实现高效、稳定的发展，不断提升自身的核心竞争力。

二、智能排产与调度技术

从目标维度看，智能排产致力于解决“订单如何科学排布”的全局性问题（表4-2）。需

表4-2
智能排产与调度的定义边界与功能区分

维度	智能排产	智能调度
核心目标	全局资源规划与订单投产秩序优化	动态调整车间执行过程与实时资源分配
时间尺度	分钟级至周级（中长期计划）	秒级至小时级（短期执行响应）
决策焦点	订单优先级、设备/人力/物料匹配策略	工序流转路径、工位任务分配、扰动应对
典型场景	多品类订单混合投产顺序优化 跨工厂产能分配	设备突发故障时的产线重组 紧急插单的工序插入
技术特征	基于大数据预测与运筹学建模	依赖物联网实时反馈与强化学习算法

要综合考量季节性波动、设备产能阈值、员工技能矩阵等多元因素，通过算法模型确定最优投产顺序。以 SHEIN 的分布式制造网络为例，其排产系统将订单拆解至 300 家卫星工厂时，不仅计算各厂现有产能，还需预测面料库存的动态消耗曲线，最终使 100 件级小订单实现 48 小时交付。而智能调度的核心使命在于“资源如何动态适配”。当车间遇到设备突发故障、紧急插单或工人效率波动时，调度系统需在秒级时间内做出响应以应对这些不确定性或扰动因素。犀牛智造的吊挂系统正是典型代表：通过裁片 RFID 标签的毫秒级定位，结合改进模拟退火算法，可在 15 分钟内重构 200 个工位的任务分配，确保产线平衡率始终维持在 92% 以上。

这种时空维度的分工差异，在快时尚企业中尤为显著，排产系统规划 7 天制造周期时，需预判未来 72 小时的原料到货情况；而调度系统每 20 分钟就会根据缝制工位的实时负荷，动态调整裁片传输路径。二者通过数据闭环形成“预测 - 执行 - 反馈”的增强回路，推动制造系统持续进化。

（一）排产系统的柔性进阶架构

现代智能排产系统已形成的三层柔性进阶架构，包括数据感知层、算法决策层和仿真验证层。在数据感知层，企业通过多模态技术实现全域数据捕获。波司登的 BOM 大数据分析系统，运用自然语言处理解析设计师的非结构化需求，将“复古双排扣”等描述自动转换为工艺编码，结合历史数据剔除 15% 冗余物料设计。红豆工业 4.0 基地则通过 5000 多个物联网传感器，构建设备健康指数模型，提前 8 小时预测 70% 的潜在故障。报喜鸟集团采用 SAP 系统集成 MES 与 ERP，实现面料库存与生产计划实时联动，交货周期缩短 20%。

算法决策层呈现高度场景化特征。面对不同场景系统需要凭借深度嵌入的智能算法模型，基于订单的实时需求和设备的运行状态，以高度精细化的方式对信息素轨迹进行动态更新。这种更新并非简单的线性调整，而是依据复杂的数学模型和生产逻辑，综合考量设备的切换时间、物料准备时长、能源消耗等多维度因素，从而实现设备资源的最优配置。在处理包含大量复杂约束条件的订单时，系统通过迅速启动多类算法并行求解的策略，从不同的优化角度对复杂的约束条件和生产目标进行深度剖析和精确计算。这些算法在并行计算过程中相互协作、相互补充，不仅显著缩短了订单处理时间，还通过对多种可能性的全面探索，大幅提高了求解结果的准确性和最优性，确保在复杂的生产环境下，依然能够快速生成科学合理且高效可行的生产方案。

面对快反订单，SHEIN 自主研发了 FabricAI 系统创新性融合图像识别与背包算法的混合算法模型，通过智能匹配裁片轮廓与面料纹理，将利用率提升至 94.3%，年节约成本超 2.3 亿美元。在个性化定制领域，某奢侈品牌构建动态工艺路线库，当接收含 18 道手工工序的定制西装订单时，图神经网络自动拆分标准化部件与定制化部件，分别导入智能吊挂系统和匠人工作台，使交付周期压缩至 7 天，较传统模式提升 3 倍响应速度，同时保障手工定制的艺术价值。面对可持续制造需求，李宁集团的绿色智能系统采用多目标优化 NSGA-II 遗传算法，在裁剪环节通过自适应网格分割将废料率降至 5.7%，调度环节实时优化设备能耗组合，最终实现单件服装碳足迹减少 23%，每年生态效益相当于植树 3.6 万棵。这种将环保约束嵌入算法内核的创新，标志着智能制造向可持续发展的重要跨越。

红豆5G智能工厂视频

在仿真验证层，虚拟仿真技术成为关键验证手段。当下，市面上存在着多种功能强大的虚拟仿真软件，如 Flexsim、Plant Simulation

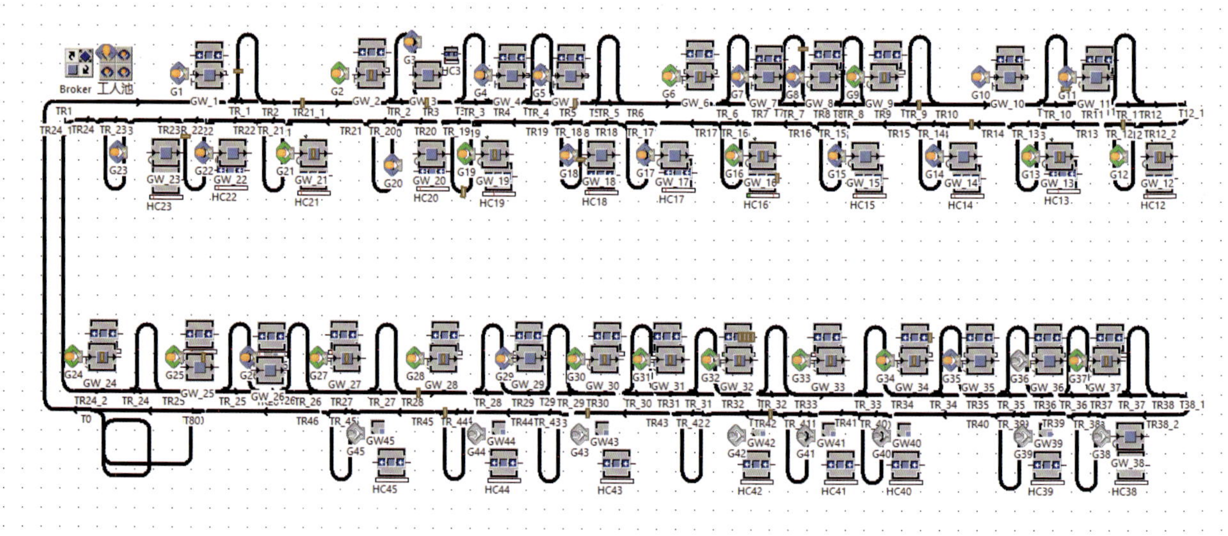

图4-11
基于Plant simulation构造的服装吊挂生产线仿真模型示例

等（图4-11），它们在不同的工业场景中发挥着重要作用。Flexsim以其强大的三维建模和可视化功能，能够逼真地模拟复杂的生产系统和物流流程，为企业提供直观的决策支持。而Plant Simulation则凭借其在离散事件仿真领域的专业性和灵活性，深受制造业企业的青睐。犀牛智造通过Plant Simulation构建虚拟产线，可预演超过200排产方案，并运用TOPSIS多准则评估体系进行优选。该体系赋予交货准时率40%权重，精准平衡效率与成本矛盾。这种虚实融合的验证模式，让犀牛智造在新品研发和生产过程中具备了显著的优势。通过在虚拟环境中对各种方案进行反复验证和优化，有效避免了传统生产模式中因方案不合理而导致的生产延误和资源浪费。在这一创新模式的助力下，新品上线周期从传统的45天大幅缩短至7天，显著提升了企业的市场响应速度和竞争力。

（二）智能排产与调度价值的多维呈现

智能排产与调度作为服装制造效率提升的核心驱动力，从应对小单快反的灵活策略，到多品类混线生产的精妙布局，再到虚拟仿真与数字孪生的协同优化，每一个维度都彰显着其对提升生产效率、降低成本、保障产品质量的巨大作用。而模块化制造理念，更是为智能排产与调度的价值实现增添了新的维度。

在小单快反制造场景下，智能排产与调度系统发挥着关键作用。系统通过智能优化类算法将极少量件数的订单合并为工艺相似批次，配合吊挂系统的柔性路径模式，实现资源的高效利用。例如，SHEIN工厂通过在排产阶段预设15%的缓冲产能，调度阶段运用Q-Learning强化学习动态调节订单的波动，成功将面料损耗率控制在2.7%。这种精准的排产与柔性调度，是对小单快反需求的有效回应，为企业在快速变化的市场环境中赢得了先机。

面对多品类混线生产的任务，智能排产与调度的技术组合和布局优化愈发重要。某头部企业构建含3000多条规则的工艺冲突矩阵，应用图着色算法规避设备冲突，同时采用数字孪生预演工序组合。以牛仔裤与T恤混线制造为例，系统能动态调整缝制线为U型布局，使设备切换时间从45分钟锐减至8分钟，设备综合效率提升至89%。这种技术驱动的优化策略，极大地提升了混线生产的效率与稳定性。

虚拟仿真与数字孪生协同优化生产全流程，在日本郡是株式会社的智能衬衫工厂，虚拟仿真与数字孪生的协同效应体现得淋漓尽致。在规划阶段，工程师借助 Tecnomatix 软件模拟 18 种袖口缝制工艺，运用离散事件仿真深入分析，发现采用“双针同步缝纫 +AI 视觉纠偏”排产方案可使次品率大幅下降 47%，为生产方案的确定提供科学依据。投产后，数字孪生系统实时监控每件衬衫的 189 个质量特征点，一旦领口弧线曲率偏离标准值 0.5mm，便自动调整裁床参数，使首批次产品合格率直接达到 96%，实现生产过程的动态优化。

模块化制造为智能排产与调度注入新活力。在模块化制造理念的引领下，犀牛智造对服装制造流程进行了创新性的解构。它将服装制造过程精细划分为多个相互独立却又紧密关联的模块，如裁剪模块、缝制模块、整烫模块等。每个模块犹如具备独特功能的智能单元，能够依据订单的多样化需求实现灵活自如的组合。例如，对于一款新设计的服装，企业可依据其款式特点，从丰富的模块资源中精准挑选适配的裁剪工艺模块与缝制工艺模块，进而迅速搭建起一条独一无二的专属制造流程。

模块化设计为智能排产与调度带来了全新的优势。智能排产与调度系统能够基于这些模块化的特点，更加精准地进行任务分配和资源调度。例如，在面对不同订单需求时，系统可以根据模块的实时产能、工艺特点以及订单的优先级，快速且合理地安排各个模块的工作任务，实现生产流程的高效运转。同时，模块化的灵活性与可扩展性，使得智能排产与调度系统能够更好地应对市场变化，当市场需求发生变动时，系统可以迅速调整模块组合与生产计划，确保生产的连续性与高效性。这种模块化制造与智能排产调度的深度融合，进一步提升了整个制造系统的敏捷性与适应性。

上述的实践带来显著经济效益，排产耗时从传统模式的几个小时压缩至几十分钟内，紧急订单响应周期大幅缩短，单位制造成本也随之下降。更深远的影响在于商业模式的革新——某快时尚企业依托智能系统，在双十一期间实现日均处理 30 万 SKU，缺货率控制在 1.2%，较传统模式提升 4 倍运营韧性。

三、执行控制技术

服装制造执行和控制的终极目标是实现生产过程的全面智能化、自动化、高效化、柔性化以及可持续发展，其涵盖提高生产效率、提升产品质量、降低成本、快速响应市场变化等多方面。

在执行控制技术领域，各要素相互关联、层层推进。制造信息脉络的瞬息捕捉是第一步，能快速精准地获取生产中的各类关键信息。在此基础上，可实现虚实映射下的全维掌控，通过虚拟与现实的对应模拟，对整个制造过程进行全方位监测与管理。而无缝集成的一体化中枢平台，是对捕捉到的信息以及全维掌控功能的整合升华，将它们集成处理，形成高效统一的整体，为制造执行控制提供坚实智能的支持，促进制造过程高效精准运行。

（一）制造信息脉络的瞬息捕捉

服装企业若想实现高效生产与精准管理，制造信息的瞬息捕捉至关重要。其数据采集与传输体系深度融合多模态技术，将生产全要素纳入实时感知范围，实现数字化映射与动态监控的无缝对接。

传感器技术在服装制造的每一个关键节点发挥全域感知、精准把控的作用。印染时，高精度温度传感器以极小误差，实时监测染缸温度曲线。在缝制工序中，智能缝纫机嵌入的振动传感器，能快速捕捉到针头位移与电机负载数据，一旦识别断线、跳针等异常，便迅速联动设备自动停机，并及时发出告警，极大地减少了面料损耗。

RFID 与条码技术用于实现物料全生命周期的追溯管理。海澜之家在布料仓储环节大量使用 UHF RFID 标签，其读写距离可达 8-10m，配合 AGV 叉车进行批量入库扫描，大幅提升了盘点效率，相比之前提高了 90%。在生产流转过程中，产线的 RFI 门禁能自动关联裁片与工单，避免工序错配。美特斯邦威在包装环节采用可变二维码，包含 SKU、质检员 ID 及生产批次等信息，消费者扫描二维码即可完成正品验证，还能准确追溯到生产线责任人，质量问责周期缩短了 70%。

工业物联网实现了设备的广泛互联和边缘智能。通过协议统一生产设备的数据接口，实时采集设备运行、环境参数、物料流动等数据。这些数据一方面用于生产过程的实时监控，另一方面借助边缘计算网关进行本地化分析，精准预测能耗峰值，成功降低 30% 的云端负载。通信技术在这一过程中起到了关键的支撑作用，保障了信息的快速、稳定传输。工业以太网以 1Gbps 的高速率快速传输文件，确保生产指令及时传达；5G 专网以端到端时延小于 20ms 的超低延迟连接移动巡检终端，实时回传设备状态视频，方便管理人员随时掌握设备运行情况。面对纺织车间复杂的电磁干扰环境，雅戈尔集团部署基于 LoRa 的 mesh 自组网，保障 3000 多个传感器数据稳定传输，丢包率控制在 0.1% 以内，确保生产数据的完整性和准确性。

三六一度与中国联通合作打造的“5G+ 智慧工厂”，借助联通 5G 虚拟专网技术实现 5G 网络全面覆盖。这不仅提升了数据传输速度和稳定性，还为工业物联网设备的高效运行提供了可靠的通信保障，进一步推动了服装生产的智能化升级，实现生产过程的优化管理和产品质量的提升。

（二）虚实映射下的全维掌控

在完成数据的收集与传输后，进入数据管理环节。此时，系统会依托关系型数据库，如 MySQL、Oracle，以及非关系型数据库，如 MongoDB，搭建起混合式数据架构，以此精准地存储和管理海量的服装生产数据。通过实施严格的数据库管理技术，有效确保数据的完整性、一致性与可追溯性，为后续的深入分析筑牢可靠基础。

当数据的收集、传输和管理技术得以完善后，借助实时数据可视化来观察这些实时数据，已成为服装制造执行与控制领域的新需求。数字孪生作为一项前沿的数智技术，恰好满足了这一需求。它旨在运用数字化手段，创建出与服装制造物理实体高度匹配的虚拟模型，从而实现对服装制造全过程的实时映射、动态监测以及精准优化。

数字孪生的模型构建框架，从几何、物理、行为、规则这四个关键维度出发，全面且系统地整合了各类相关技术与工具，为服装制造的智能化升级提供了有力支持。

在几何维度，面向对象建模等技术发挥着基础性作用，它能够将服装复杂且精细的几何结构，以极高的精度转化为逼真的三维数字化几何模型。这一模型不仅完整涵盖了服装的每一处细节，诸如精确的衣身长度、独特的袖口形状等，更为后续物理特性的精准置入提供了有力支撑。而在实际生产场景的模拟中，几何技术不仅可以对生产设备进行精确的几何模型构建，还原设备的空间形态与操作逻辑，还能够深入模拟生产流程布局，全面考量服装生产过程中的空间需求和物流路径。而在具体操作中，Unity 3D、Plant simulation 等工具平台采用计算机图形处理、增强现实（AR）、虚拟现实（VR）等技术实现数据可视化，让服装生产过程直观呈现。

物理维度主要聚焦于物理现象的模拟，对于服装制造来说，Ansys、Abaqus 和 SolidWorks 这类有限元建模工具可用于分析不同面料的物理特性，如弹性、柔韧性等，在工程领域中这些工具被广泛应用于流体力学、结构力学等多种物理场的分析，在服装制造中能精准体现不同面料的物理特性和加工行为，以及这些特性对数据管理和分析的特殊要求，从而使理论阐述更贴合服装行业实际，展现出更强的针对性和深度。

行为维度致力于描述模型在不同场景和条件下的行为变化，对于服装制造执行而言，数据增强建模、拉格朗日力学等技术可以对服装生产模型的行为进行深入刻画，例如在服装生产线上的机器人操作研究中，拉格朗日力学能够帮助分析机器人系统的动力学行为，预测其在不同动作和负载下的运动状态，与此同时，Ansys、Flexsim 等工具则用于对模型行为进行模拟和分析，Flexsim 作为一款强大的离散事件系统建模与仿真工具，可以模拟服装工厂的生产流程，分析各个环节的运行行为，从而发现潜在的问题并进行优化。

规则维度着重于建立和优化模型运行所遵循的规则体系，对于服装制造的数字孪生模型，Ansys、TensorFlow 等工具发挥着重要作用，TensorFlow 作为一种开源的机器学习框架，能够基于大量的服装生产数据和复杂的算法来定义模型的规则，而深度卷积神经网络、马尔可夫链蒙特卡罗等先进技术，则进一步提升了规则体系的智能性和准确性，例如在服装瑕疵图像识别的数字孪生模型中，深度卷积神经网络可以学习服装图像的特征和模式，从而制定出精准的识别规则，助力服装制造执行过程中的质量把控。

（三）无缝集成的一体化中枢平台

以 MES 为核心的智能制造中枢平台已经从单纯的系统集成迈向生态构建的全新阶段。新一代 MES 系统凭借先进的微服务架构与 API 网关技术，为服装制造行业打造了一个坚实的开放式数字基座。这一基座不仅实现了与企业资源计划和产品生命周期管理等基础系统的深度融合，更在数据与业务层面实现了前所未有的双向互通与协同。

通过业务逻辑引擎的强大驱动，新一代 MES 系统实现了从订单智能解析、原料智能齐套、工艺自动下发到质量闭环管理的全链路数字化贯通并提供可视化看板。

该中枢平台的智能化演进体现在三个关键维度。一是基于数字孪生的虚拟制造体系，通过三维工艺仿真与物理车间的实时镜像，实现高度的可视化；二是动态预警系统，MES 系统同样与其他数智能化系统进行联动，融合边缘计算与机器学习算法，能够自主识别多类生产异常模式，并实时触发 APS 的智能再排程，极大地提升了生产过程的稳定性与可靠性，有效减少了生产中断与延误；三是面向服装柔性制造的神经中枢网络，例如通过 GST 标准工时系统与物联网终端的深度联动，实现了秒级工序标准工时平衡调整，有力支撑了小单快反模式下打样的极限交付要求，不仅满足了市场对个性化定制的需求，更提升了企业的市场响应速度与竞争力。

以秒优科技为代表的解决方案，已成功构建了“数据中台 + 智能应用”的生态架构。其核心价值在于通过生产效能数字孪生体实时映射各工位移动状态，结合深度学习模型对 200 多项生产参数进行关联分析，为管理层提供了涵盖OEE提升路径、瓶颈工序优化方案等12项决策支持场景。实践数据表明，该平台不仅将生产线平衡率提升至92%，在制品周转效率提高了35%，更将异常响应时效压缩至15分钟以内，有效推动了服装企业整体运营成本降低18%-22%。

同时，这一平台的演进方向正朝着服装C2M模式深度延伸。通过对接消费者大数据平台，实现从智能测体、版型自动生成到生产资源动态调配的闭环，将传统服装制造响应周期从周级压缩至天级。随着5G+工业互联网的深度融合，基于MES的中枢平台将逐步演化成为服装产业数字生态的超级接口，驱动行业向网络化协同、服务化延伸的智能制造新形态持续迈进。

四、智能检测技术

人工质检受制于生理极限，难以应对每小时数千件的生产节奏；抽检制度下的漏检风险，又使品牌面临高昂的退货成本。当行业平均退货率达1.2%时，每降低0.1个百分点都意味着千万级成本节约。麦肯锡研究表明，对于全面推行智能质检的企业而言，成效显著。在成本控制方面，质量成本占比能够从原本的4%-6%大幅下降至1.2%-1.8%；而在客户体验层面，客户满意度可提升21个百分点，实现降本增效与客户口碑的双丰收。故随着消费者对品质要求的提升与订单碎片化趋势加剧，传统质检模式已难以为继，而智能检测技术优化为行业品质管控带来新的发展机遇。

（一）从图像采集到智能决策的闭环

质量管控形成了图像采集到智能决策的闭环系统，该系统通过常见的三层架构实现全流程控制。以犀牛智造为例，前端部署900-1700nm波段的近红外光谱相机可穿透三层涤纶面料，精准识别直径0.3mm的隐蔽油污，其0.02度的偏振光角度分辨率能捕捉头发丝千分之一的微褶皱；中台运行的改进型ResNext-101模型通过23层卷积网络，同步解析针距密度、线迹曲率、接缝强度等18项工艺参数，面料瑕疵检测的平均精度均值较传统算法提升15.6%；后端依托5G网络建立的800ms级反馈机制，可在检测到袖笼弧线曲率偏离标准值0.5mm时，驱动缝纫机实现±0.05mm的针距自动调节（图4-12）。

这种实时闭环系统在实践中展现出显著优势。犀牛智造的生产线在缝纫机每完成5cm线迹时进行动态评估，提前3到5针距预警断线风险，使返修率降低62%。ZARA东南亚基地引入的热成像系统，通过±0.3℃的温控精度拦截面料碳化问题，每年避免1800万欧元损失，质量追溯时间从4小时压缩至8分钟。李宁的"AI初筛+人工复验"体系更具决策智慧：300帧每秒的高速相机配合YOLOv5算法，0.03秒内完成21类缺陷检测，通过三级置信度分流机制，使东莞工厂质检人力成本从每件1.8元降至0.82元，客户退货率下降85%。

面对柔性制造需求，波司登的解决方案体现了技术适应性。其120台工业相机构建的3D检测网络，通过0.1mm精度的三维点云重建技术，实时监控充绒均匀度与缝线张力。当CT值标准差大于0.8时，系统自动触发补绒指令，成功将月均漏绒投诉从127例控制到23例，年节约质量成本3200万元。这种从“感知异常”到“自主调节”的能力，标志着质量控制从人工干预向智能自愈的进化。

质量管控领域通过构建从图像采集到智能决策的闭环系统，借助常见三层架构实现全流程控制，在不同企业的实践中展现出显著优势与技术适应性，不仅大幅提升检测精度、降低返修率、节约成本，还推动质量控制从人工干预迈向智能自愈，有力支撑了柔性制造需求。

图4-12
犀牛智造的视觉设备拆解示意图（来源：犀牛智造官网）

（二）质量检测数字孪生

数字孪生平台的价值延伸至质量检测的工艺优化领域，当每个针脚都被数据定义，每寸面料皆有数字镜像，不同维度的工艺均能实现溯源（图 4-13）。当 RFID 芯片与视觉检测数据在优衣库的质量孪生平台交汇，每件衣服的 230 个质量特征被编码为数字档案，与供应链数据实时关联。2023 年某批次衬衫领口缩水问题中，系统在 38 分钟内完成从门店投诉到染整工艺参数异常的溯源，效率提升 6 倍。

据《2024—2025 中国服装行业科技创新白皮书》披露，在杭州某服装企业的数字孪生平台中，质量检测数据与生产过程实现了深度耦合。当系统检测到袖口接缝强度合格率异常

图4-13
基于Plant simulation服装车间布局3D数字孪生模型图

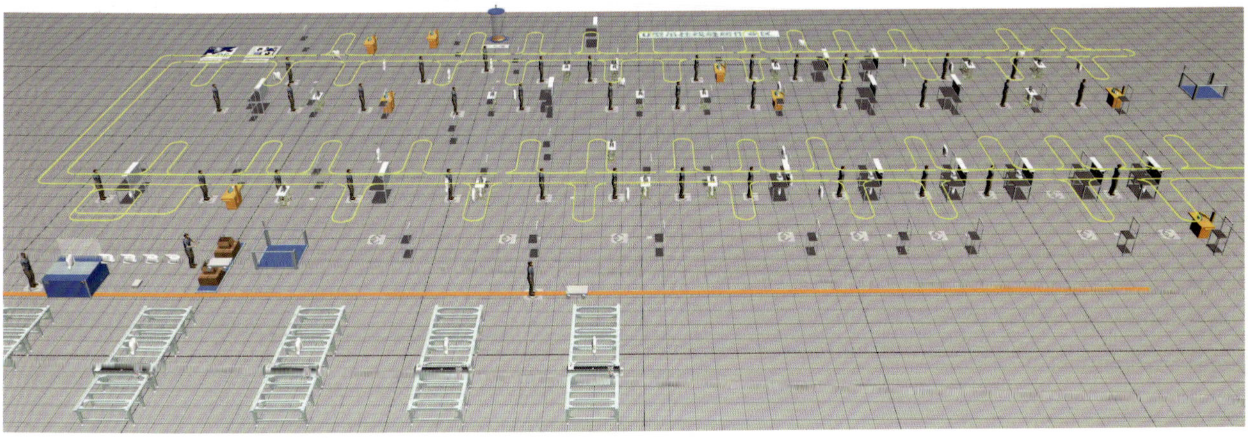

下降时，通过 SHAP 可解释性模型溯源分析，锁定缝纫机底线张力波动为核心影响因素。平台同步调用历史工艺数据与设备三维模型进行仿真验证，最终定位梭芯结构在高转速下的离心失衡问题。基于孪生系统的优化建议，企业将滚珠轴承替换为磁悬浮装置，使张力波动幅度缩减 78%，工序不良率从 7.8% 降至 3.3%，年节省质量成本超 200 万元。优衣库与西门子合作建立的 Thermaltech 虚拟工厂，通过 1200 个传感器实时采集缝纫机针头温度、缝线张力等数据，构建数字孪生模型。当检测到针头温度异常升高时，系统自动调整缝纫速度，将跳线故障减少 82%。

数字技术并非巨头专属，一家为 ZARA、H&M 代工的民营企业杭州汉帛国际，通过部署轻量化数字孪生系统，在缝纫机上安装成本仅 200 元的物联网模块，实时采集 15 项工艺参数。当检测到针距波动超过 0.2mm 时，系统自动推送调整方案至工人智能手表，使小批量订单的工艺稳定性提升 76%。该公司更将历史生产数据导入仿真模型，成功竞标巴黎世家的高难度立体剪裁订单。这种深度利用质量数据的能力正在打开新的商业模式。以犀牛智造为例，其凭借前瞻性的战略眼光和强大的技术实力，将质检能力进行创新性的云端化转型。这一举措意义非凡，对于众多资源有限的小服装厂而言，无需再耗费巨额资金购置昂贵的质检设备，仅需通过手机便捷下单，即可享受到专业、精准的质量检测服务。这种创新模式如同在质量检测领域开设了一家便捷高效的“质量检测便利店”，以其触手可及的服务和高性价比的优势，迅速赢得了市场的青睐。截至目前，犀牛智造已累计为中小服装企业提供了超过 800 万次的检测服务，单次检测成本更是低至令人惊叹的 0.15 元，甚至比日常寄发快递的费用还要低廉。

从优衣库、杭州某服装企业等不同规模企业的实践可见，数字孪生在质量检测的工艺优化中展现强大价值，不仅实现质量问题快速溯源与精准解决，还通过深度利用质量数据提升工艺稳定性、开拓新商业模式，让质检从成本消耗转变为价值创造。

五、仓储管理技术

传统库存管理模式依赖人工盘点和滞后性数据，如同在迷雾中航行，难以应对渠道多元化、产品生命周期缩短带来的精准管控需求。物联网与自动化技术的深度应用，实现从传统“人找货”模式向“货到人”模式的重大转换。在此过程中，同样每一卷面料和每一件服装均被编码；而每一个货架也被赋予智能化的自主决策能力。

当前，智能仓储已从“成本中心”进化为“价值引擎”。据麦肯锡测算，全面实现仓储智能化的服装企业，其运营成本可降低 18%-25%，订单交付周期缩短 30%-45%。但更深层的变革在于，当仓储数据与设计、生产、销售全链打通，企业真正获得了应对市场不确定性的敏捷性。

（一）库存实时监控系统的全方位感知

库存实时监控系统凭借全方位感知技术，通过物联网感知层搭建起如同神经末梢般的网络，将仓储空间内货物状态、环境参数以及流转动态等信息，转化为实时数据流。再借助边缘计算与云端智能构建的数字孪生体系，实现了供应链可视化。库存实时监控系统不仅打破了传统“黑箱化”的库存管理模式，还通过多维度数据融合分析，为企业进行合理预测，促使库存管理从被动响应转变为主动预测，成为构建弹性供应链的核心基础设施支撑。管理者依靠该系统，能够随时掌握面料库存的动态变化，提前规划采购计划，有效避免因面料短缺造成生产停滞，或是因库存积压导致资金浪费。

以宁波申洲国际的智能仓库为例，进口羊

毛面料在这里接受着数字化管控。嵌于货架的重量传感器能以高精度监测面料余量，一旦库存低于安全阈值，系统便自动向意大利供应商发起补货订单。同时，UWB 定位标签实时更新面料位置，并配合数字孪生平台的三维热力图，仓管员可以直观地看到高频存取区集中在 B2 货架通道。这种精细化的监控成效显著，使得该企业在 2023 年面料损耗率降至 0.35%，相较于行业平均水平低了 72%。

如今，领先企业的物联网部署不再局限于基础数据采集，而是朝着预测性维护方向进阶。如海澜之家在江苏总部仓库部署的振动监测系统，通过分析堆垛机电机谐波特征，能够提前 14 天预警轴承故障，仅在 2022 年就减少非计划停机损失达 2300 万元。这种从“感知现状”到“预判未来”的能力提升，正是智能仓储的核心竞争力所在。

在安踏厦门物流中心，智能仓储的价值不仅体现在内部增效上，还通过开放仓储 API 接口，实现了与经销商库存数据的实时联通，使缺货响应速度提升了 6 倍。此外，智能仓储在绿色化转型方面也成果斐然。例如，李宁清远仓库采用光伏顶棚与智能温控系统的组合，每年节电可达 280 万度。这些企业的实践充分展示了库存实时监控系统及智能仓储在不同维度的强大效能与发展潜力。

（二）柔性的分拣系统

服装柔性分拣系统通过模块化硬件架构的变形重组、深度学习算法的动态决策以及协作机器集群的感知交互，系统能够像水流般自如适应货品规格的波动、订单密度至分拣策略的迁移。

德国弗劳恩霍夫物流研究院的实证研究表明，柔性分拣系统在应对季节性订单峰值时，其单位能耗效率较传统系统提升 47%，而故障响应时间缩短至传统系统的五分之一。重塑了仓库的空间经济学，更在深层次重构着人机协作的边界，让自动导引车 AGV 开始具备环境认知与自主优化能力。

在实际应用中，众多企业借助先进的柔性分拣技术成功应对了仓储挑战。面对 ZARA 每周高达 3000 款新品的仓储难题，犀牛智造推出了创新解决方案。其研发的视觉导引机械臂搭载多光谱成像系统，能够精准识别 15 种面料纹理特征，并配合深度学习算法实现 30 秒快速换型（图 4-14）。在 2023 年双十一期间，该

图4-14
犀牛制造智能仓储AGV搬运作业实景图（图片来源：犀牛制造官网）

系统展现出了强大的分拣能力，单日分拣服装达 18 万件，错误率却仅为 0.005%，有力地支撑了 72 小时极速发货的承诺，显著提升了客户满意度。海澜之家则通过 Flexsim 模拟智能仓储系统，对年分拣 1.2 亿件服装的流程进行了优化，使仓库空间利用率提高了 28%，拣货错误率降至 0.05%，有效提升了仓储运营效率。

“模块化仓储”设计作为柔性分拣系统的重要创新，进一步提升了仓储的灵活性和适应性。该设计通过可移动货架与自主移动机器人 AMR 集群的协同运作，在旺季时仓储容量可弹性扩展 300%。波司登的羽绒服智能仓采用了开创性的“数字吊挂 +AGV”组合方案。当 AMR 将货架运送至工作站时，吊挂系统自动抓取指定款式，并通过 RFID 读取充绒量数据，实现了分拣、质检、包装全流程的无人化操作。这一系统使新品上市周期缩短了 40%，错发率从 1.8% 大幅降至 0.03%，极大地提升了产品质量和上市速度。

在国际市场上，中国企业输出的智能仓储方案正深刻改写行业规则。在越南胡志明市的泰光制衣厂，部署的地狼机器人 + 电子价签系统实现了“货到人”拣选效率 350 件每小时，较传统模式提升了 4 倍。更为关键的是，该系统支持英语、越南语、中文三语切换，充分适应了跨国管理的需求。国产替代加速降低智能化门槛，使中小服装厂得以部署智能仓储，这种“技术出海”的成功案例也充分证明，中国服装制造业的智能仓储实践已具备强大的全球输出价值。

（三）仓储智慧化动态决策

为高效应对动态环境下的库存波动、资源调配及突发性需求。智慧化动态决策技术通过整合物联网、大数据分析、AI 及实时优化算法，实现了仓储资源的多维度协同优化与自适应调整。通过动态预测与实时响应能力，为企业在复杂市场环境中构建韧性供应链提供了重要支撑。

申洲国际的“仓储大脑”系统，无疑是数据整合与智慧化决策在仓储领域成功应用的杰出范例。该系统全面接入了企业的 ERP、MES 等 12 个关键系统，实现了数据的深度融合与共享。在此基础上，运用运筹学算法对存储策略进行精细优化，极具创新性地将月周转率大于 5 次的爆款 T 恤，精准部署在距离打包区仅 15 米内的“黄金三角区”，这一举措显著提升了出库效率，使得单件 T 恤的出库时间大幅缩短了 22 秒。不仅如此，该系统还具备强大的库存管理智能，能够对滞留时间超过 90 天的库存自动启动促销预警机制，在 2022 年成功减少了高达 1.2 亿元的滞销损失。此外，通过机器学习技术对复杂的面料到货波动进行精准预测，并依据预测结果动态调整库位分配策略，使得仓库的空间利用率得到了大幅提升，整整提高了 38%。

安踏体育的智能物流中心，则是虚拟仿真与数字孪生技术在仓储管理中协同应用的典范之作。在项目规划阶段，借助 Plant Simulation 软件建立起高度逼真的虚拟模型，对双十一期间高达 300 万件订单的并发处理能力进行了全面而细致的模拟。通过模拟分析，精准地优化了自动导引车 AGV 的路径规划算法，使得分拣效率得到了显著提升，整整提高了 40%，成功完成了物流流程的静态规划。而在投产后，数字孪生系统与电商平台的数据流实现了实时对接，具备了强大的实时监测与智能决策能力。当监测到某款跑鞋订单数量激增 200% 时，系统会迅速自动触发原材料预警，并及时调整产线排程，将紧急订单的交付周期大幅缩短了 58%，真正实现了物流环节从静态规划到动态优化的跨越。

汉帛国际在杭州工厂实施的“仓储数字孪生”项目同样亮点纷呈。该项目将物理仓库中的 2000 个资产要素完整地镜像至虚拟空间，构建起高度逼真的数字孪生体。借助这一数字孪生系统，能够对各种复杂场景进行模拟分析，例如模拟暴雨导致的物流延迟场景。通过提前 72 小时精准调整发货策略，在 2023 年成功避免了因恶劣天气导致的订单违约（违约金超过 800 万元）损失。这种“先模拟后决策”的创新模式，正以前所未有的力度重塑着仓储风险管理模式，为企业有效应对不确定性提供了全新的思路和方法。

仓储智慧化动态决策技术凭借其在数据整合、虚拟仿真、数字孪生等方面的卓越应用，为企业带来了显著的效益提升和风险管理能力增强。从申洲国际的高效库存管理，到安踏体育的智能物流优化，再到汉帛国际的创新风险管理，这些成功案例充分证明了智慧化动态决策在仓储领域的巨大价值和广阔应用前景。在未来，随着技术的不断进步和市场环境的持续变化，仓储智慧化动态决策技术必将成为企业提升供应链韧性、增强核心竞争力的关键要素。

第四节　数智化服装制造的趋势与挑战

全球服装产业正经历百年未有的模式重构。数智化技术突破物理世界与数字世界的次元壁，推动服装制造业从“经验驱动型手工业”向“数据驱动型智慧产业”蜕变。然而，数智化制造绝非简单的技术堆砌。

一、数智化制造的三重进化路径

典型案例研究表明，真正突破“转型悖论”的企业，往往在三个维度实现深度融合：其一是打造数据穿透的智能感知价值网络，其二是再造动态响应的柔性制造执行终端，其三则是培育人机共生的新型生产文化。

（一）数据穿透重构价值网络

数据穿透正以不可阻挡之势深度重构价值网络，成为行业发展的必然趋向。以报喜鸟为例，它突破传统经验局限，构建起动态升级的工艺知识图谱。借助海量消费者三维人体扫描数据，将“试衣经验”转化为体型特征参数，实现版型自动适配；同时搭建涵盖众多面料力学特性的数据库，运用AI算法预测面料与工艺的适配关系，大幅提升缝制参数调整效率。此外，高精度动作捕捉技术把资深裁缝的核心手法拆解为大量关节运动轨迹，形成可量化的“数字工匠”技能库，新人培训周期大幅缩短。

在生产执行环节，全域数据贯通以前所未有的力度重塑制造精度与效率。激光裁床实时采集数百维参数，结合AI视觉优化裁片路径规划，显著提高面料利用率；缝纫机植入的物联网模块凭借多项工艺指标构建毫秒级监控网络，通过边缘计算实现快速异常预警，大幅降低缝制不良率；视觉检测系统采集海量疵点数据构建多维质量特征关联模型，极大提升工艺缺陷预测准确率，推动质量管理从终检拦截向过程预防转变。

当数据流顺畅穿透设备、工艺与决策各层级，服装制造的价值网络迎来深刻的认知重构。如西服袖笼缝制环节，通过分析大量历史数据，AI模型自主优化相关匹配规则，大幅减少工序耗时；生产线数字孪生体支撑的智能排产系统定期动态重构工单序列，结合实时设备状态数据，显著提升产能利用率。更为关键的是，工艺知识图谱与生产数据流的持续交互，形成“经验数字化－数字知识化－知识再优化”的增强回路，推动企业工艺库核心参数每年实现可观比例的自动迭代，让传统匠艺沉淀为可计算、可追溯、可进化的数字资产。

虚拟仿真与数字孪生技术作为数据穿透的重要技术手段，正全面改写服装制造的各个环节。从ZARA的敏捷供应链，到李维斯的节水；从安踏的智能物流，再到汉帛的物联网突围，这些真实案例充分验证了两种技术结合所带来的巨大商业价值。虽然虚拟仿真与数字孪生常被相提并论，但在技术逻辑与应用场景上存在明显差异，共同构建起从静态规划到动态优化的技术闭环。从技术内核来看，虚拟仿真

制造更侧重离线模拟和假设分析，使用的是历史或假设数据，交互模式为单向参数输入，主要应用于规划期方案验证，技术复杂度在于离散事件建模；而数字孪生强调实时性、数据驱动和双向交互，依靠实时传感器数据流，形成双向数据闭环，应用于运营期实时优化，技术复杂度体现在多物理场耦合建模上。数字孪生可看作是仿真的高阶形态，结合物联网所获得的实时数据与仿真能力，实现更智能的决策。运用数字孪生技术模拟实际工厂制造运行并获取数据，将随机发生的各种状况代入仿真系统，进而寻求更优的解决方案。虚拟仿真与数字孪生技术以互补共生的方式，重塑着产业格局，为服装制造业的数字化转型提供了强大的技术支持。

数据穿透正全方位改写行业规则。传统依赖老师傅经验的版型设计，迅速被参数驱动的智能生成取代，定制化效率大幅提升；固定缝制参数设定升级为多项工艺指标的动态调控，工艺稳定性显著增强；人工抽检缺陷逐渐转变为多维特征模型的预测干预，质量成本大幅下降；工艺更新从月度频率进化为知识图谱的每日数据反哺，工艺创新速度成倍增长。每件服装大量结构化数据的沉淀，正推动制造系统从“经验驱动”的机械执行，加速向“算法驱动”的价值创造中枢进化。各行各业需要清晰认识到，顺应数据穿透重构价值网络这一趋势，才能在未来竞争中抢占先机。

（二）柔性制造再造产业基因

数智制造中的先进技术为实现更高水平的柔性生产提供了有力支撑。柔性生产制造的最终目标不是“更快”，而是“更准”，通过数据穿透力实现资源精准匹配，将行业从“预测偏差惩罚”中解放出来。在制造业的发展进程中，传统制造的刚性流水线，虽曾凭借设定最小批量5000件的大规模生产模式，在过去标准化生产需求旺盛的时代展现出高效性，但如今，其局限性正日益突显，正逐步让位于模块化细胞单元这一新兴生产模式。未来，模块化细胞单元以其独特的优势，将愈发成为制造业生产模式的主流选择。

模块化细胞单元具有高度的灵活性与适应性，它把生产过程拆解为多个既相对独立又紧密协作的小型单元，每个单元都聚焦于特定生产任务或工艺环节。这种模式下，经济批量大幅降低，能够轻松实现经济批量的生产规模，这一特性将极大增强生产系统对小批量、多品种订单的响应能力，从而完美契合市场需求日益多样化与个性化的发展趋势。

一系列先进技术的融合应用将在模块化细胞单元的发展中起到愈发关键的推动作用。未来，数控裁剪将借助智能图像识别与算法，精准识别面料特性，自动优化裁剪路径，大幅减少浪费；印染环节依托大数据与AI，实现色彩精准调配与实时监测修正；缝纫技术进一步升级，设备可智能感知面料变化，自动调整缝纫参数，并具备学习能力以优化工艺；整烫则运用先进传感与控制技术，依据面料特性自动调节温度和压力，还能与生产系统无缝对接。这些技术的协同发展，将全方位提升模块化细胞单元的生产效能与产品质量。

与此同时，视觉系统在生产检测环节的作用也将不断强化。其高速、精准的图像识别与分析能力将持续升级，未来或能实现远超每分钟120件的瑕疵检测速度。通过对生产线上产品的实时图像采集与分析，视觉系统将更快速、准确地识别各类质量问题，如布料瑕疵、缝制缺陷、图案偏差等，并及时发出警报或进行数据记录。这一高效的检测能力不仅能进一步保障产品质量，还将显著提高生产效率，最大程度减少因人工检测可能出现的疏漏和误差。

模块化细胞单元与数智技术结合所具备的超柔性生产能力，将为服装制造行业带来更为深远的变革，有力地推动“大规模定制”与“即时快反”商业模式的全面发展。在“大规模定制”模式下，企业将能更好地满足消费者个性化需求，消费者可依据自身喜好定制服装的款式、颜色、图案等细节。从经济效益层面来看，超柔性生产能力将使企业与市场需求的匹配度达到更高水平，大幅减少库存积压，进而显著提升库存周转率。

（三）人机协同催生新生产文明

未来，人机共生将贯穿于先进的工艺架构与技术支撑体系的各个环节。精准高效的数控

裁剪，离不开工艺师对特殊面料处理方面的指导，以及设备的高精度执行；在机器人与算法协同的智能缝纫中，机器人承担标准化任务，工艺师则将处理复杂工艺的丰富经验转化为各项动作要求；在科学化参数控制的智能整烫环节，整烫设备依据数字化信息精准操作，整烫师则对造型和褶皱进行合理地表述；在可持续的数字印染领域，数字技术实现精准控制，而色彩参数则需要印染师傅提出。不仅如此，在数智化制造辅助系统中，工程师负责规划运维，智能系统进行监测分析数据；在智能排产与调度技术上，算法生成计划，管理者结合生产情况和经验进行调整；在智能检测技术里，设备快速检测，质量工程师判断缺陷并决策改进方案；在仓储管理技术中，自动化设备作业，管理者进行统筹协调。这种交互方式将加速从“物理协作”向深度“认知耦合”的全面转变，实现知识与经验的全方位共享，让工人深度融入生产决策的各个环节，从单纯的执行者转变为具备创造性思维的核心参与者。

在技术呈指数级发展的趋势下，于拥抱技术变革的同时，需时刻保持清醒的认知。尽管技术前景广阔，但应用过程并非毫无风险。正如某企业因过度依赖排产算法而忽视人类创造力，导致高端定制订单受损。未来在大力推进智能制造的进程中，寻求技术精确性与人类创造性之间的平衡至关重要。

保留人工干预权，将成为未来智能制造的重要原则，这并非对技术的否定，而是对人类独特价值的高度尊重与认可。理想的协同模式并非简单的分工协作，而是一种动态角色切换机制的深度体现，在整个生产流程中，智能算法模型也凭借不断进化的数据处理与分析能力，能精准地实时计算在各种复杂状态下的多种关键数据并控制人工干预率稳定在 15%-20% 这一黄金区间。在此区间内，既能充分释放人类工匠的创造力与工艺经验，保留产品独有的工艺温度，又能借助智能算法模型的高效运算与精准控制，实现创造力、经验与智能技术精准高效的深度融合。

理想的智能制造模式必将是算法精确性与人类创造力的完美共融体。在这个共融的生态系统中，系统将高效处理大部分常规决策，依靠算法的高效性和准确性确保生产流程的流畅无阻；而人类则专注于一定程度的战略创新，凭借敏锐的洞察力、创造力和判断力，为企业的长远发展指明战略方向并注入创新动力。只有实现这种有机结合，才能构建真正可持续的服装柔性制造生态，推动制造业向着更高水平的生产文明不断迈进。

二、转型深水区的突围之道

（一）技术整合的蝴蝶效应

在服装制造行业迈向智能化的关键转型进程中，技术整合无疑成为驱动产业升级的核心引擎，其蕴含的潜在影响力正如同“蝴蝶效应”一般，以细微的技术变革引发整个产业生态的连锁反应。

从生产排产优化的专业维度审视，智能优化算法凭借其独特的技术优势，在服装制造的复杂排产场景中脱颖而出。面对多变量交织的复杂排产问题，智能优化算法基于先进的计算原理，能够实现相较于传统排产算法千倍的运算速度提升。在实际生产调度中，该算法可以在极短的时间跨度内，全面综合原材料供应的动态变化、设备产能的实时状态以及交货期限的严格要求等多元约束条件，运用精密的数学模型和优化策略，生成高度精准且高效的生产排产计划。这一技术革新极大地增强了生产调度的灵活性与响应速度，使服装制造企业能够更为从容地应对多样化、个性化的订单需求，为企业在激烈的市场竞争中赢得了宝贵的时间与资源优势。

在设计与生产的衔接环节，GPT-4 与 Deep

seek多模态引擎的创新性应用，为服装制造行业开辟了一条前所未有的技术路径。这一先进的多模态引擎具备强大的信息处理能力，能够对设计草图中色彩的搭配、线条的勾勒以及图案的构成等视觉元素进行高精度解析。通过与内置的专业服装工艺知识库深度融合，引擎能够依据解析结果自动生成精准的工艺路线，实现从设计创意到生产指令的无缝过渡。这一技术突破彻底打破了传统模式下设计与生产之间存在的信息壁垒，有效减少了人工解读和转换过程中不可避免的误差与时间成本损耗，显著加速了服装产品从创意构思到市场投放的整个研发上市周期，有力推动了服装制造行业的数字化创新发展。

然而，服装制造行业的数智化转型并非简单的技术堆砌与叠加，而是一个复杂的系统工程。在技术整合与应用的实践过程中，企业面临着诸多难点与挑战。以某企业为例，在追求生产效率最大化的过程中，过度依赖先进算法进行订单分配与生产调度，而忽视了高端订单对于品质和工艺的严苛要求。尽管在算法层面实现了生产效率的显著提升，但由于未能充分考量产品质量、客户满意度等关键因素，最终导致该企业损失了5%的高端订单市场份额。这一案例深刻揭示了在技术应用过程中建立科学合理的算法决策“熔断机制”的紧迫性与必要性。该机制应基于多维度的综合考量，涵盖生产效率、产品质量、客户需求以及企业战略目标等关键要素。当算法决策可能对产品品质或客户满意度产生潜在负面影响时，能够迅速触发有效的干预措施，确保技术应用始终与企业的整体战略目标保持一致，实现技术与业务的深度融合与协同发展。

此外，生物启发式机器人作为新兴技术领域的前沿探索成果，为服装制造行业带来了全新的破局思路与发展机遇。以章鱼触手仿生夹具为例，其设计理念源自章鱼触手独特的柔软灵活结构与强大的抓握能力。通过运用特殊的材料科学与先进的柔性驱动技术，该夹具能够实现对多达32种不同面料的零损伤抓取操作。在服装生产过程中，面料的敏感性和易损性一直是制约自动化生产精度与品质提升的关键瓶颈问题。而章鱼触手仿生夹具的出现，为这一长期存在的行业难题提供了创新性的解决方案，为服装生产的精细化操作和高质量发展打开了新的技术窗口。这一技术突破有望推动服装制造行业向更高水平的自动化与智能化方向迈进，引领行业在技术创新与产业升级的道路上实现新的跨越。

服装制造行业的数智化转型是一个机遇与挑战并存的过程。技术整合带来的“蝴蝶效应”不仅为行业发展注入了强大的动力，也对企业的技术应用能力和管理水平提出了更高的要求。只有充分认识并妥善应对技术转型过程中的难点与挑战，建立科学合理的技术应用与管理机制，才能实现服装制造行业的可持续发展与全面升级。

（二）成本困局的破解方程式

在服装数智化制造的进程中，成本问题如同横亘在企业前行道路上的巨石，严重制约着企业的发展。智能设备与系统虽具备先进的功能，能为服装制造带来生产效率提升、产品质量优化等诸多优势，然而其投资回报率周期漫长，使得企业在资金周转和成本控制上面临巨大压力。尤其是对于众多中小企业而言，有限的资金难以支撑大规模的设备和系统投入，成本困局成为阻碍其数智化转型的关键难题。

共享制造平台以其创新的模式和强大的资源整合能力，为破解这一困局提供了有效的途径。在服装生产设备领域，共享制造平台的设备租赁模式发挥着举足轻重的作用。以服装吊挂系统为例，浙江衣拿智能科技股份有限公司作为行业内的佼佼者，其研发的9A系列人工智

能吊挂系统，融合了智能决策、智能调度等先进技术，能够实现服装生产的柔性化和智能化。对于中小企业来说，购置这样一套先进的吊挂系统往往需要投入大量资金，而通过共享制造平台租赁衣拿的智能吊挂系统，企业不仅能够以较低的成本引入先进设备，提升生产自动化水平，还能避免设备闲置带来的资源浪费。据实际案例统计，采用租赁模式后，企业在设备购置方面的初始投资成本可降低 70% 以上，大大减轻了资金压力。

除了服装吊挂系统，像电脑裁床、缝纫设备等其他关键生产设备也可通过共享制造平台进行租赁。在阿里巴巴等电商平台上，众多商家提供电脑裁床出租业务，如深圳市深奥瑞科技有限公司的全自动电脑裁床，具备高精度裁剪和高效生产的特点。企业租赁这些设备，能够根据自身生产需求灵活调整设备使用时间和数量，避免了设备购置后因生产任务波动导致的闲置浪费，进一步降低了成本。

在云服务方面，共享制造平台同样展现出巨大的成本优势。衣拿智能不仅在智能吊挂系统领域成绩斐然，还拥有自己的制造执行系统和企业资源计划子公司，并与 SAP、甲骨文等第三方软件供应商深度合作，实现了数据实时云端互联和全厂贯通。对于服装企业来说，构建一套完整的数字化管理系统，包括生产管理、供应链协同、设计研发等多个环节，不仅需要投入大量的资金用于软件研发或购买，还需要专业的技术团队进行维护和更新。而通过共享制造平台租赁云服务，企业只需按需支付使用费用，即可获得衣拿智能等平台提供的先进数字化管理功能，如实时生产数据监控、供应链信息共享、设计资源协同等。这种方式不仅降低了软件使用成本，还减少了企业在技术研发和维护方面的投入，提高了企业的灵活性和响应速度。

此外，犀牛智造作为阿里巴巴旗下的新制造平台，凭借其强大的技术研发实力，开发了一套由五大自研应用 SaaS 构成的云原生工业软件集合并提供云服务。其中，需求大脑模块，对应传统的客户关系管理与商业智能功能，以数据驱动的方式构建了涵盖趋势洞察、设计选款、快速翻单等环节的全链路决策机制，能够精准洞察市场需求，帮助服装商家科学解决“卖什么、卖多少、什么时间卖”的关键决策问题；数智化工艺模块，对应传统的计算机辅助技术与产品生命周期管理功能，基于云端的工艺图谱，能够快速高效地处理客户需求、推理设计意图、推荐设计选项，并沉淀实操经验，实现了工艺信息在全链路的透明化和多部门的共享，有效解决了小批量个性化设计中的效率问题；全链路统筹计划模块，对应传统的 APS 功能，其“全链路计划运筹平台”从产能调度、物料调度和敏捷排产三个维度出发，成功解决了在需求个性化、高频次、小批量的市场趋势下计划变更频繁的挑战；集群式供应网络模块，对应传统的 ERP 与 WMS 功能，能够有效解决因剧烈的需求波动而导致的资产利用不平衡问题；柔性制造系统模块，对应传统的 MES 功能，与其他应用模块深度集成，确保了全链路每一次运营动作都能获取精准及时的数据，并运用行业内先进的机理模型完成优化决策。

与此同时，市场上还存在着众多专业的服装云服务提供商，它们为企业提供了包括服装设计云平台、生产管理云系统等在内的多样化云服务产品。这些云服务能够全面助力企业实现设计、生产、采购、销售、库存等各个环节的数智化管理，显著提升企业的整体运营效率。企业通过租赁这些云服务，不仅避免了自行建设和维护数智化系统所带来的高额成本，还能够享受到专业的技术支持团队提供的及时服务以及系统的定期更新升级，进一步降低了企业的综合运营成本。

共享制造平台凭借设备租赁、云服务租赁、资源共享和协同生产等多元化的运营模式，为服装企业提供了全方位、系统性的成本困局解决方案。通过这些创新模式，企业能够有效地降低初始投资成本、软件使用成本、供应链成本以及管理成本，实现降本增效的战略目标。在当前服装行业数智化制造的时代浪潮中，共享制造平台无疑将成为企业突破成本困境、实现可持续发展的核心驱动力，助力企业在激烈的市场竞争中占据优势地位，实现长远发展。

（三）组织基因的数字化突变

在当今服装生产制造行业，传统的金字塔式组织架构，由于其层级森严、决策流程冗长的特性，在应对快速变化的市场环境与日益繁杂的业务需求时，短板愈发凸显，尤其是在灵活性与响应速度方面存在明显不足。在这样的大背景下，一种更具前瞻性的组织形态，即基于“数字神经节点”的架构应运而生，正逐步重塑并解构传统的组织模式，为服装生产制造企业带来新的发展契机。

以全球快时尚行业的领军品牌 ZARA 为例，其在组织架构创新方面走在了行业前列。ZARA 创新性地组建了敏捷小组，作为践行“数字神经节点”组织理念的核心单元。在这一先进的组织体系中，数字看板发挥着关键作用，成为实现高效协作的核心工具。依托先进的信息技术，数字看板能够实时且精准地呈现涵盖服装生产制造全流程的各类业务数据，如设计环节的进度、生产流程中的具体参数、库存的实时动态变化，以及市场端对于产品的反馈信息等。借助这一可视化程度极高的平台，分布在全球不同时区的团队成员能够实现全天候的信息同步与共享，彻底打破了时间与空间的限制，真正实现了跨时区的无缝协作。无论是位于欧洲的创意设计团队，还是亚洲的高效生产基地，都能够基于同一数据源进行实时沟通与科学决策，极大地提升了工作效率与协同效果，使服装生产制造的各个环节能够紧密衔接，高效运转。

在服装生产制造过程中，生产管理人员与算法工程师之间由于专业领域的差异，曾面临着显著的沟通障碍与协作难题。生产管理人员主要从服装生产的实际操作层面出发，对整个生产制造流程进行统筹规划与协调；而算法工程师则侧重于运用数据挖掘与先进技术手段，对生产流程进行优化，并精准预测市场需求。二者在知识结构与思维方式上的差异，导致以往在工作中常常出现沟通不畅的情况。而如今，数智技术的应用有效弥合了这一认知鸿沟。数智技术通过将虚拟的数字信息与现实的生产场景深度融合，为双方搭建了一个直观、交互式的沟通环境。例如，生产管理人员可以借助增强现实技术或数字孪生技术，将生产流程的优化理念以三维可视化的形式呈现给算法工程师，使算法工程师能够更清晰、更深入地理解生产管理人员的意图；算法工程师则能够通过数智平台，实时展示基于大数据分析得出的结果以及具体的技术实现方案，帮助生产管理人员更好地把握技术的可行性与市场的发展趋势。这种深度的协同互动，不仅促进了跨专业领域的知识交流与融合，更为服装生产制造企业的组织创新与流程优化奠定了坚实的基础。

这种组织形态的进化，催生了对新型能力组合人才的迫切需求，“双螺旋人才”应运而生。所谓“双螺旋人才”，是指既精通服装工程领域的专业知识，包括面料特性、裁剪工艺、服装版型设计等，又熟练掌握数据算法相关技能，如数据分析、机器学习算法应用等的复合型人才。他们能够在设计、生产、销售等各个环节，凭借跨领域的知识与技能，将艺术创意与技术创新有机结合，为企业创造独特的竞争优势。在当前数智化竞争激烈的服装市场环境下，“双螺旋人才”正逐渐成为行业竞相争夺的核心资源。

第 5 章

数智化服装营销

数智营销是凭借互联网、计算机技术和数字化交互媒体来达成营销目标的一种市场营销方式。数智营销利用先进的信息网络技术，能够以高效率、低成本的方式，实现新市场开拓和新消费者挖掘的目标。数智营销的基础是明确的数据库对象，通过数字化多媒体渠道应用，帮助企业实现营销精准化、信息数据化、效果可量化的高层次的市场营销活动。数智营销用“技术＋数据”的双轮驱动，对人们熟知的传统营销进行在线化、智能化改造，进一步说就是帮助企业构建与消费者全渠道触达、实现与消费者精准互动和达成交易的数智化营销平台。

第一节 服装数智化营销体系

数智营销本质是借助大数据与计算机算法，整合营销资源，凭借实时数据进行跟踪，使营销由粗放式向集约式发展；依靠数据中台的强大连接力，促成营销渠道从单一向多元发展；营销内容的策划和投放策略依靠数据算法进行预测，从之前的经验决策转变为智能决策，进而帮助企业更加高效和充分地运用营销资源，提高营销的投入产出比，实现业绩和利润增长。数智营销十分重视企业对新技术的运用和基于互联网业务的逻辑分析、决策能力，赋予了营销组合崭新的内涵，也成为数智经济时代下企业十分流行的营销方式。

一、服装数智化营销渠道

20 世纪 90 年代，随着亚马逊等大型电子商务平台的成立，电商时代掀开序幕。移动网络、社会化互联网快速发展，为企业开辟了在线上触达消费者的新路径，创造了良好的营销机会。任何能够触达消费者的渠道都成为了数智营销的路径。以国内为例，从网站、电子邮件、短信等基础数智渠道，到淘宝、京东、拼多多等电商渠道，再到微信、微博、抖音、小红书等社交媒体渠道，数智营销已经全方位地覆盖了消费者的日常生活。品牌需要通过分析各个平台的用户特点和需求，制定相应的营销策略，实现多渠道覆盖与消费者有效触达。

（一）社交媒体营销渠道

社交媒体营销是利用社会化网络、在线社区、博客、百科或者其他互联网协作平台来传播和发布资讯，从而形成营销、销售、公共关系处理和客户关系维护与开拓的一种方式。在数智时代，每个消费者都具有传播属性，他们通过各大社交媒体进行围观与传播，社交媒体也成为了他们关注品牌最新动向的平台。消费者会被动获取或主动搜索品牌的各类信息，从而建立起对品牌产品的认知。同时，社交媒体成为品牌方与消费者之间沟通的渠道，消费者不仅是营销信息的接收者，也是反馈信息的提供者。通过与消费者进行良好的互动，品牌方不仅能够提升其目标用户的忠诚度，而且可以及时地对其产品及营销策略进行优化。

服装品牌布局社交媒体营销是时代趋势。我国互联网和社交媒体的覆盖率高，是消费者（尤其是年轻群体）获取信息的主要渠道。社交媒体网络上活跃的群体以精通数智科技、勇于接受新事物的年轻人为主。经由社交媒体建立的客户群体基数大、黏性高、购买力强，因此，服装品牌社交媒体营销的关键任务是将社交媒体用户转化为品牌粉丝并实现购买转化。

数智化变革孕育出的一批杰出科技企业，构建了多个功能完备、用户基数庞大的社交平台。如微信、微博、抖音、小红书、哔哩哔哩和快手等社交平台（图 5-1），其营销能力已经被充分开发。以抖音为例，它将短视频与直播完美结合，依靠丰富的信息承载量、巨大的流量以及强大的变现能力，成为当下网络上炙手可热的社交媒体营销渠道。而社交媒体平台所提供的实时且精准的数据，使品牌能够更准确地投放广告，增强内容的相关性和时效性，实现数据导向的营销策略和深入分析，从而提升整体营销效率。

依托上述这些平台，众多服装品牌开始积极运用社交媒体开展多元化的营销活动，以更亲和、主动、友好的方式与消费者建立联系。例如为了打造人格化品牌，品牌以“朋友”或“家人”的角色接触用户，询问网友意见、回复网友评论、节日问候祝福、赠送粉丝礼物、分享穿搭技巧和时尚趋势等高互动传播行为经常在服装品牌社交媒体上发生。与此同时，在社交媒体内，具有独特时尚风格和内容特质的关键意见领袖（key opinion leader，简称 KOL）具有很高的影响力，时尚博主、美妆达人、偶像艺人等 KOL 推动了“分享－种草－互动”的服装营销方式的发展，也成为品牌营销的重要合作伙伴。

更进一步地，利用社交媒体引流建立私域社群也是社交媒体营销的一个重要部分。当品牌的目标客群进入私域，品牌就可以与他们直接建立联系，进行有效的深度沟通和服务，而无需为每一次的广告曝光付费，从而实现营销内容低成本精准送达和流量高效转化。私域用户具有高黏性和高复购率的特点。例如在微信生态系统中，品牌的公众号、视频号、朋友圈、小程序、企业微信，以及粉丝群等，都是品牌私域流量的承载体。

在强大营销能力的基础上，开发了电商功能的社交平台具有发现式购买、场景丰富、去中心化、用户黏性高、传播广泛快速等特点，极大提升了品牌宣传效率。例如背靠抖音平台的天然流量，各大服装品牌除了做好具有吸引力的内容，纷纷在抖音开设店铺。通过短视频、橱窗、直播间等为抖音小店带来流量，从而实现交易转化。

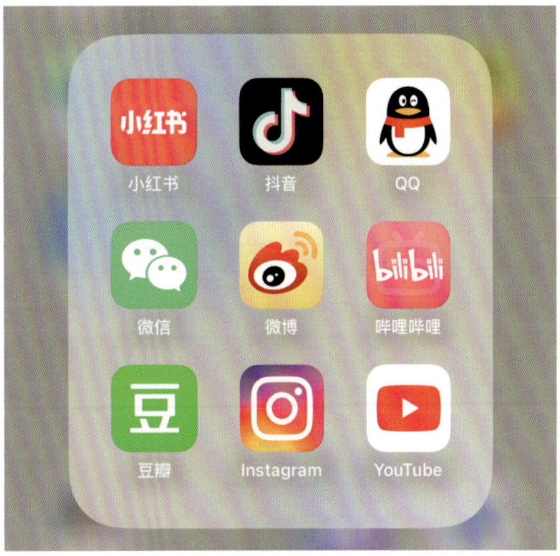

图 5-1
社交媒体软件

（二）直播营销渠道

服装电商直播营销是近年来在中国乃至全球范围内迅速兴起的一种新型营销方式（图 5-2）。它结合了直播技术和电子商务的特点，允许商家通过实时视频流的方式直接与消费者互动，从而促进商品销售。电商网络直播的互动性转变了传统电商平台的单向信息流模式，赋予了消费者和服装品牌之间双向沟通的能力。在服装品牌直播过程中，观众可以通过弹幕、评论或点赞等形式，及时反馈自己对服装款式、造型等方面的感受、疑问以及需求，而服装品

图 5-2
服装电商直播

牌主播或商家能即刻回应这些反馈以及解答疑问，甚至在必要时调整服装产品的直播策略或促销方案。这种实时互动不仅提高了观众的参与感和满意度，亦有效提升了产品下单购买的转化率和用户黏性。除此之外，通过直播展示商品，可以更直观地展现商品细节和穿着效果，增加消费者的信任度和购买欲望。

对于服装商品，消费者非常看重实物的质量及上身效果，视频媒介能够为其提供良好的视觉展示效果，让消费者直观地看到服装的款式、颜色、材质以及穿搭效果。在直播中，专业的商品介绍、模特上身展示、个性化尺码推荐等服务，能够给予消费者真实直观的信息；创意化直播场景、情景式直播内容、互动式直播介绍，则给消费者带来新鲜感和参与感。

主播的打造或选择、营销话术与工具的运用是直播营销成败的关键。头部主播拥有大量粉丝，能形成流量聚集效应，提高品牌的曝光度；尾部主播则专注于细分领域，可以依靠粉丝黏性达成高转化率。通过传递圈层化、差异化的理念迎合观众，直播可以精准满足目标用户的情感需求；加上红包、优惠券、抽奖、秒杀等多种工具的组合应用，直播间的福利氛围能够迅速激发消费者的购买热情。系统化的直播营销策略不仅打开了品牌电商营销的新增长空间，更在品牌价值传递与用户关系维护之间建立起良性循环，高效地为服装品牌发展赋能。

在当下的市场环境中，品牌营销逐渐从线下渗透到线上，数智化已成为服装服饰品牌营销的大势所趋。事实也表明，线上线下一体化经营模式不断被认可，直播带货、私域运营等营销手段也成为当下最快捷的推广路径。品牌也需要对用户做更精细化地管理，洞察用户个性化的诉求，提升整体的品牌体验，获得品牌的长足增长。

（三）电商平台自营渠道

随着数智化技术的深度渗透，服装行业营销模式正经历从“渠道为王”向“用户主权”的转型。在这一背景下，电商平台自营渠道（Direct-to-Consumer，简称 DTC）凭借其技术驱动、数据驱动和品牌主导的核心优势，成为服装企业数智化转型的战略重心。DTC 模式通过自建官网、APP、小程序等数智化平台，直接连接消费者与品牌，实现从产品设计、生产到营销服务的全链路闭环管理。

DTC 模式的技术架构围绕“数据 - 决策 - 体验”的闭环展开。在前端交互层面，智能推荐系统基于用户画像（如消费能力、风格偏好）实现个性化商品推送；虚拟试衣技术则能根据用户上传的身材数据和个人照片生成试穿效果，丰富了用户的线上购物体验，并降低了退货率。中台数据系统通过整合客户关系管理（CRM）系统与客户数据平台（Customer Data Platform，简称 CDP），构建用户标签体系，支撑供应链快速响应。以快时尚品牌 SHEIN 为例，其通过抓取社交媒体热搜数据预测流行趋势，采用“小单快反”柔性生产模式，从设计到上架周期缩短至 7 天，日均上新达 3000 款。后端服务则依托自然语言处理（NLP）技术实现智能客服自动化应答，同时通过企业微信、社群等私域运营工具分层触达用户，建立私域客群。

市场实践中，DTC 模式已催生多个标杆案例。例如，优衣库的 DTC 战略以“无缝购物体验”为核心，技术架构覆盖全链路数智化场景（图 5-3）。通过“线上下单、门店自提”服务，消费者可在 APP 实时查询附近门店商品库存与试穿预约状态。同时，优衣库构建了全球统一的 ID 识别系统，会员在官网、APP、线下门店的消费行为均被纳入数据分析池，通过 RFM 模型（Recency，Frequency，Monetary，即最近购买时间、消费频率、消费金额）划分用户等级，定向推送差异化权益。基于 DTC 渠道的实时销售数据，优衣库采用“周单位生产调整机制”，供应链能够快速反应、及时补货。

图5-3 优衣库的DTC渠道布局

尽管DTC模式优势显著，其落地仍面临多重挑战。首先，自建IT系统与物流网络需重资本投入，初创品牌可借助云服务（如阿里云、亚马逊AWS）降低基础设施成本，或与第三方物流合作缓解压力。其次，脱离天猫、京东等公域平台后，独立流量获取成为难题，品牌需通过社交媒体KOL种草内容引流，例如在小红书笔记中嵌入官网链接，或与KOL分佣合作扩大传播。此外，全球数据隐私法规（如欧盟《通用数据保护条例》、中国《中华人民共和国个人信息保护法》）对用户数据使用提出严格要求，品牌需部署区块链技术加密敏感信息，并建立用户授权机制（如“一键授权”数据使用权限）规避法律风险。

二、服装数智化营销内容

内容营销依托于数智技术，强调品牌对内容的创作和发布。数智化技术支持多种形式的内容呈现，包括文本、图片、音频、视频等。内容营销的核心是内容为王，品牌方是信息的创作者，消费者是信息的接收者，品牌创作的内容需同时具备广告、娱乐和社交互动的功能，打造品牌创新、活力、年轻并具备文化内涵的形象。成功的内容营销不仅关乎内容创作，消费者洞察、内容优化与发布渠道选择等也会对内容营销的效果产生重要影响。

（一）互动性内容打造

品牌的内容创作可看作是品牌在向内容受众叙述一个独特的故事。品牌更倾向于采用互动参与、讲故事、对话的叙事形式，在传达内容时不再是单向冰冷地传达产品信息，而是注重内容对受众的价值感与温暖感，通过有趣、有用、启发性的内容建立品牌与受众之间的连接和信任。在数媒时代，内容创作日益多元化，创意性不断提升——跨界联名、开箱视频、小红书种草、KOL探店、日常场景穿搭（Outfit Of the Day，简称OOTD）等兼具趣味性与互动性的内容吸引了大量年轻用户的注意力，取得了良好的营销效果。

例如，在2024年巴黎奥运会期间，用户在抖音搜索“奥运会”“运动员”“金牌榜”等相关内容时，会弹出品牌冠名的特效内容。如搜索“中国女排”时，屏幕上会弹出“你行的”阿迪达斯品牌特效（图5-4）；用户浏览品牌推广视频点赞后，全屏展示品牌专属助威特效，

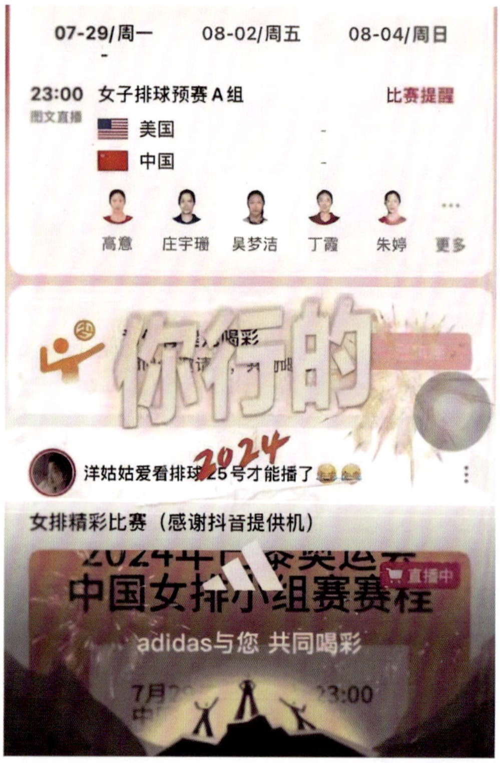

图 5-4
阿迪达斯“你行的”品牌特效

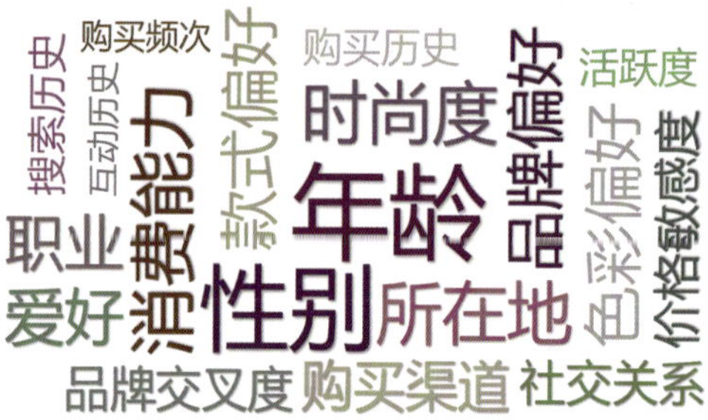

图5-5
个性化用户标签

创新样式与品牌内容进行强关联，以超强视觉冲击力俘获用户芳心，加深品牌记忆。在赛事期间如果用户热情分享相关视频，则可以获得“品牌好礼激励＋展示冠军合影”，借助社交裂变，品牌强势输出品牌形象，不断扩大品牌知名度。

（二）个性化内容生成

量身定制的内容更容易引起消费者注意以及阅读欲望、与他人讨论的可能性，并让人认为这些信息都是与他们相关的。为了实现个性化内容的生成与传递，品牌首先利用大数据技术、文本挖掘、情感分析等智能分析技术进行精准的消费者洞察，挖掘客户的兴趣点，捕捉市场变化；然后利用内容生成等技术创作优质内容；最后定向为用户推荐其最有可能浏览的广告及服装商品，以实现广告投放效益的最大化。

在内容呈现形式上，品牌选用适配不同用户的内容表达方式。如安踏“kai1”及“GH5”两款球鞋上市时，品牌在公众号平台投放新品科技及材料图文深度解读，抢占用户心智；在视频号则展示新品款式配色和穿着演绎，抓取用户眼球。双模式种草，实现不同圈层用户触达。在KOL选择上，品牌精选与目标产品受众重合的达人进行差异化内容输出，让不同圈层的用户了解产品，实现“人群种草”。

品牌个性化内容生成有赖于对用户的画像定位。根据人们的年龄、性别、行为习惯、兴趣爱好可以将人们分为不同的圈层，品牌则可以利用这些标签对用户进行画像（图5-5）。品牌只有在精准把握目标受众的需求与偏好，才能更好地完成品牌内容营销的高效触达。例如，抖音旗下的综合数智化营销服务平台巨量引擎，针对用户的服饰类目标签中，仅户外类目就细分为“户外实用党”“户外新势力”“户外兴趣党”“户外潮玩家”，精细的颗粒度匹配了人们的差异化需求。根据用户的反馈和数据分析的持续进行，个性化内容营销策略也将跟随进行持续优化和调整。品牌不断改进个性化生成内容，用户体验和品牌内容传播效果也不断提升。

（三）元宇宙内容赋能

在数智化场景下流通的产品形式丰富多样，既有实体的服装服饰产品，也有元宇宙社交空间中的虚拟时尚产品。虚拟时尚产品与其说是产品，其发挥的作用更像一种内容，通过新概念的传播吸引消费者的关注。虚拟产品的推广

图 5-6
李宁 - 和平精英联名项目“不思议购物公园”

还可以提高实体产品的曝光度，消费者在元宇宙中试穿、购买鞋服，在“绕过供应链管理而直接向用户的虚拟形象销售产品（Direct-to-Avatar，简称 D2A）”的新商业模式下体验消费乐趣，享受个性消费，成为一种新兴风向。

耐克、阿迪达斯等运动品牌已在元宇宙中开设了虚拟商店，2023 年，中国李宁也与《和平精英》合作，在游戏的开放世界“不思议购物公园”中推出“看 + 玩 + 买”的组合（图 5-6），线上丰富了玩家们“第二人生”的体验，继而其所展出的“数智新品大赏”也广泛吸引了消费者的注意力（图 5-7）。虚拟产品通过新概念的传播吸引消费者的关注，同时提高实体产品的曝光度，为品牌提供了更广大的营销空间。虚拟身份、数智世界、体验价值，为品牌的内容营销赋能，用户通过品牌虚拟服饰在虚拟世界中体验搭配、购买、展示与交流，不仅加强了用户与品牌之间的情感连接，更使用户和品牌在去中心化的平台上实现更有利的互动，有助于品牌收集用户反馈数据，洞察消费心理。

数智化的场域下，丰富的内容生产方式为品牌营销的内容和信息增加了趣味性、互动性与创造性，数智时代内容创作技术不断升级，内容的深度和广度螺旋上升。服装内容营销策略始终以用户为中心，秉持“内容为王”的核心思想，深入用户心理，顺应时代变化为用户打造全新体验。

三、服装智能销售

随着消费者需求的多样化，消费者不仅关注产品本身的质量和价格，还重视购物过程中的便捷性和体验感。服装智能销售体系结合物联网智能硬件、云计算、移动终端等先进技术，全面数据驱动定制产出、缩短渠道、柔性供应、

图 5-7
李宁 - 和平精英联名项目“数字新品大赏”

敏捷服务和集成布局，以业务和管理的全过程数智化为核心，为分析和获取营销数据提供有效帮助，更加准确地掌握人们的消费喜好、消费习惯，从而持续为客户提供优质体验。与此同时，传统销售中存在的库存管理低效、供应链灵敏度不足、门店数据缺失等问题也能通过智能销售体系一站式解决。

（一）智能销售预测

智能销售预测的本质是通过整合多源异构数据，利用机器学习、深度学习等算法构建动态预测模型，对市场需求、产品销量及库存周转等关键指标进行前瞻性量化分析。在服装行业中，由于产品生命周期短、季节性强、潮流敏感度高，传统经验驱动的预测模式常因信息滞后或主观偏差导致库存积压或断货风险。智能销售预测通过数据驱动的客观分析，能够精准捕捉消费者偏好迁移、市场趋势波动及竞争环境变化，为企业提供从“设计－生产－销售”全链路的科学决策支持，显著降低试错成本，提升供应链敏捷性。

智能销售预测系统的基本工作逻辑是根据业务场景和销售特征，选择数据输入、处理方法和算法模型，从而进行销售预测（图5-8）。可以输入的数据包括“订单数据”“销售目标数据”“新品计划数据”“促销计划数据”“商品价格数据”“日历数据”等，通过数据清洗，实现促销还原、缺货填补、大单过滤等，然后使用预测参数训练和预测算法训练模型，建立一个持续自学习的预测引擎，输出预测结果，并结构化、多维度地做出预测效果分析。

智能销售预测在服装行业的应用贯穿产业链核心环节，通过场景化落地驱动业务效能升级。在需求端，系统基于区域化销售模型与外部环境数据（如气候特征、文化节庆），动态优化分仓备货策略。例如，针对北方冬季羽绒服需求，结合历史销售规律与实时气象变化，生成精准采购方案以平衡供需矛盾。产品生命周期管理中，算法通过追踪新品销量衰减曲线、竞品动态及社交媒体话题热度，识别潜在爆款并预警滞销风险，助力企业快速调整生产节奏与营销资源配比。更深层的价值在于，预测系统与设计端形成闭环反馈——通过解析消费者对款式细节的点击偏好、退货原因（如版型设计缺陷）等行为数据，反向输出设计优化建议，指导版师调整廓形参数或面料选择。

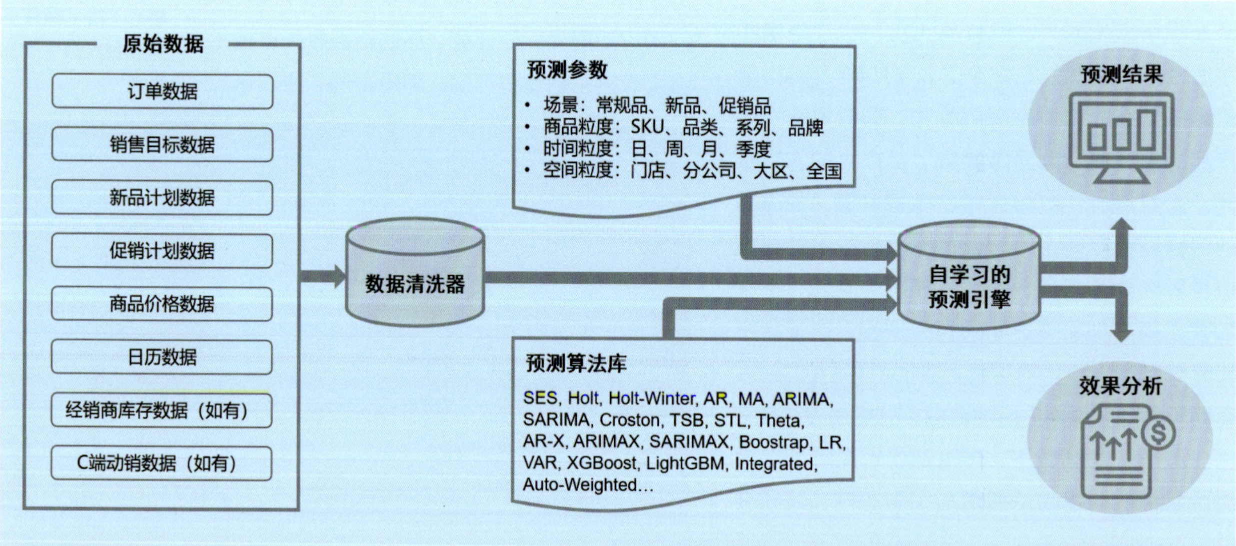

图 5-8
智能销售预测系统

图5-9
智能客户管理概念图

（二）智能客户管理

智能客户管理（Intelligent Customer Management，简称 ICM）正通过技术重构“人－货－场”的交互逻辑（图 5-9）。它并非单一工具的革新，而是以数据为纽带、算法为驱动，将客户全生命周期转化为可量化、可预测、可干预的动态链路。从用户首次触达时的意图捕捉，到需求转化中的深度对话，再到长期关系维护的价值共创，智能客户管理通过实时感知行为信号、解析需求本质并动态适配服务策略，逐步消解传统商业中“盲人摸象”的决策困境。这一体系既是对消费者主权崛起的响应，也是企业从流量争夺转向“客户价值深度运营”的必经之路——其核心在于将冰冷的数智轨迹转化为有温度的商业洞察，让技术真正服务于“以人为中心”的增长逻辑。

客户吸引阶段：消费者通过 PC 网站、小程序、APP 等平台浏览并搜索感兴趣的服装产品时，网页或 APP 界面就会弹出相关服饰，消费者可以结合宣传页上的服装图片，选择自己感兴趣的产品，点击进去查看详情，浏览服装的面料、工艺、材质等信息，如果觉得不感兴趣，则退出网页浏览其他服装。消费者的这些操作行为都处在大数据的监控之下，系统自动采集访客的 IP、页面访问路径、停留时间、跳出率等数据。企业在海量数据中分析客户行为、寻找潜在客户、挖掘客户规律，为决策提供依据，分析潜在消费者的需求意向，通过个性化推荐系统对消费者精准投放产品，深化采购意向。

客户交流阶段：大语言模型的出现提升了人工智能完成对话和提问等任务的能力，该类对话系统在智能客服、数智导购等领域有着广泛的应用。基于长短期记忆的能力，大模型还能够维护客户多轮对话上下文、跟踪对话状态以及生成对话策略等，从而以更符合人类行为模式的方式解决客户诉求。智能客户服务工具重视消费者的购买过程和反馈，加强消费者预购阶段的沟通工作，为客户提供全程式、顾问式、智能高效、准确及时的客户服务，最大限度地挖掘和满足客户需求，提升店铺转化率与复购率。此外，客户参与式定制体系使客户可以线上参与产品开发过程中的一个或多个环节，如款式设计、面料选择、虚拟试衣等环节，提升了定制产品设计的客户参与度，提高了客户体验及其对品牌的忠诚度。

客户维护阶段：客户关系管理系统（customer

relationship management，简称CRM）旨在建立企业与客户间的持续信任关系，通过分析客户自然属性、社会属性、喜好兴趣与交易记录等数据，快速挖掘客户的潜在需求，实现用户触达、引流、转换和复购。会员体系下的用户数据便于品牌进行数据分析与商业洞察，进行精准营销，最终将客户资产变现。例如H&M和GAP均建立了独特的会员体系，如“HM会员中心”“GAP有礼”，品牌希望通过会员体系与用户建立信任关系，在营销活动中通过价格优惠、送货福利、积分兑换等为会员赠送福利。随着社交媒体的发展，社会化客户关系管理（Social Customer Relationship Management，简称SCRM）逐渐成熟，它是客户通过与社交媒体等网络工具集成，自动收集客户在网络环境中的数据资料，形成客户在社会关系中的精准画像，相比于传统的CRM系统，SCRM系统使企业与消费者的交流互动方式更加轻松，服务管理过程更加透明。然而，企业要想获得更长久的客户生命周期价值，除获取客户的短期贡献外，还需通过创新产品、改善业务、优化流程等，不断为客户创造价值增值。

（三）智慧门店

智慧门店是以物联网、人工智能与大数据技术为支撑的零售空间数智化重构体系，其核心在于通过“人－货－场”全要素的实时感知与智能决策，实现消费者体验升级与门店运营效率优化的双重目标。智慧门店可以将线上与线下的交互无缝衔接，为消费者提供更加智能、便捷的购物体验，同时实现商业数据的采集和分析，优化商品管理和营销策略（图5-10）。

智慧门店的技术架构包含三个层级：感知层、分析层与执行层。首先感知层通过RFID标签、智能摄像头、重力感应货架等设备，实时采集消费者动线、商品触摸频次、试衣间使用时长等行为数据；其次分析层利用计算机视觉识别顾客体态特征，结合会员历史数据生成

图5-10
智慧门店概念图

个性化推荐，并通过自然语言处理（NLP）解析顾客与导购对话中的潜在需求；最后执行层能够动态调整电子价签、虚拟试衣镜等导购内容推送，或联动库存系统触发缺货预警，形成“感知 - 决策 - 响应”闭环。

智慧门店通过技术融合重塑了传统购物流程。在商品交互环节，智能试衣镜可自动识别顾客手持衣物，叠加虚拟试衣效果与搭配建议，并显示库存信息，实现快速试穿与个性化推荐。在服务环节，AI 导购机器人基于顾客画像提供风格顾问服务，例如根据用户体型推荐版型或依据场合需求组合穿搭方案。在交易环节，无人收银系统通过 RFID 批量识别商品，结合人脸支付等智能 QPOS 技术实现“即拿即走”的无感结算。更深层的价值在于，门店数据与线上渠道打通后，可构建全渠道用户旅程——例如顾客离店后，系统自动推送其曾关注的商品折扣信息或搭配教程视频，推动线上线下流量互哺。

智慧门店的数智化能力除了服务于消费者，更重要的是驱动后端运营模式转型。库存管理方面，通过智能货架监测商品位移数据，系统可实时追踪“试穿未购买”单品，分析滞销原因（如尺码不全或陈列位置不佳），并自动触发调拨补货指令。人员管理方面，热力图分析店员与顾客的交互密度，优化排班策略与服务动线设计；AI 培训系统则通过模拟顾客咨询场景，提升导购的话术专业度与应变能力。此外，门店销售数据与供应链系统深度协同，例如利用试衣间数据反哺设计端——当某款服装因版型问题被频繁试穿却未购买时，系统自动生成版型调整建议并同步至生产部门，缩短产品迭代周期。

在服装行业，智慧门店被公认为新零售范本场景。新零售以人为中心的主张引发了新一代消费者观念的改变，也为服装实体零售带来了新的成长契机。从过去的传统零售到现在的新零售，再到未来的智能零售，服装企业通过去中间化、数智化、柔性化实现了零售升级，构建出竞争壁垒，为企业自身发展开拓出广阔的生存空间。

第二节 服装智能推荐

随着服装网购市场规模的持续扩张，海量的服装商品为消费者提供了前所未有的选择空间。然而，这种选择的丰富性也带来了一个问题：如何在海量的、不断增长的服装信息中快速、准确地挑选出心仪的商品。在这种情况下，推荐系统应运而生。它能够从海量的数据中筛选出与用户兴趣和购买历史相匹配的商品，过滤掉冗余的信息（图 5-11）。这种精准和个性化的服务极大地提升了用户体验感，对电子商务销售的发展做出了重要贡献。

图 5-11
服装推荐概念图

一、服装推荐系统简介

服装推荐系统是一种基于用户行为数据、商品属性及场景特征，通过算法模型预测用户潜在偏好并生成个性化服装搭配建议的智能决策工具。其核心价值在于解决服装行业特有的高维度选择困境——面对海量款式、风格与搭配组合，消费者往往因信息过载而难以决策。推荐系统通过“数据洞察需求、算法连接供需”的机制，实现从“人找货”到“货找人”的转化，显著提升转化率、客单价与客户忠诚度。相较于传统推荐场景，服装推荐需额外解决视觉感知主导性（如廓形、色彩、纹理）、场景适配复杂性（如职场、休闲、社交）以及体型匹配精准性等特殊问题。

服装推荐系统自 21 世纪初逐步演进，经历了从基于规则的静态推荐向深度学习驱动、多场景穿透的智能化体系升级，其发展脉络可划分为以下几个阶段：

萌芽期：规则驱动与协同过滤的探索（2000—2010 年）。21 世纪初，服装推荐系统以规则引擎和协同过滤为核心技术雏形。受限于数据采集能力与算力，早期系统依赖人工标注的服装属性标签（如风格、颜色、季节），通过硬编码规则匹配用户基础信息（性别、年龄）实现推荐，例如电商平台“相似商品”功能。2003 年亚马逊引入协同过滤算法，基于用户 - 商品评分矩阵挖掘群体偏好，但在服装领域面临严重的数据稀疏性问题——用户对单品的评分行为稀少，且服装款式迭代快导致历史数据时效性差。这一阶段的推荐结果粗粒度、静态化，难以应对时尚潮流的动态变化，但为后续技术演进奠定了基础逻辑框架。

成长期：多模态融合与混合模型崛起（2011—2017 年）。移动互联网与计算机视觉技术的普及推动推荐系统进入多模态数据融合阶段。企业开始整合用户行为日志（点击、收藏、停留时长）、商品视觉特征（通过 CNN 提取服装图像的纹理、廓形嵌入向量）及社交数据（如 Pinterest 的穿搭灵感图），突破单一评分数据的局限性。ASOS 等快时尚平台率先采用混合推荐模型，将协同过滤与内容推荐结合，例如根据用户历史浏览的连衣裙图像特征生成风格偏好向量，再匹配相似商品。同时，基于会话的实时推荐技术（如 GRU 序列建模）初步解决用户短期兴趣捕捉问题。这一阶段推荐精度显著提升，但仍受限于特征工程的复杂度与冷启动难题。

成熟期：深度学习主导与场景化增强（2018 年至今）。深度学习技术的爆发式发展彻底重构了推荐系统的技术范式。基于 Transformer 的序列模型通过自注意力机制捕捉用户行为的长周期依赖，图神经网络则建模用户 - 商品 - 场景的复杂异构关系。Stitch Fix 等创新企业引入生成对抗网络（GAN），根据用户体型与风格偏好合成虚拟穿搭方案，实现“设计 - 推荐”一体化。场景化推荐成为核心方向，系统结合地理位置、设备类型及社交舆情动态调整策略。而 SHEIN 则通过 TikTok 热点视频实时捕捉潮流元素，将其融入推荐排序权重。此阶段系统已从辅助工具升级为驱动增长的基础设施，但仍面临数据隐私、可解释性等伦理挑战。

服装推荐系统架构来源于机器学习的思想，主要涵盖数据采集与处理、特征提取、模型训练、结果展示与反馈循环四个核心环节。系统首先收集并处理用户与服装的数据，接着提取关键特征，然后通过推荐算法为用户匹配最合适的服装，最后将推荐结果展示给用户。与此同时，系统会根据用户的反馈持续优化推荐结果，提供更精准的个性化推荐。

二、服装推荐关键技术

（一）用户画像

用户画像也叫用户信息标签化、客户标签；根据用户社会属性、生活习惯和消费行为等信息而抽象出的一个标签化的用户模型。从电商的角度看，根据用户在电商网站上所填的信息和行为，可以用一些标签把用户描绘出来，描述用户的标签就是用户画像。构建用户画像的核心工作即是给用户贴“标签”，而标签是通过对用户信息分析而来的高度精炼的特征标识。

一些标签可以通过源数据直接获取到，例如用户填写的个人资料、用户行为产生的数据等；一些标签则需要通过数据挖掘分析得到，例如通过模型判断用户未填写的个人信息、通过用户行为数据计算用户的消费偏好等。一般来说，建立用户画像的技术流程包括：数据源端数据收集、数据预处理、特征提取、用户建模、构建用户画像，具体内容如表 5-1 所示。

（二）服装特征提取

服装特征提取是服装推荐系统的基础，特征提取主要是从大量的服装数据中提取出与服装相关的关键信息，这些信息被称为特征。这些特征可以包括但不限于服装的款式、颜色、材质、品牌、风格、价格、尺寸等。有的特征可以从服装商品的文本信息中获取，而有的特征则需要从服装图像中提取。特征提取的目的是将原始的、复杂的服装数据转化为简洁、可计算的数值或符号，以便于计算机进行处理和分析。服装特征通常分为低层传统特征和高级语义特征。常见的服装特征提取类型和方法如表 5-2 所示。

低层传统特征包括服装的形状、颜色、纹

表 5-1
用户画像建立技术流程

流程	内容	含义
数据收集	基本信息	年龄、性别、地理位置等
	行为数据	用户的浏览记录、购买历史、使用习惯等
	社交数据	用户的社交媒体活动、分享的内容、评论等
	身材数据	用户的身高、体重、身体尺寸、体型等
数据预处理	数据清洗	去除重复数据、纠正错误值、填补缺失值
	数据集成	将来自不同来源的数据整合到一起
	数据转换	将原始数据转化为更适合分析的形式，例如标准化、归一化等
特征提取	显式特征	可以直接从源数据获取的特征
	隐式特征	通过用户的行为间接推断出用户的特征，如兴趣爱好、消费水平等
用户建模	聚类分析	根据特征将用户分组
	关联规则挖掘	发现不同特征之间的关系
	偏好预测	利用算法预测用户可能的行为或偏好
用户画像	标签化	给用户打上易于理解和操作的标签
	画像合成	综合用户的多种信息形成完整的用户画像
	可视化	使用图表或仪表板展示用户画像，便于分析

表 5-2
服装特征提取类型和方法

特征类型	特征	方法	原理
低层传统特征	形状	轮廓检测	通过边缘检测算法找到图像中的边缘，进而提取出服装轮廓
		区域分割	分割图像中的不同区域，有助于识别服装的不同部分
		形状描述符	提取图像中形状的关键特征，描述服装轮廓的几何特性
	颜色	颜色直方图	统计不同颜色出现的频率，作为颜色特征的一种表示方式
		颜色矩	对颜色分布进行矩计算，可以获取颜色的一般特性，如均值、方差等
		颜色相关性	考虑颜色在空间上的分布情况，比如使用颜色共现矩阵
	纹理	局部二值模式	将图像转换为由局部像素对比度模式组成的图像，适用于服装纹理分析
		灰度共生矩阵	通过计算图像中不同像素之间的灰度值关系，得到反映服装纹理特性的矩阵
		Gabor 滤波器	使用一组方向和频率敏感的滤波器来捕捉图像中的服装纹理信息
高级语义特征	属性	深度学习	使用神经网络自动从大量图像中学习到有用的特征，从而识别出服装图像中的高级语义信息
	风格		

理等（图 5-12）。形状特征的提取方法有轮廓检测、区域分割及形状描述符等。其中轮廓检测是最常用的方法之一，主要通过识别图像中的边缘来确定物体的边界。例如 Canny 边缘检测通过在服装图像中找到梯度变化最大的位置，从而确定服装的轮廓。其优点是可以精准有效地捕捉服装的外部轮廓，但在处理复杂背景或有遮挡的情况下可能会遇到困难。颜色特征的提取方法有颜色直方图、颜色矩及颜色相关性等。其中颜色直方图是一种能快速描述图像整体像素值分布的统计信息图表，被广泛应用于颜色目标识别与特征提取。颜色直方图将颜色

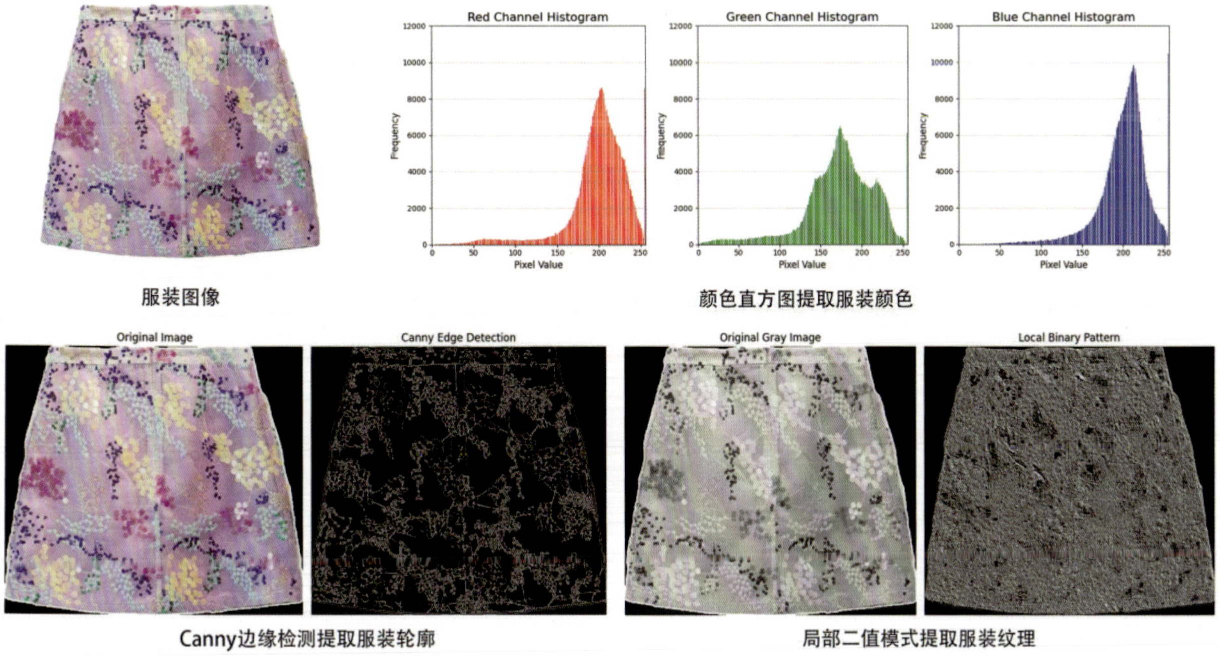

图 5-12
服装传统特征提取示例图

划分区域，计算每个区域的比例，优点是操作、存储和比较速度快，但对旋转和缩放不敏感。并且颜色直方图只能描述颜色的分布，不能描述数据几何上的信息。纹理特征的提取方法有局部二值模式、灰度共生矩阵及 Gabor 滤波器等。其中局部二值模式是一种在图像处理和计算机视觉领域中广泛使用的纹理描述符，通过将每个像素点周围的邻域像素与中心像素点进行比较，根据比较结果生成一个二进制数，然后将这些二进制数组合起来形成一个纹理特征。这种方法的优点是计算简单快速，对光照变化和噪声具有较好的鲁棒性，但可能在处理非常精细或多样化的纹理时效果有限。

高级语义特征包括服装的属性及风格，通常需要使用深度学习技术实现。深度学习技术能够学习数据中的复杂模式，通过学习特征以及对图像卓越的辨别能力，在语义分割和特征检测领域上取得了可喜的成果。深度学习具有高度可扩展性，支持在大型数据集上训练非常大的深度神经网络，因此能够以比传统方法更高的抽象级别从图像中提取特征。随着深度学习在图像领域的发展，基于深度学习的图像特征提取在服装特征提取上得到了较多应用。

在实际应用中，由于有些服装图像具有复杂的背景，在特征提取前还需要对图像进行处理，在背景中识别出服装并进行分割，消除背景干扰信息，保留有用信息，避免对后续服装推荐产生影响。传统的图像分割方法包括基于阈值、边缘、聚类、区域、图类以及特定理论的图像分割方法等。传统图像分割方法大多利用图像的表层信息，分割图像准确率和计算效率较低，在进行服装图像分割时往往包含背景等无关信息。而基于深度学习的图像分割方法利用图像的语义信息，能够对复杂的场景图像进行分割。在准确性和效率方面远远超过传统图像分割方法。

（三）服装推荐算法

推荐算法是服装推荐系统中最核心的部分，在性能评估中起着决定性作用。

传统推荐算法主要依据用户历史行为记录来推测用户可能喜欢的服装，包括基于内容的推荐算法、协同过滤推荐算法、基于关联规则的推荐算法、基于流行度的推荐算法和混合推荐算法等。基于内容的推荐算法基于用户的行为偏好进行推荐，通过构建用户 - 物品的特征模型找到相似的用户 - 物品。例如，根据用户历史记录中标记喜欢的款式，推荐款式相似的服装；协同过滤推荐算法是在用户群体中搜索与指定用户喜好类似的用户，结合这些类似用户对某件服装的评价，推测出指定用户对该服装的喜好程度并进行推荐；基于关联规则的推荐算法根据历史数据统计不同规则出现的关系，形如：A→B，表示用户购买 A 后购买产品 B 的可能概率，从而据此概率进行推荐；基于流行度的推荐算法类似于各大新闻、微博热搜等，依据页面浏览量、访问者个数或分享率等数据，按某种热度顺序为用户推荐。

国内的许多电商网站是混合多种传统推荐算法来进行产品推荐，最常见的如基于内容的算法，当用户频繁地浏览某商品的页面或收藏该商品后，算法可据此为用户推荐类似的产品；而协同过滤可借助用户的购买记录为用户推荐其喜好的类似产品（基于物品的协同过滤），或发现类似的用户从而推荐类似用户购买的产品（基于用户的协同过滤）；关联规则可为用户推荐已购买或已加入购物车的相关产品。这些混合的算法能够全面地为用户推荐其可能感兴趣的产品，从而显著地提升推荐的精准率，为用户节省搜索产品的时间并增加商品曝光率。

在传统推荐算法的基础上，智能推荐算法结合机器学习等新兴技术，实现更高效精准的推荐。当前服装推荐系统中的智能推荐算法主要包括基于知识推荐与基于模型推荐两类。基于知识的推荐算法是在传统基于内容的推荐算法中增添了推荐规则的相应知识库。此算法先对服装的各类属性特征做出语义拓展，人为设定好每种语义所对应适合的用户类型，从而根据用户个人数据进行推荐。基于模型的推荐算法是运用机器学习的思想，通过训练海量的数据，构建机器学习模型，从而预测用户对特定服装的喜好。服装推荐系统中涉及的常见机器学习算法有卷积神经网络（CNN）、循环神经网络（RNN）、多层感知器（MLP）、生成式对抗网络（GAN）和贝叶斯网络（BN）。机器学习与传统算法结合后能够针对目标样本数据，在特定领域实现更高速率与准确度的推荐。

三、服装推荐应用

（一）服装检索推荐

在电子商务平台上购买时尚服装与在线下零售店购买有很大不同，因为电子商务平台可以购买的服装产品范围更广。因此，一个有效地支持用户搜索其想要的产品并进行推荐的系统在网络购物中起着重要作用。服装检索推荐不仅能够便捷用户检索，还能够根据用户提供的查询信息捕捉用户的意图，根据个人历史数据，如以前的销售、服装购买记录和项目点击率，通过特征相似性和相关性分析对用户提供精准的推荐。

以淘宝的检索推荐为例，淘宝中的服装检索推荐系统是一个功能强大且技术先进的系统，它旨在帮助用户快速、准确地找到符合其需求和喜好的服装商品。该系统最强大的功能为个性化推荐与图像检索（图 5-13、图 5-14）。

图 5-13
淘宝的检索推荐

个性化推荐基于用户的浏览历史、购买记录、搜索行为以及个人偏好等信息，为用户推荐符合其个人风格的服装商品。这依赖于海量的用户数据和商品数据，需要使用大数据技术对数据进行存储、挖掘和分析。为了提高推荐的准确性和个性化程度，淘宝的推荐系统将多

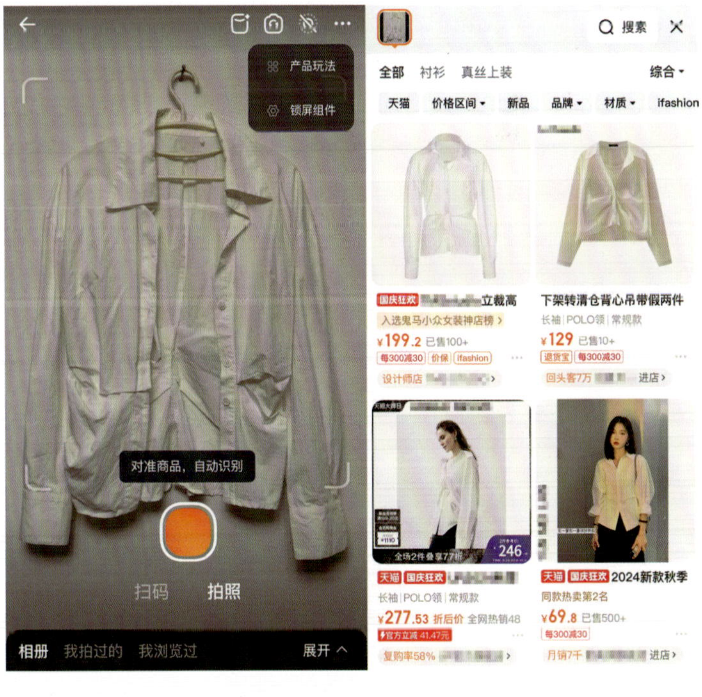

种推荐算法进行组合和融合，形成十分复杂的混合推荐算法，包括基于内容的推荐算法、协同过滤算法、深度学习算法等。并且淘宝实现

图 5-14
淘宝的图像检索

了实时更新，推荐系统会根据用户的实时行为和最新的商品信息，不断更新推荐列表，确保用户始终能够看到最新、最符合其需求的商品。

图像检索即通过用户上传的图片，找到与图片中服装相同或相似的商品。与传统的基于文字的电商搜索相比，图像检索省去了繁琐的文字描述，简化了用户的购物流程。用户只需随手拍一张照片，即可精准检索到想要的商品，大大提高了购物的便捷性和效率。图像检索基于强大的图像识别技术，淘宝的图像检索建构分为离线处理和在线处理流程两个部分，离线处理的过程主要是定期对图像抽取特征构建索引。在线处理的过程主要是对用户上传的查询图片进行检索并返回库内检索结果。

（二）服装搭配推荐

在人们的日常生活中，如何很好地搭配衣服总是一个麻烦的问题，决定穿什么、如何搭配自己的衣服并不容易。合理搭配服装已经成为广大消费者的内在需求。研究人员将搭配造型知识、服装相关性等搭配规则融入推荐系统中，为用户提供合理的搭配服装。服装搭配推荐系统的应用，可以有效满足客户在穿衣搭配方面的需求，从而节省大量的时间和精力。

Stitch Fix 的 Fix 盒子是服装搭配推荐的优秀商业案例。Stitch Fix 是国外的一家由数据和算法驱动的电商公司。在注册后，用户需要填写一份关于生活方式、身材和最想要的商品等因素的问卷，Stitch Fix 将客户填写的问卷转化为数据，然后导入算法，分析客户偏好并形成推荐商品目录。同时，算法指引一位造型师与该客户匹配，造型师依据自己的判断从算法推荐的商品目录中选出 5 件服饰，并附上一封信简要说明自己的选择思路，形成一个 Fix 盒子。客户收到盒子后，可以留下自己喜欢的服饰并结账，再用盒子里所附的到付邮包将剩余服饰退回。图 5-15 展示了 Stitch Fix 的软件页面及官网发布的使用流程说明。

Stitch Fix 的模式能够成功依赖于强大的数据分析和算法驱动。Stitch Fix 为每个客户建立了专属造型档案，造型档案能为公司提供 90-100 个具有统计显著性的数据点，包括款式、颜色、尺码、价格偏好等，以及诸如“周一需要穿正装”“希望能凸显自己的长腿”等个性化的细节。更重要的是，随着时间推移，Stitch Fix 能够通过观察复购行为、邀请填写反馈问卷等形式对数据进行迭代，而活跃客户受 Stitch Fix 所提供服务的吸引也乐于提供反馈。除问卷以外，Stitch Fix 还参考交友软件开发了能够高效收集数据的 App 内置小游戏。这个游戏不仅能让 Stitch Fix 积累更多数据，还顺便增加了品牌黏性。这些数据不仅总量庞大，而且是来源于客户的第一手数据（而非推断、数据挖掘或第三方统计），因此具有极佳的可靠性和分析价值。对这些数据的分析结论能够指导公司优化购物体验，而享受过出色购物体验的客户也更愿意配合反馈，并提供更多数据，最终形成“销

图 5-15
Stitch Fix的软件页面及使用流程

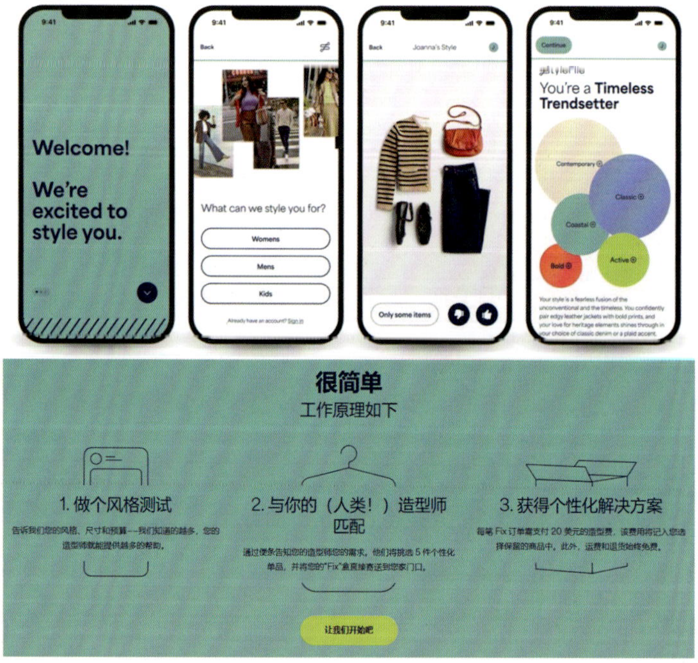

售 - 反馈”的良性循环，构成强大的网络效应。

Stitch Fix 个性化推荐算法将客户的体型、穿衣风格、预算约束等内生变量，与季节、库存、销量等外生变量相结合，构建出矩阵，以预测库存产品和客户偏好之间的相关性。算法首先去掉客户曾退回的排除项，再将剩下库存每件商品代表颜色、面料、款式等属性的数据点与客户的偏好进行匹配并打分，用协同过滤等算法调整后将得分排序，最后构成供造型师挑选的推荐清单。

（三）服装尺码推荐

在网上选购服装时，由于无法试穿，以及缺乏尺码选择相关的知识，消费者往往难以准确地选到合适的尺码。由于尺码不合适导致的退换货对买卖双方都会造成较大的损失。服装尺码推荐是根据用户的身体尺寸和体型特征，为消费者提供适合其穿着的服装尺码建议。这通常基于一系列的测量数据（如身高、体重、胸围、腰围、臀围等）以及不同品牌和款式服装的尺码标准。但实际的购物场景中，许多消费者对自己的身材尺寸并不了解，细部的人体尺寸数据难以获得，并且商家给出的服装尺码也有一定误差。因此，尺码推荐系统会利用数据挖掘技术，从其他角度获得推荐的依据，例如目标用户的历史购买记录、已购买用户的合体度反馈等。除此之外，同一位用户，不同服装材质，不同穿着风格的要求，都会对用户的最佳尺码产生影响，而这些在目前的服装尺码推荐系统中难以被体现。所以目前的服装尺码推荐只能作为用户选购的参考。

淘宝平台的尺码推荐是国内使用频率较高的尺码推荐系统。该系统主要依据商品尺码表、用户的身材数据、相似身材的用户购买情况和体验进行推荐。如图 5-16 所示，用户可以在

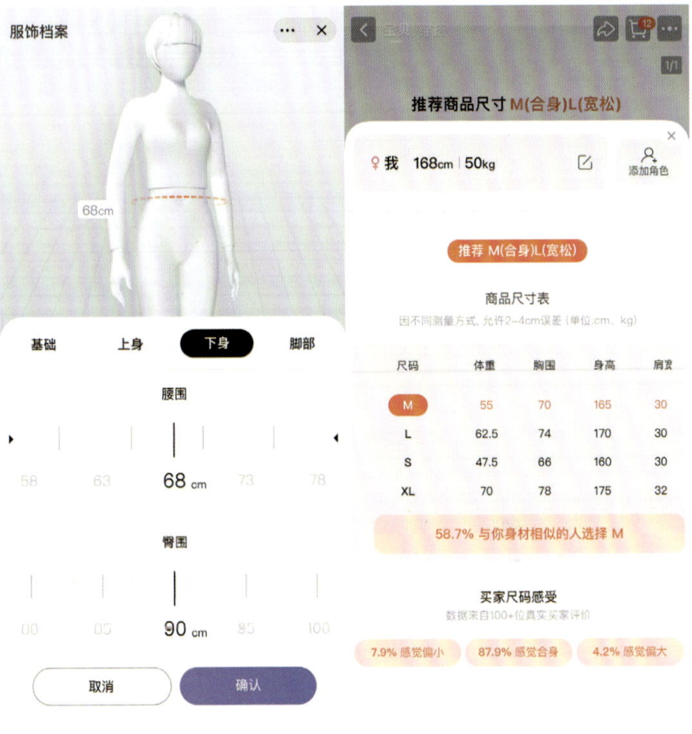

图 5-16
淘宝的尺码推荐

“服饰档案”工具中输入自己的尺寸数据，包括身高、体重、各细部围度等数据，构建自己的尺码角色。然后在挑选服装商品时，对于部分支持尺码推荐的商品，在商品详情页会提供尺码推荐，方便用户进行选购。

基于用户的协同过滤是淘宝尺码推荐的主要方法，即通过分析不同用户之间的相似性来进行推荐，可以视为一种间接推荐的方法。如果用户 A 和用户 B 在身体数据和购买偏好方面有很多相似之处，那么当用户 A 选择某件商品的尺码时，系统可能会向用户 B 推荐相同或类似的尺码。另一种方法更加直接，但更难实现，系统会收集用户的个人信息，包括但不限于身体尺寸信息、年龄、性别以及过往购买记录中的尺码信息。然后根据卖家提供的商品尺码表、测量指南、版型描述等，通过尺码推荐算法为用户直接匹配合适的尺码。

第三节　虚拟试衣与展示

在数字时代，线上购物已成为主流购物方式，然而线上服装销售无法为用户提供实际试穿体验，用户很难通过有限的商品图片和文字信息判断心仪服装的合体性，因此试衣成为线上购物用户体验的薄弱环节，服装款式、色彩、尺码不合适造成的退货问题给商家带来很大的经济损失。鉴于年轻消费者群体对新技术充满兴趣，并注重便捷与个性化的购物体验，越来越多的服装品牌开始布局虚拟试衣技术（图5-17），以改善用户线上购物的体验。虚拟试衣技术通过数字化手段，让用户在不接触实物的情况下，直观感受服装的穿着效果，从而降低决策成本、提升转化率，并为可持续时尚（减少退货和库存浪费）提供技术支撑。虚拟试衣技术为数字购物环境注入了新活力，改变了消费者与服装产品的交互方式，提高了线上购物的乐趣，在拓宽传播渠道、提升客户体验、品牌降本增效方面发挥了积极作用。

一、虚拟试衣简介

虚拟试衣技术是一种利用计算机视觉、图像处理和人工智能等技术，让用户在不用实际试穿的情况下，通过数字方式预览服装上身效果的技术。虚拟试衣的概念最早于2000年初提出，在计算机技术发展与人们个性化消费需求的推动下，虚拟试衣技术在过去二十多年间迅猛发展，据CB Insights预测，2030年虚拟试衣间市场规模将增长至193亿美元。

虚拟试衣技术自21世纪初逐步发展，经历了从简单图像处理到智能化、高交互性的演变，

图5-17
虚拟试衣示例

其发展历程大致可以分为以下几个阶段：

萌芽期：2D 图像合成的初步探索（2000—2010 年）。虚拟试衣技术的雏形诞生于电子商务的早期阶段。彼时，线上购物面临的核心痛点是消费者无法直观感知服装的穿着效果，导致退货率居高不下。为解决这一问题，技术开发者尝试将服装的二维图像通过简单的图像处理算法（如边缘检测、透视变换）叠加到用户上传的照片上。例如，美国电商平台 Lands' End 推出的“虚拟模特”功能，允许用户输入身高、体重等基础参数生成标准化人体模型，并手动调整服装位置。尽管这一阶段的试衣效果粗糙——服装与身体贴合度低、无法适配动态姿势，但它首次向用户传递了“在线试穿”的概念，验证了虚拟试衣在降低购物决策风险中的潜在价值，为后续技术迭代奠定了基础。

发展期：三维建模与物理仿真的专业化突破（2010—2015 年）。随着计算机图形学和硬件设备的进步，虚拟试衣技术开始从二维平面转向三维立体交互。这一阶段的核心突破在于三维人体扫描技术与布料物理仿真引擎的结合。通过激光扫描仪或深度摄像头（如微软 Kinect），系统可快速捕捉用户的身体数据并生成高精度三维模型，同时利用物理引擎（如 Marigaro 的质点 - 弹簧模型）模拟服装的垂坠感、弹性及动态形变。例如，英国公司 Metail 推出的 3D 试衣平台，允许用户上传照片生成虚拟化身，并试穿合作品牌的数字化服装。然而，技术局限性依然明显：三维建模依赖昂贵的专业设备，普通用户难以触达；布料仿真计算复杂度高，实时交互体验较差。尽管如此，这一阶段的技术为后续的实时化、轻量化发展提供了关键算法积累。

爆发期：AR/VR 与移动端实时交互的平民化普及（2015—2020 年）。智能手机的普及与增强现实（AR）技术的成熟，推动虚拟试衣技术从专业场景走向大众消费市场。借助手机摄像头与 ARCore（Android）、ARKit（iOS）等开发框架，用户可通过移动端实时捕捉自身影像，并将虚拟服装动态叠加到身体上。例如，社交平台 Snapchat 推出 AR 试衣滤镜，用户只需打开摄像头即可“穿戴”品牌合作款运动鞋或 T 恤；快时尚电商 ASOS 则通过“See My Fit”功能，让用户查看不同体型模特试穿同一服装的效果。与此同时，WebGL 等轻量化渲染技术使得网页端 3D 试衣成为可能，用户无需下载 APP 即可旋转、缩放虚拟模特。这一阶段的技术革新大幅降低了用户使用门槛，但其局限性在于服装动态形变的真实性不足，尤其是复杂材质（如薄纱、皮革）的物理特性模拟仍面临挑战。

进阶期：生成式 AI 与扩散模型的高保真重构（2020 年至今）。生成式人工智能（AIGC）的爆发式发展，标志着虚拟试衣技术进入“以假乱真”的新阶段。以生成对抗网络（GAN）和扩散模型（Diffusion Models）为代表的 AI 技术，能够从单张用户照片中提取人体姿态、体型特征，并将目标服装高精度贴合至身体区域。例如，TryOnDiffusion 模型通过多步迭代的“加噪 - 去噪”过程生成试穿图像，不仅还原了服装的细腻纹理（如刺绣、褶皱），还能处理复杂遮挡（如手臂与衣物的交互）。中国跨境电商 SHEIN 的 AI 试衣间已支持用户上传照片后生成数百款服装的试穿效果，并结合个性化推荐算法匹配用户偏好。此阶段的技术突破在于：用户无需专业设备，仅凭手机照片即可获得媲美实拍的试穿效果；扩散模型进一步支持多角度试穿视频生成，甚至允许通过文本描述驱动虚拟服装设计。然而，高算力需求导致的延迟问题、用户生物数据隐私保护等挑战仍需解决。

二、虚拟试衣服关键技术

当下，AI 驱动的虚拟试衣技术可以分为基于生成对抗网络（GAN）的方法和基于扩散模型的方法两大类。

（一）基于GAN的虚拟试衣方法

基于 GAN 的方法原理在于生成器与判别器的对抗训练机制：生成器将用户原始图像和目标服装图像作为输入，然后通过编码 - 解码结构学习将服装纹理映射至人体表面，同时基于空间变换网络调整服装形状以适应人体姿态；随后，判别器则通过比对生成图像与真实试穿照片的差异，不断反馈损失信号以优化生成器的输出质量。图 5-18 展示了基于 GAN 的虚拟试衣方法的基本框架，包含人体特征提取、服装变形和服装融合三个阶段，对应的关键技术为人体解析、服装变形和图像合成。

1. 人体解析

提取人体特征信息是虚拟试衣中不可或缺的预处理步骤。人体解析的目标是识别人体各部位（如头发、皮肤、服装区域）的精确边界及关节点位置，以指导人体各部位精确区域的合成。人体解析通常包括人体部位检测、姿态估计、语义分割、后处理等步骤，如图 5-19 所示。人体部位检测即识别和定位人体图像中的各个部位，通常检测和定位人体的关键点；姿态估计是通过检测人体的关节点来推测人体的姿态；语义分割则是指将人体图像分割成多个具有语义意义的区域；最后，对初步分割结果进行细化、后处理，包括边界修正、区域合并、图像平滑和边缘检测等。

2. 服装变形

基于 GAN 方法的虚拟试衣方法需要对服装进行显式变形，服装变形过程等价于非刚性物体的变换过程，因此平移、旋转、缩放等变换方式难以满足服装变形中的非刚性形变。在

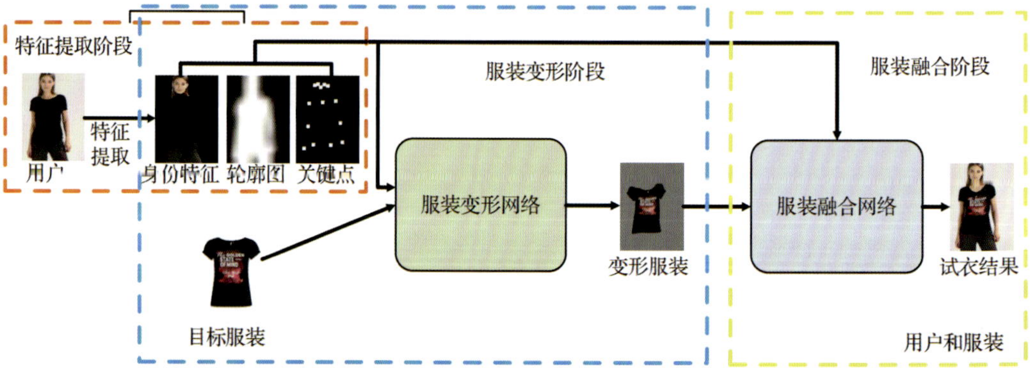

图5-18
基于GAN的虚拟试衣方法基本框架

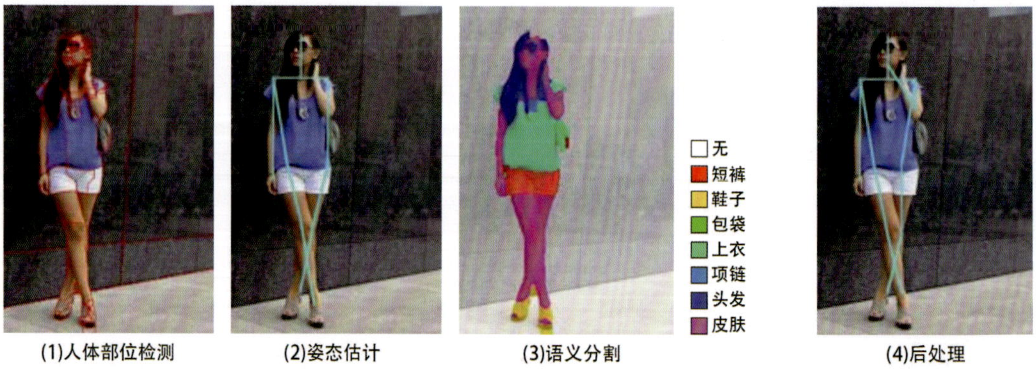

图 5-19
人体解析技术示意图

虚拟试衣中，大多采用薄板样条插值（Thin Plate Spline，简称 TPS）方法进行变换，TPS 是一种常用的非刚性形变算法，该算法输入两张图像中多组相同部位的匹配点对，输出图像相同部位的坐标映射，即将插值问题模拟为一个薄金属板在点约束情况下的弯曲变形，可以有效地反映柔性变化。在服装变形步骤中，目标服装与真实服装之间进行学习，预测 TPS 变换参数，将其应用在网格上，完成服装变形。图 5-20 展示了服装如何通过网格进行变形。

图 5-20
服装变形技术示意图

3. 图像合成

图像合成为虚拟试衣的最终阶段，GAN 模型即应用于这一阶段。这一阶段的输入为前两阶段的人体特征与变形后服装，输出即为生成的试穿结果（图 5-21）。自经典的 VITON 模型起，图像合成网络大多为 U-Net，U-Net 是典型的编码器 - 解码器网络，用来压缩图像和去噪声。在图像生成领域，自动编码器是很重要的一种网络结构，其利用前半部分提取出图像特征，后半部分上采样用来图像生成，而 U-Net 与其结构非常相似，并且因为其跨层连接使得网络能够捕获更多的空间信息，因此在生成试衣结果时使用 U-Net 可以有效地将目标服装与用户进行融合，生成穿着目标服装的用户图像。

尽管 GAN 架构具备实时生成优势，但难以准确还原服装的褶皱、纹理、LOGO 等细粒度特征，且易出现光影不自然或人体变形问题。这些问题的根源在于其使用显式的变形模块，将目标服装与人体对齐。这种架构的可靠性很大程度上依赖于服装变形的结果，糟糕的变形

图 5-21
图像合成技术示意图

服装会阻碍生成真实自然的结果。随着生成式AI的发展，虚拟试衣技术的生成范式正经历从“对抗生成”到“渐进重构”的范式迁移，开始探索隐式变形技术。

（二）基于扩散模型的虚拟试衣方法

基于扩散模型的方法采用截然不同的生成范式，其原理是通过渐进式去噪过程，从随机噪声逐步重建出符合物理规律的试衣图像：首先，系统将预处理得到的人体姿态参数、服装版型数据及材质描述编码为多模态条件向量，通过交叉注意力机制动态调控生成方向；然后，在隐空间中执行迭代去噪，逐步将随机噪声转化为服装与人体姿态初步对齐的低分辨率图像，此过程通过物理引擎预训练模块确保褶皱分布符合面料力学特性；最后采用级联扩散架构进行细节增强，针对袖口、腰线等关键部位进行局部超分辨率重建，利用残差扩散技术提升缝线密度、印花清晰度至微米级精度。

基于扩散模型的虚拟试衣的关键技术流程可以分为输入预处理、特征编码、条件扩散、后处理优化四个部分。其中输入预处理即人体解析与服装特征提取，此处不再重复介绍。

1. 特征编码

特征编码是构建虚拟试衣数字孪生体的基础阶段，其核心任务是将多模态输入信息转化为结构化特征表示。该模块接收人体姿态关键点、服装图像（包括款式、纹理）、布料属性参数及可选语义描述文本，通过深度神经网络进行特征解耦与融合。典型架构采用双通道编码器，其中CNN分支提取服装纹理的细粒度特征，Transformer分支捕捉人体姿态的时空关联性，同时引入注意力机制实现人体－服装的跨模态对齐。为提升特征表达的鲁棒性，先进方法会构建层次化编码框架：浅层网络捕获服装的全局形状轮廓，深层网络解析局部细节（如褶皱走向、装饰图案），并通过可学习的位置编码保留服装与人体的空间对应关系。这些经过标准化处理的潜在特征向量，为后续扩散生成提供精确的几何约束与语义指导。

2. 条件扩散

条件扩散生成是核心技术环节，其本质是在人体姿态与服装特征的双重约束下，通过迭代去噪生成逼真试穿效果。扩散模型通常采用U-Net架构，在噪声预测过程中融入人体关键点热图、服装掩膜等条件信息，并通过时间步嵌入（timestep embedding）控制去噪强度。为提升细节真实感，部分方法引入跨模态监督机制，例如利用CLIP模型对齐生成图像的文本描述与服装语义特征。在推理阶段，模型通过多步迭代逐步修正服装与人体的空间对齐误差，例如调整衬衫领口与颈部的贴合度，或消除因姿态变化产生的非自然褶皱，最终生成高清图像。

3. 后处理优化

后处理优化致力于解决生成图像的物理合理性与视觉质量问题。通过超分辨率网络（如ESRGAN）增强服装纹理细节，使织物纤维、纽扣等微观结构清晰可见；结合物理修正算法检测并消除违反布料动力学的异常褶皱（如悬空飘动的衣角），利用可微分布料模拟器对服装进行微调；同时引入光照融合技术，将生成服装的阴影与原始人体图像的光照环境统一，避免出现光照方向矛盾。对于动态试衣场景，该模块还需支持实时交互，例如当用户调整姿态时，通过轻量化网络快速更新服装形变效果，确保流畅的交互体验。这些技术的协同作用，使得虚拟试衣系统既能呈现毫米级精度的静态细节，又能满足动态场景的物理真实性需求。

与基于GAN的方法相比，基于扩散模型的方法主要改进了细节保留能力和生成图像的真实性。扩散模型通过逐步去噪的生成过程，结合服装特征的多层级编码，能更精确地控制服装与人体姿态的几何对齐，同时通过高频细节增强技术保留服装的复杂图案和缝线细节。

此外，扩散模型在视频试衣中通过时间注意力机制和焦点隧道技术，解决了 GAN 逐帧处理导致的帧间跳变问题，实现了动态连贯的试衣效果。当前技术应用中，GAN 方法凭借较低硬件门槛，仍主导电商平台的实时虚拟试衣场景；而扩散模型凭借卓越的生成质量，正逐步渗透高端定制服装、影视数字资产制作等对保真度要求严苛的领域。二者并非替代关系，而是形成互补的技术生态——例如在混合架构中，用 GAN 完成快速姿态估计，再用扩散模型进行细节精修。

三、虚拟试衣与展示应用

数字购物环境为虚拟试衣技术带来了广阔的应用空间。一方面，虚拟试衣技术使消费者在购买过程中的试衣和搭配高效化，改变了消费者与产品的交互方式，提高了购物乐趣，帮助消费者做出更明智和更自信的购买决策。另一方面，虚拟试衣应用有助于商家降低产品风险，提高转化率并降低退货率，获取市场竞争优势。除此之外，虚拟试衣还可以在服装新品上市之前，作为超前宣传的展示途径，以及在元宇宙场景下开发非同质化通证（Non-Fungible Token，简称 NFT）数字时尚商品。

（一）移动端虚拟试衣APP

许多零售网站、品牌官网或 APP 等集广告宣传、虚拟试衣、在线购买于一体，创造了消费者与品牌信息的交互空间，同时具有很强的社交属性。例如，沃尔玛在其移动 APP 中上线 AR 虚拟试衣功能 Be Your Own Model（图 5-22），用户只需上传一张穿着贴身服装的照片，机器学习模型即可快速扫描用户体型，并根据输入的身高预测各部位精确尺寸，快速将虚拟服装叠加在用户身上，呈现用户的静态试穿效果。高精度的 3D 数字化商品展示与 AR 虚拟试穿试戴技术相结合，用户可以即试即买，极大地缩短了购买链路，为用户提供了别具一格的线上购物体验。

此外，虚拟试衣还具有社交属性，消费者

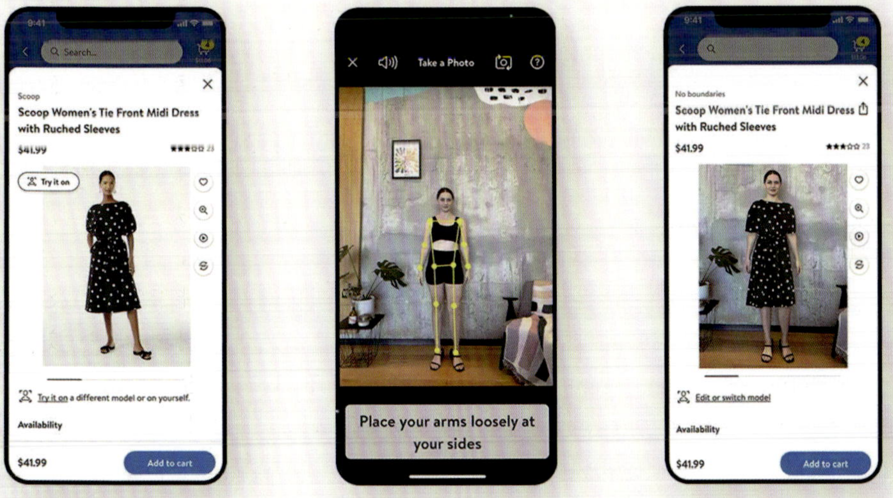

图 5-22
沃尔玛的虚拟试衣软件界面

可以轻松分享试穿效果，获取朋友的意见，从而增强互动性和购买决策的信心。这种技术的应用，不仅满足了个性化的消费需求，也为品牌提供了收集消费者偏好和行为数据的机会，进而优化产品设计和市场策略。总的来说，虚拟试衣技术正在改变电商行业，提升购物体验的同时，也推动了在线零售的持续创新与发展。

（二）智能虚拟试衣镜

智能虚拟试衣镜集成了摄像头和显示屏，能够实时捕捉顾客的影像，并在屏幕上显示虚拟试穿效果。例如，Tommy Hilfiger 在其纽约、伦敦等旗舰店部署了智能试衣镜（图 5-23），这是一个整合了毫米波 3D 体型扫描、实时布料物理引擎和跨平台数据中台的复合型系统。通过智能试衣镜，顾客无需进入更衣室便能在几秒钟内试穿品牌新品，还能通过手势隔空操控实现纽扣开合、衣领翻折等细节交互。在试穿的同时，其智能库存联动模块会于镜面边缘显示附近门店及仓库的实时库存状态，若试穿尺码缺货，系统会基于用户体型数据推荐相近廓形的替代款。除此之外，该系统打破了传统单品试穿的模式。当用户选择某件服装时，系统会识别其款式、色彩等信息，并从品牌当季系列服装中匹配出三套完整造型，作为搭配推荐。

同时 Tommy Hilfiger 开发了线下行为数据追踪系统，试衣镜在获得用户授权后，会记录停留时长、试穿次数、搭配修改轨迹等行为数据。这些数据一方面可以支持商品运营的数据分析，另一方面与线上商城打通后，在消费者离店后登录品牌 APP 时，会自动收到基于其线下试穿偏好的专属推荐，形成线上线下融合的营销闭环。

（三）虚拟时装

虚拟时装是指专门为数字环境设计的服装和配饰，通常用于增强现实（AR）、虚拟现实（VR）、视频游戏、社交媒体平台或作为数字身份的一部分。与传统实体时装不同，虚拟时装不存在于物理世界中，而是通过数字技术创建，并应用于虚拟形象（Avatars）上，使用户能够在数字平台上展示独特的外观。

例如在2022年，美国高端女装品牌 Jonathan Simkhai 在虚拟世界“第二人生”（Second Life）中举办了 2022 秋冬时装秀（图 5-24）。超写实的数字人与逼真质感的服装令人

图 5-23 Tommy Hilfiger 门店的智能虚拟试衣镜

耳目一新，展现了数字时尚的巨大潜力。这场秀共有 10 款造型，均根据品牌最新的实物服装系列来打造虚拟时装，而走秀的模特也是线上平台的虚拟形象。这些数字服装首先被出售给“第二人生”平台上的用户，他们可以用来装扮自己的虚拟形象。之后，其中 6 件虚拟时装将作为 NFT 藏品拍卖，以用于其他 3D 虚拟环境。

区别于传统秀场，T 台走秀、明星云集的秀场前排、还有大部分情况下只对媒体和买手开放的 Showroom，虚拟时装秀以更加自由开放的方式进行。元宇宙秀场可以向所有网络用户开放，没有空间与时间的限制，每个人都可以在看台上身临其境地感受时尚的魅力。可以说，虚拟时装秀突破了物理时空限制，通过跨次元叙事重新定义时装展示逻辑。

而除了给虚拟形象穿上时装，目前已经出现了基于真人照片的虚拟时装，它允许消费者通过上传自己的照片来“试穿”虚拟服装，为消费者提供了一种新颖的方式来体验时尚。Tribute Brand 是一个虚拟时装品牌，专注于生产无运费、无浪费、无性别限制且无需考虑尺寸问题的纯数字时装。Tribute Brand 以赛博朋克风格为灵感，结合了机甲战袍和未来科技的元素（图 5-25）。在品牌的电子商城中，用户可以购买各种样式和颜色的虚拟服装，购买后，用户将拥有独一无二的 NFT 证书，并得到品牌定制的自己穿着所购买的虚拟服装的渲染图，用户可以自由地在社交网络上发布这些照片。

图 5-24
Jonathan Simkhai
品牌虚拟时装秀

综上，虚拟试衣技术弥合了实体和数字之间的差距，改变了传统的服装设计和零售模式。然而，目前虚拟试衣技术仍存在许多不足，例如 AR 与 VR 虚拟试衣在用户动作捕捉的准确性、反馈的实时性、模拟的真实性等方面仍存在很大提升空间。未来的虚拟试衣技术将通过技术的深度集成提高虚拟试衣的准确性与真实性，通过简便、可操作性更强的界面提升试穿体验，不断探索真实与虚拟的边界，推动时尚行业向数字化和智能化方向发展。

图 5-25
Tribute Brand的
虚拟时装

第四节 数智化服装营销的趋势与挑战

一、生成式AI驱动的动态内容生产

生成式 AI 正以前所未有的方式重构服装营销内容的生产逻辑与传播效能。传统营销内容依赖摄影师、模特与设计师的线性协作，从策划到成品往往需要数周时间，而生成式 AI 通过深度学习海量时尚图像、用户行为数据及语义信息，实现了“需求输入－内容生成－效果反馈”的实时闭环。例如，AI 生成的场景化穿搭视频突破了传统电商详情页的静态图文局限，很容易在社交媒体平台广泛传播，能显著提升用户点击率与停留时长。

技术迭代更催生了“内容自进化”机制。通过强化学习框架，系统持续追踪内容投放效果（如点击热区、播放完成率），自动优化生成策略。例如，当某类产品的 AI 渲染图在 Z 世代用户中转化率骤降时，模型立即解析竞品数据，随即调整生成参数，在下一批素材中增加新潮流元素。这种动态优化能力使营销内容始终与市场脉搏同步，例如李宁在 2023 年国潮系列推广中，利用该技术极大地压缩了新品预热周期，通过实时捕捉小红书平台上的非遗工艺讨论热点，快速生成了榫卯结构图案的 AI 设计稿，并联动 KOL 进行二次创作，最终实现首发日销量破纪录。

值得关注的是，生成式 AI 正在消解物理世界与数字体验的边界。虚拟网红（如 Noonoouri）的崛起标志着内容主体的革新，这些由 AI 驱动的数字人不仅穿着品牌当季新品参与“直播带货”，更能通过自然语言处理与观众实时互动，解答面料特性或搭配建议。这种虚实交融的内容生态，正在重塑消费者的体验认知，为服装营销开辟出高黏性的增量空间。

然而，技术的狂飙突进也伴随伦理隐忧。当 AI 生成内容占比过大时，如何防止设计同质化、保护设计师知识产权、避免算法偏见导致的审美窄化，成为行业必须面对的课题。未来的突破或将指向“可控创造力”方向——通过引入人类设计师的审美规则作为模型约束条件，在提升效率的同时保留文化多样性，让生成式 AI 真正成为激发创意而非替代创意的工具。

二、社交化UGC生态的深度运营

社交化用户生成内容（User Generated Content，简称 UGC）生态的深度运营正成为服装品牌构建私域流量与用户忠诚度的核心战场。这一趋势的本质是将消费者从被动的内容接收者转化为品牌叙事的共建者，通过技术赋能与机制设计，激发用户自发生产、传播与消费内容的内生动力。

目前，UGC 内容正重构消费决策链路。传统营销依赖品牌单向输出卖点，而 Z 世代消费者更信任“真实用户证言”——抖音、小红书上一条素人穿搭视频的转化效率可能远超明星代言。为此，品牌通过 AI 驱动的 UGC 内容挖掘引擎，实时抓取社交媒体中与产品相关的原生内容（如用户发布的 OOTD、改造教程），经合规授权后自动分发至电商详情页、线下门店互动屏等场景。技术层面，低代码设计工具与 AI 辅助生成系统的普及，大幅降低了 UGC 创作门槛。例如，Snapchat 与 Prada 合作的 AR 滤镜，允许用户将虚拟手袋叠加至现实场景并生成短视频，此类内容在社交平台得到广泛传播，且用户二次创作欲望强烈。

UGC 内容运营也存在许多挑战：一方面，UGC 内容质量与规模较难平衡，用户自发生产的内容易出现质量参差不齐、同质化严重等问题，而用户行为数据分散于公私域平台，需搭建 CDP 系统整合多源数据，并通过分层激励机制（如阶梯分成制）和动态审核机制筛选优质内容；另一方面，商业化与用户体验也需要平衡，过度依赖 UGC 可能引发用户隐私争议或内容过载，需通过“内容－选品”联动机制提升内容相关性，并建立用户共创文化（如晒单返现、UGC 大赛）增强信任。

三、元宇宙与虚实融合体验升级

元宇宙与虚实融合技术正深度重构服装产业的消费场景与价值传递路径，其核心在于打破物理世界与数字空间的割裂状态，构建“体验－社交－交易”一体化的沉浸式营销生态。借助 3D 建模引擎与区块链技术，服装品牌得以将实体商品转化为可跨平台流通的数字资产——例如，Gucci 在 Roblox 推出的虚拟手袋“Gucci Dionysus”以 4115 美元的价格成交，远超实体款售价，印证了数字时尚的溢价潜力。

元宇宙重构了消费者与品牌的关系网络。Z 世代人群习惯通过虚拟化身表达多重身份认同，服装成为其构建数字人格的核心要素。DressX 等数字时装平台允许用户租赁或购买仅存在于社交媒体的虚拟服饰，一条由 AI 生成的“赛博霓虹裙”在 Instagram 的传播量可达实体款的好几倍，这种“穿戴即传播”的特性使营销成

本大幅降低。

然而，虚实融合的深化也暴露出现实掣肘。当前元宇宙体验仍受限于设备性能与网络延迟，低配手机用户观看虚拟秀场时可能面临像素化与卡顿，导致潜在客户流失。同时，数字资产的确权与跨平台流通尚未形成统一标准，某用户在某平台购买的虚拟时装可能因兼容性问题无法在另一元宇宙平台穿着，造成体验割裂。未来的突破或将指向“轻量化元宇宙”方向——通过神经渲染技术降低高精度 3D 内容传输带宽，结合 Web3.0 的分布式协议实现数字服装的跨生态通用。当技术壁垒消弭，虚实融合将不止于营销噱头，而是真正成为服装产业的基础设施，重塑从设计协同（全

球设计师在虚拟工作室实时改版）、生产验证（数字样衣替代实物打样）到消费触达的全链路价值体系。

四、可持续营销的数据可视化穿透

可持续营销正通过技术手段实现数据可视化穿透，将抽象的环保主张转化为可感知、可验证的消费语言，重塑消费者对绿色价值的信任机制。其核心在于利用物联网、区块链与增强现实（AR）技术，构建从原料溯源到碳足迹追踪的全链路透明体系——例如，新疆棉田的土壤湿度传感器数据、孟加拉国纺织厂的废水处理记录、物流运输的能耗信息，均可以被加密存储于分布式账本，消费者扫描吊牌即可触发 AR 动画，直观查看一件衬衫从“棉籽到成衣”的完整旅程，这种高颗粒度的数据披露能够打破用户与品牌之间“漂绿营销”的信任壁垒。

在营销层面，品牌能够将可持续数据融入消费者决策场景。例如，运动品牌 Allbirds 在电商页面嵌入“碳足迹计算器”，用户选择不同鞋款时，系统实时显示从原材料（美利奴羊毛 vs 再生聚酯）到运输方式（空运 vs 海运）的碳排放差异，并以类比形式呈现（如“相当于少充手机电 100 次”），将环保选择转化为可量化的道德成就感。奢侈品牌 Stella McCartney 更进一步，通过 NFT 技术为每件商品绑定数字护照——二手转售时，新买家可追溯历任拥有者的穿着次数、护理记录，并结合 AI 算法评估剩余使用寿命，这种“生命周期可视化”机制能够有效推动循环时尚从概念落地为可运营的商业模式。

然而，数据可视化的可信度仍面临多重挑战。第三方认证机构的数据孤岛（如 GOTS 有机认证与 Higg Index 的测量标准不互通）、传感器数据的局部失真（如部分工厂安装临时净化设备仅应付审计），可能削弱消费者信任。未来的突破或将依赖区块链与 AI 的协同验证——通过智能合约自动抓取政府环保监测公开数据，与品牌上报信息交叉比对；利用计算机视觉识别供应链监控视频中的违规行为，形成不可篡改的合规证据链。当技术穿透“绿色黑箱”，可持续营销才能真正从道德号召升维为可验证的价值交换，推动服装产业走向“向善的增长”。

第 6 章

服装智能体应用展望

从早期的数字化转型到如今的智能化升级，服装产业正经历一场由技术驱动的深刻变革。在这一进程中，传统的设计、生产和营销模式虽已取得显著进步，但面对日益复杂的市场需求以及可持续发展的严峻挑战，行业迫切需要一种更具自主性、协同性和智能化水平的技术形态来实现进一步突破。正是在这样的背景下，智能体作为一项前沿技术方向，逐渐崭露头角，将为服装产业注入全新的活力。智能体能够自主感知环境、制定决策并高效执行任务，贯穿服装全生命周期的关键环节，实现从创意构思、生产交付到市场推广的无缝衔接。这种技术可以大幅提升行业的整体效率，还通过赋能个性化定制和推动可持续发展，为服装产业开辟了前所未有的创新空间与商业机遇。

第一节 智能体简介

智能体（AI Agent）是一种基于人工智能技术的软件系统或程序，能够代表用户感知环境、进行决策并执行任务，以实现特定目标。人工智能先驱马文·明斯基早在1986年便提出了“智能体”这一概念，在其著作《思维的社会》中，他将思维视为由众多相互作用的智能体组成的复杂系统。马文·明斯基描述了智能体的交互、通信、特性以及具身智能等特征，指出每个智能体负责特定的任务，通过协作完成复杂的认知活动。例如，在视觉感知中，可能存在专门识别边缘的智能体和辨别颜色的智能体，它们协同工作，帮助我们理解所见的图像。他进一步提出，社会中的个体通过协商解决问题，这些个体即为智能体，具备社会交互性和智能性。这一理念被引入人工智能与计算机科学领域，并迅速成为研究热点。

与传统数字化工具或自动化系统不同，智能体不仅仅是被动执行预设规则的工具，而是具备自适应性、学习能力和任务协调能力的“主动参与者”。其核心在于通过自主感知、推理、规划和行动，模拟人类在复杂环境中的行为模式。智能体的运作逻辑可概括为“感知+记忆+推理+行动”：它通过感知环境收集数据，结合历史经验进行分析，制定最优行动方案，并最终自主执行任务（图6-1）。这种能力使其在动态多变的任务场景中表现出色，尤其

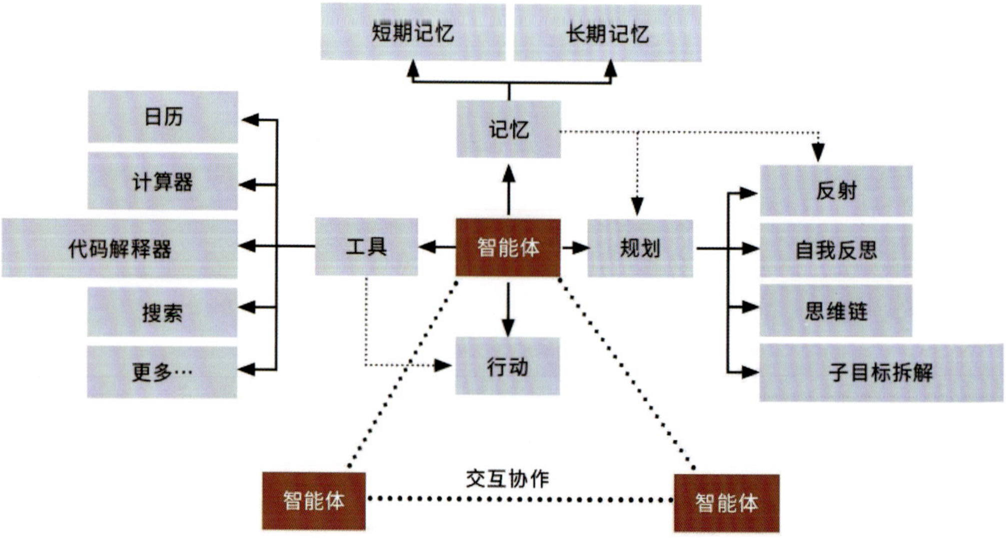

图6-1
智能体的工作要素

适用于需要跨系统协作和灵活决策的复杂产业环境。

智能体并非孤立存在，它与其他相关技术（如大语言模型和机器人流程自动化）既有联系也有区别。表 6-1 展示了智能体、大语言模型和机器人流程自动化的主要差异，AI Agent 的核心优势在于其高度的自主性和灵活性，能够适应复杂多变的环境并完成多样化任务；而大语言模型则专注于自然语言处理任务，提供强大的文本生成和理解能力；机器人流程自动化则更适合处理规则明确的重复性任务，缺乏自主性和学习能力。因此，这三种技术在实际应用中往往可以互补，形成更强大的解决方案。

因此，智能体的技术基础通常依托于深度学习、大语言模型和多智能体系统（Multi-Agent System, MAS）。深度学习为其提供强大的数据处理与模式识别能力，大语言模型赋予其自然语言理解与生成能力，而多智能体系统通过多个智能体的协同工作，实现任务分工与优化。这种技术架构使智能体不仅能处理单一任务，还能在全局视角下协调多个环节，构建系统化的解决方案。其核心特性包括：

1. 自主性

自主性是智能体最基本的特性之一，指的是智能体能够独立感知环境、做出决策并执行行动，而无需持续的人类干预或指导。在服装

表6-1
智能体、大语言模型和机器人流程自动化的主要差异

特性	智能体	大语言模型	机器人流程自动化
定义	一种智能代理，能够感知环境、做出决策并执行任务，通常具有自主性和交互能力	一种基于深度学习的自然语言处理模型，能够生成和理解人类语言内容	一种软件技术，用于模拟人工操作，自动执行规则明确的重复性任务
核心功能	感知环境、推理决策、任务规划、与用户或其他系统交互	文本生成、问答、翻译、摘要、对话等自然语言处理任务	自动化完成结构化、规则化的任务，例如数据录入、表单填写等
技术基础	多模态感知、强化学习、规划算法、知识图谱、自然语言处理等综合技术	深度学习，特别是 Transformer 架构，训练在大规模文本数据上的神经网络	基于规则的脚本编写，结合屏幕抓取、鼠标点击、键盘输入等自动化操作
自主性	高度自主，能够根据环境变化动态调整行为，并具备长期任务规划能力	有限自主性，主要依赖输入提示词（Prompt）生成输出，缺乏任务规划和环境适应能力	无自主性，完全依赖预设规则，无法适应环境变化或处理异常情况
应用场景	智能助手、自动驾驶、游戏 AI、智能家居控制、复杂任务协调等	内容创作、客服对话、翻译服务、代码生成、知识问答等需要自然语言处理的任务	数据录入、报表生成、发票处理、批量文件操作等重复性高、规则明确的任务
灵活性	高灵活性，可以处理开放性问题，适应不同的任务和环境	中等灵活性，擅长处理自然语言相关任务，但对非语言类任务能力有限	低灵活性，只能执行预设的固定流程，难以应对未定义的情况或异常
学习能力	具备学习能力，可以通过强化学习或在线学习不断优化自身行为	预训练模型为主，微调后可适应特定场景，但不具备实时学习能力	无学习能力，完全依赖开发人员设定的规则和流程
交互方式	多模态交互（语音、文本、图像、传感器数据等），支持复杂的多轮对话和任务协作	主要通过文本输入和输出进行交互，支持单轮或多轮对话，但局限于语言层面	无直接交互能力，仅通过脚本操作其他软件界面或系统
局限性	开发和部署成本较高，可能面临伦理和安全问题（如隐私泄露、误判等）	对未见过的数据可能产生“幻觉”，缺乏常识推理能力，且计算资源需求较高	不适合处理复杂逻辑或非结构化任务，对环境变化敏感，扩展性差
典型例子	小爱同学、DeepModa、自动驾驶系统、智能客服机器人等	GPT-4、DeepSeek、Qwen 等	UiPath、Automation Anywhere 等工具开发的自动化流程

产业中，自主性让智能体能够在动态的生产和销售环境中高效运作，适应市场需求的变化并优化其行为。例如，一台智能服装生产设备可以自主监测面料库存、识别生产需求，并根据订单优先级自动调整缝纫和裁剪流程。自主性不仅降低了人工管理的负担，还确保了智能体在需要快速响应的任务（如紧急订单或供应链中断）中保持高效性和稳定性。

2. 反应性

反应性是指智能体能够迅速感知环境变化并及时做出响应的能力。这一特性使智能体在面对服装行业中的突发情况时能够快速调整策略。例如，在智能仓储系统中，当某种流行款式的库存突然下降时，智能体能立即感知需求激增，迅速调整补货计划并通知生产线加急生产。反应性对于时尚行业尤为关键，因为潮流变化迅速，智能体需要实时应对市场波动。虽然反应性强调对当前状态的即时响应，但高级智能体还能结合销售数据和趋势预测，使反应更具前瞻性和灵活性。

3. 主动性

主动性是智能体能够主动设定目标、规划行动并采取措施实现这些目标的能力，而不仅仅是被动应对外部变化。在服装产业中，主动性使智能体能够超越简单的任务执行，展现出创造性和前瞻性。例如，一个智能服装设计助手可以主动分析当季流行趋势和消费者偏好，提前生成符合市场需求的款式建议，并协调生产部门优化资源配置。具有主动性的智能体能够自主探索潜在商机、识别设计缺陷并提出改进方案，从而在追求品牌竞争力和长期目标中展现更大的灵活性和创新力。

4. 社会性

社会性指的是智能体与其他智能体或人类之间进行互动、协作和交流的能力。在服装产业中，社会性使智能体能够无缝融入团队工作并提升整体效率。例如，在智能供应链管理系统中，多个智能体可以通过数据共享和通信协议协调物流、供应商和零售商，确保原材料准时到达并优化库存分配。社会性还体现在人机交互中，例如一个智能客服助手能够理解消费者的咨询需求，通过自然对话推荐适合的服装款式或提供搭配建议。通过增强社会性，智能体在团队协作、客户服务和跨部门协调中表现出更高的适应性和实用性。

5. 进化性

进化性是指智能体通过学习和适应，在长期运行中不断提升自身能力的特性。在服装产业中，具备进化性的智能体能够通过数据积累和自我优化，逐步提高其在设计、生产或销售中的表现。例如，一个智能销售预测系统可以通过分析历史销售数据和实时市场反馈，不断优化其预测模型，从而更准确地判断哪些款式将成为爆款。进化性通常与机器学习技术结合，使智能体能够适应时尚行业的快速变化和消费者需求的多样性，确保其在复杂任务和未知市场中保持竞争力，并随着时间推移变得更加精准和高效。

第二节　智能体在服装产业中的应用前景

在服装产业中，智能体的应用潜力尤为显著。作为一个高度依赖创意、效率与市场敏捷性的行业，服装产业涵盖设计、生产和营销三大核心环节，每一环节都面临着独具特色的挑战：设计端需要快速捕捉市场趋势并提升创意效率，制造端需要优化流程、降低成本并实现柔性生产，营销端则需要精准触达消费者、提升转化率并减少退货率。传统数字化工具通常只能针对单一环节提供支持，难以实现跨环节的协同与整合。而智能体凭借其数据驱动、任务协同和全链路整合能力，能够有效打破环节间的壁垒，打通从创意生成到产品交付的全流程，为服装行业提供革命性的解决方案。在这样一个高度分散、创意与效率并重的领域，智能体的出现不仅解决了传统工作流程中的诸多痛点，还为服装行业迈向数字化、智能化时代提供了关键技术支柱。

一、服装智能体的全链路创新

（一）设计环节的智能化赋能

传统服装设计高度依赖设计师的个人经验和有限的市场信息，设计周期长，且容易与快速变化的消费者需求脱节。智能体的介入彻底改变了这一现状。通过实时采集全球市场数据（如社交媒体热点、电商销售数据和时尚趋势报告），智能体能够进行精准的趋势分析，并基于此生成多样化的设计方案。例如，智能设计系统可以在几分钟内产出数十款符合流行趋势的服装草图，同时通过 AI 算法推荐配色方案、面料纹理和细节搭配。这种能力大幅缩短了设计周期，让设计师从繁琐的重复性工作中解放出来，将精力专注于创意优化与个性化表达。

此外，智能体还能利用 3D 建模技术生成虚拟样衣，使设计师在设计初期即可预览服装的立体效果、版型细节和穿着质感，显著提升设计决策的准确性。相比传统 2D 设计需要反复制作实物样衣验证的低效流程，智能体的虚拟化设计不仅降低了时间和材料成本，还为后续生产环节提供了更精准的数字基础。这种从数据洞察到创意落地的智能化流程，正在重新定义服装设计的效率与市场适配性。

（二）制造环节的颠覆性潜力

服装制造涉及款式解析、版型生成、工艺优化和生产调度等复杂步骤，传统流程中这些环节高度依赖人工经验，导致效率低下、标准化程度不足且难以应对多样化的市场需求。智能体通过 AI 算法和数据驱动技术，为制造环节带来了颠覆性变革。例如，智能体可以直接解析设计图或手稿，提取关键特征并自动生成适配多体型的 2D 版型，再通过 3D 物理仿真技术预演样衣的布料下垂感、版型贴合度和穿着效果。这种从设计到生产的无缝衔接，不仅大幅减少了打样成本和时间，还能生成标准化的工艺单，直接对接工厂的生产系统，实现创意到实物的快速转化。

更重要的是，智能体能够根据市场需求动态调整生产计划。通过分析库存数据、销售预测和消费者偏好，智能体可以优化生产批次和资源分配，减少过剩库存和资源浪费的风险。这种数据驱动的柔性生产模式，为服装行业实现精益管理和可持续发展提供了技术保障，尤其适用于快时尚品牌和中小型企业，助力其在竞争激烈的市场中保持灵活性和成本优势。

（三）营销环节的创新应用

随着电商和社交平台的快速发展，服装营销对视觉内容的需求激增。然而，传统的人工拍摄、模特试穿和后期制作流程不仅成本高昂、耗时长，还难以保证实物与展示效果的一致性，导致退货率居高不下。智能体通过 3D 建模和 AI 生成技术，为营销环节带来了全新的解决方案。例如，智能营销系统可以快速生成高精度的电商图片、模特穿搭图甚至短视频，适配不同平台和场景的需求。基于目标市场的消费者偏好，智能体还能自动生成高转化的产品描述、广告文案和视觉素材，同时利用历史款式的 3D 数字资产生成新设计的衍生图，大幅降低营销素材的制作成本和时间。

DeepModa
全链路视频

此外，智能体还能通过分析退货数据和用户反馈，优化商品展示方式。例如，针对“货不对板”问题，智能体可以调整虚拟样衣的展示角度、光影效果和细节呈现，减少消费者对实物的误判，从而降低退货率，提升消费者满意度和品牌信任度。这种精准化、数据驱动的营销模式，不仅提升了营销效率，还为品牌在竞争激烈的数字化市场中抢占先机提供了有力支持。

（四）全链路整合能力的优势

智能体最核心的优势在于其全链路整合能力，能够将设计、生产和营销三大环节无缝衔接，形成闭环优化的智能化流程。以一款新款运动卫衣的开发为例，智能体可以从趋势洞察入手，通过分析社交媒体和电商平台数据生成设计灵感，再利用 AI 生成草图和 3D 虚拟样衣进行审版，继而转化为生产所需的标准化版型和工艺数据，最后生成多样化的营销素材并推送至销售渠道。这种从创意到市场的全流程智能化，不仅将产品上市时间缩短至传统模式的一半以下，还通过数据闭环优化每个环节的决策效率。

对于快时尚品牌而言，这种能力尤为关键。快时尚行业需要在瞬息万变的市场中快速响应消费者需求，而智能体的全链路整合能力不仅提升了反应速度，还通过精准预测和柔性生产降低了库存风险和运营成本。这种技术赋能正在推动服装行业从传统的手工驱动模式向数据驱动、智能驱动的未来转型。

二、案例分析：DeepModa

为了更直观地展示智能体在服装产业中的应用前景，以下以 Style3D 研发的 DeepModa 为例，详细剖析其如何通过智能体技术赋能服装全生命周期。DeepModa 是 Style3D 凌迪研究院基于多智能体系统（MAS）构建的一款 AI Agent 系统，旨在解决服装行业从设计、生产到营销的全链路痛点。其核心架构包含五大组件：能力池、数据池、记忆池、质评池和响应池，这些组件协同运作，实现了从创意生成到产品交付的全流程智能化，为企业带来更高的效率、更低的运营成本和更强的市场竞争力（图 6-2，表 6-2）。

为了更清晰地展示其应用价值，以下将从设计、制造、营销以及全链路整合四个方面逐一剖析 DeepModa 的具体实践与成效。

（一）设计环节

DeepModa 通过能力池中的智能设计模块，提供趋势分析、款式生成和花型设计等

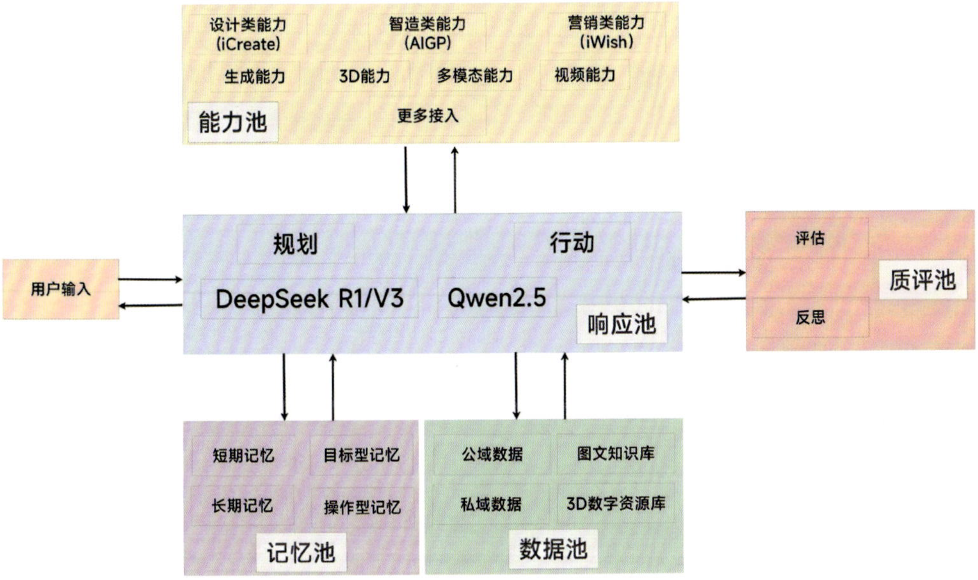

图6-2
DeepModa架构图

表6-2
DeepModa五大组件

能力池	作为技术工具箱，提供设计、生产、营销环节的关键能力，包括 Style3D iCreate 灵感设计、iWish 营销素材生成、3D 模拟渲染和 AIGP 版型解析等功能，每项能力针对特定任务高效运作
数据池	依托 Style3D 行业积累，整合专业知识库和 3D 数字资源，覆盖面料特性、款式趋势等维度，并结合市场数据和竞品分析，为决策提供支持，同时通过权限管理和加密存储确保数据安全
记忆池	优化短期与长期记忆机制，记录设计偏好、生产实践和营销策略，赋予系统持续学习能力，提升决策的精准性和个性化水平
质评池	通过构建创意性、美学价值、专业性等多维评估标准，实时监控任务质量并提供优化建议，推动智能体的自我改进
响应池	作为核心大脑，分析用户需求并分解任务，协调各组件协作，结合大模型规划最优方案，并支持动态调整以提升效率

功能。例如，其研款智能体实时采集全球市场、社交媒体及品牌销售数据，通过数据过滤与多源验证，预测流行趋势并生成数十款创新性设计草图。创款智能体利用大语言模型和 AI 工具，根据研款报告快速生成多样化设计方案，推荐配色方案和面料纹理，生成个性化图案，大幅提升设计效率和市场适配性。同时，DeepModa 结合面料物理参数数据库与 3D 仿真技术，生成高精度虚拟样衣，设计师可在设计阶段通过测款智能体的趋势对比和消费者偏好分析，直观审视服装的立体效果与细节（如面料垂感、款式比例），减少后期修改成本（图

DeepModa
智能设计视频1

DeepModa
智能设计视频2

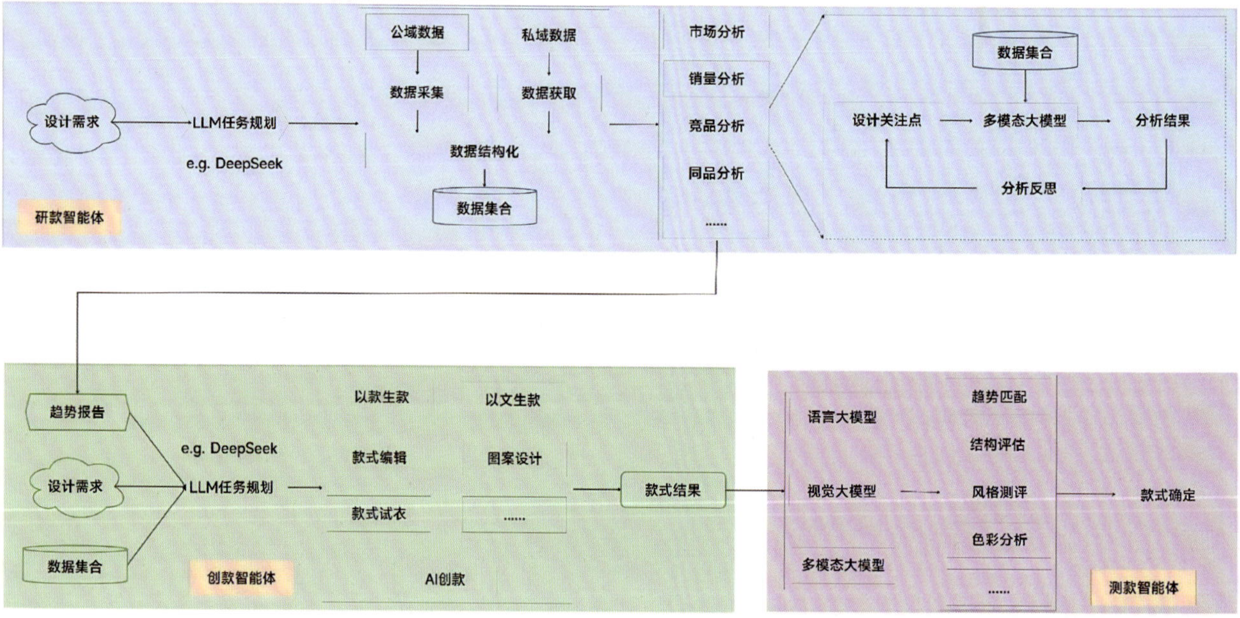

图6-3
DeepModa的服装设计智能体

6-3，图6-4）。

（二）制造环节

DeepModa的智能制造模块能够解析设计图，提取关键特征并生成适配多体型的2D版型，再通过3D物理仿真预演样衣效果，最终系统自动生成标准化工艺单，并同步至工厂MES系统。例如，一款运动卫衣的设计图可以通过AI解析，自动生成多尺码版型，并在虚拟环境中模拟布料的下垂感和穿着舒适度。这种数据驱动的制造流程，不仅降低了打样成本，还通过标准化输出提升了生产效率。此外，DeepModa

图6-4
DeepModa的服装设计智能体应用界面

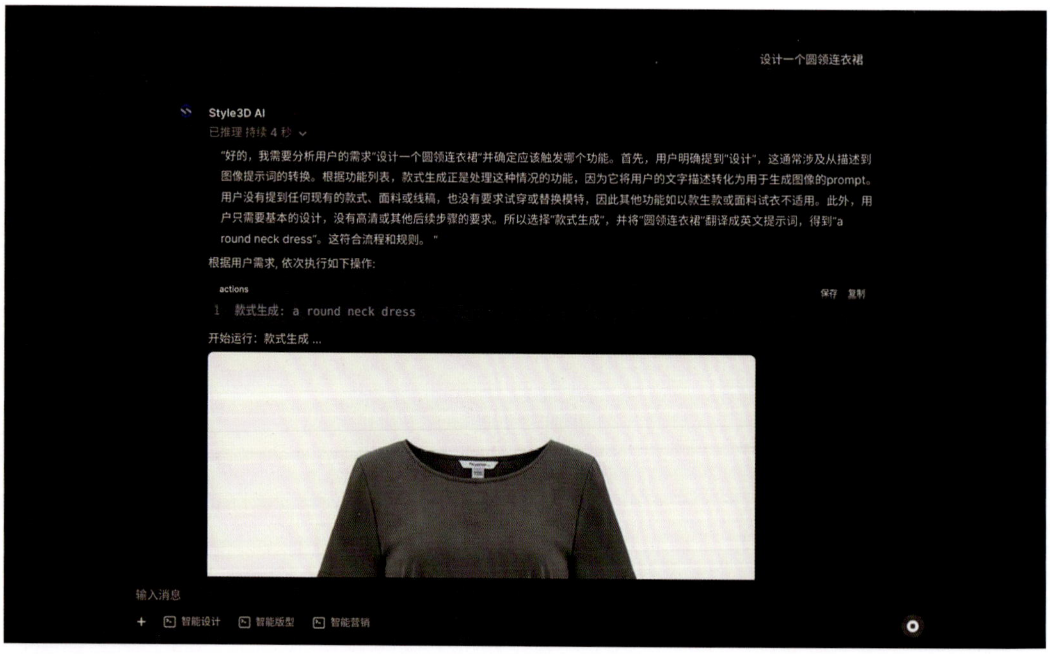

DeepModa
智能版型视频

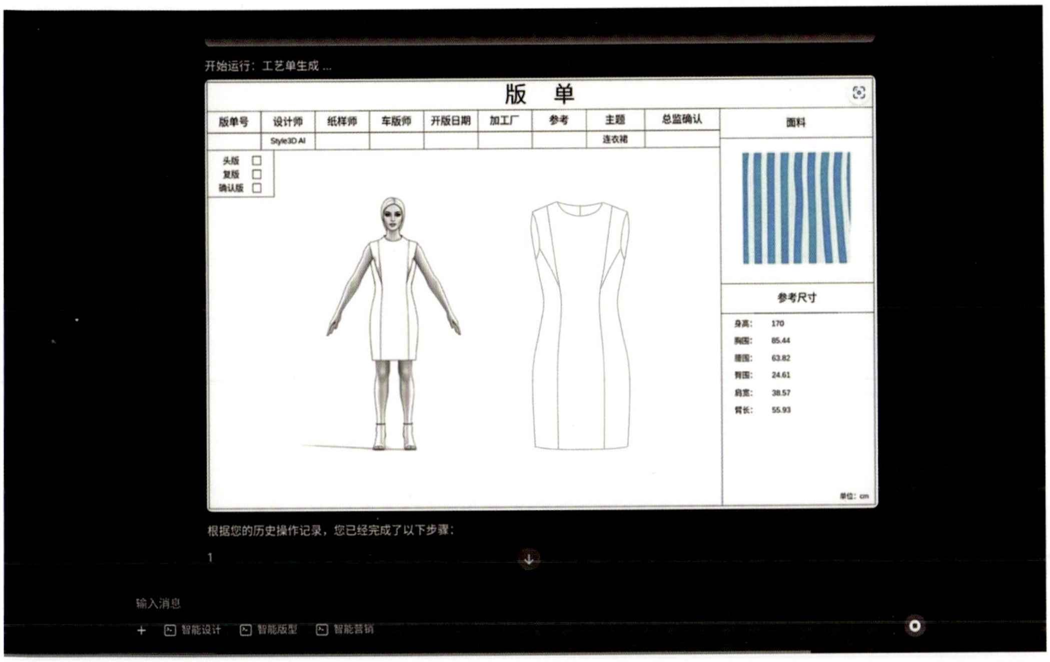

图6-5
DeepModa的服装制造智能体应用界面

还能根据市场需求动态调整版型和工艺参数，实现柔性生产，满足多样化订单需求（图 6-5）。

（三）营销环节

DeepModa 的智能营销模块通过 3D 建模和 AI 生成技术，可一键生成商品售卖文案、产品图、模特穿搭图甚至营销短视频（图 6-6）。同时，它也可以基于目标市场的消费者偏好，生成高转化的产品描述和视觉素材，同时利用历史款式的 3D 资产生成衍生设计，显著降低营销成本。这种精准的视觉呈现有效减少了“货不对板”导致的退货问题。此外，DeepModa 还能自动化剪辑营销视频，提升社交平台的转化效率，帮助品牌在竞争激烈的市场中脱颖而出。

（四）全链路整合

以卫衣的开发为例，DeepModa 结合社交媒体和电商平台数据洞察消费者趋势，生成数十款风格草图并自动匹配流行颜色；随后通过 AI 解析生成高精度 3D 样衣，模拟布料效果并完成审版；最后选定最佳设计，输出标准化生产文件并生成多样化的营销素材推送至销售渠道。凭借强大的 AI 算法和深度学习能力，DeepModa 赋能服装设计、智能制造和智能营销的全流程，不仅提升了效率和用户体验，还为品牌与消费者搭建了更高效、更直观的沟通桥梁。

DeepModa
智能营销视频

图6-6
DeepModa的服装营销智能体应用界面

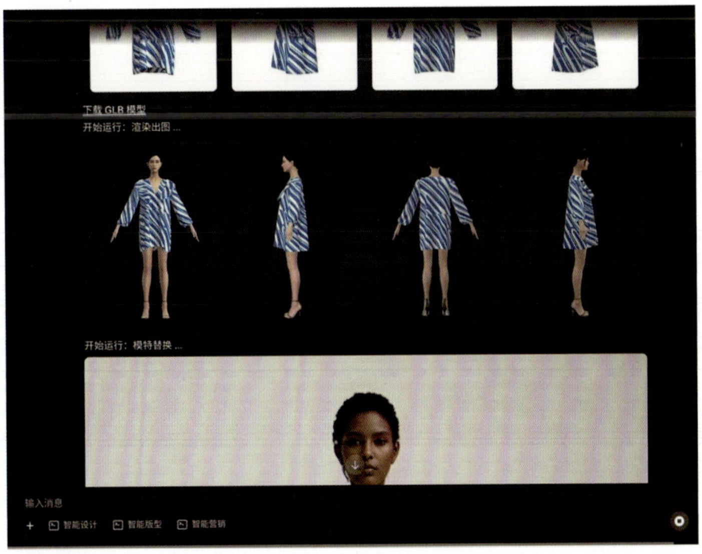

第三节 结语

智能体，作为人工智能技术的高级形态，正以空前的速度和深度重塑服装产业的传统格局。这场由人工智能驱动的智能化浪潮，为服装行业开启了全新的发展篇章。通过深度整合设计、制造、营销等全链路生命周期，智能体不仅高效破解了传统流程中长期存在的效率瓶颈与协作难题，更为行业注入了源源不断的创意活力和敏捷的市场响应能力。以 DeepModa 为代表的服装智能体，生动诠释了技术创新如何引领行业迈向智能化升级：从精准捕捉流行趋势到激发无限创意设计，从精益优化生产流程到显著提升营销转化效率，智能体正在全面重构服装产业的运行逻辑与发展节奏。这一变革不仅局限于技术层面的突破，更是对传统行业生态的系统性重塑，标志着服装产业从劳动密集型向技术驱动型的深刻转型。

未来，智能体将在服装行业中扮演愈发关键的角色，加速推动行业向个性化、可持续化和全球化迈进。智能体与大模型的深度融合，无疑将成为服装行业创新发展的核心引擎。随着技术的不断迭代演进，智能体的推理能力和复杂任务处理水平将显著提升。例如，借助多模态人工智能技术，智能体能够同步处理文本、图像和 3D 数据，生成更加精准且独具个性的设计方案。这种能力不仅让设计师能够突破传统创意的局限，还能为消费者提供高度定制化的产品体验，满足日益多元化的市场需求。此外，智能体在生产端的应用也将进一步深化，通过与物联网和智能设备的结合，实现从原材料采购到成品交付的全流程透明化管理，从而提升效率并降低成本。

与此同时，智能体还将积极推动行业向可持续化转型，通过优化供应链管理，有效减少碳排放，助力循环经济的发展。例如，智能体可以根据实时市场需求预测调整生产计划，避免过度生产和资源浪费；通过分析面料的生命周期数据，推荐更环保的材料选择；甚至在产品设计阶段融入可回收理念，推动“从摇篮到摇篮”的绿色设计实践。这些举措不仅响应了全球对环境保护的迫切需求，也为企业在激烈的市场竞争中赢得了新的道德制高点和消费者认同。可以预见，随着智能体在数据驱动决策中的作用日益凸显，服装行业将逐步摆脱传统粗放式发展的桎梏，迈向更加精细化、智能化的新阶段。

值得一提的是，智能体的全球化视野将进一步打破地域界限，助力服装品牌实现跨文化的创意输出和市场渗透。通过分析不同区域的文化符号、消费习惯和时尚偏好，智能体能够为品牌量身定制本地化的设计与营销策略，从而在全球市场中保持竞争优势。这种能力尤其对于中小型企业意义重大，它们可以借助智能体的低成本、高效率特性，快速融入全球价值链，与行业巨头同台竞技。

综上所述，这些发展趋势清晰地表明，智能体不仅是强大的技术工具，更是服装行业实现智能化、个性化和绿色发展的战略驱动力。未来，随着智能体技术的普及和成熟，服装产业将迎来一场从内到外的深刻变革：设计将更具创意与包容性，生产将更加高效与环保，消费体验将更加个性与沉浸式。智能体不仅在重塑行业的当下图景，更在勾勒一个充满无限可能的未来蓝图，为服装产业的可持续发展注入持久的生命力。

参考文献

[1] 中国服装协会. 中国服装行业发展报告 2022-2023[M]. 北京: 中国纺织出版社, 2023.
[2] 钟跃崎. 人工智能技术原理与应用[M]. 上海：东华大学出版社, 2020: 295.
[3] 刘丽娴, 王贺林, 郑泽宇, 等. 基于大数据技术的服装智能制造创新模式[J]. 针织工业, 2024(2): 49-54.
[4] ZHAO W X, ZHOU K, LI J, et al. A survey of large language models[M/OL]. arXiv, 2023[2024-05-30]. DOI:10.48550/arXiv.2303.18223.
[5] 中国纺织工业联合会. 2024世界纺织行业趋势展望[M]. 北京：中国纺织出版社, 2024[2025-01-09].
[6] 中国纺织信息中心, 国家产品开发中心. 时尚产业数字技术展望[M]. 北京：中国纺织出版社, 2022.
[7] 彭俊松. 工业4.0驱动下的制造业数智化转型[M]. 北京：机械工业出版社, 2016[2025-01-09].
[8] 中国服装协会, 中国服装智能制造技术创新战略联盟，中国服装科创研究院. 2024-2025中国服装行业科技创新白皮书[M]. 中国服装科创研究院, 2025.
[9] 郑力, 莫莉. 智能制造: 技术前沿与探索应用[M]. 北京：清华大学出版社, 2021.
[10 徐颖芳, 郑守阳. 智能裁剪设备在服装制造中的优化应用[J]. 毛纺科技, 2024, 52(12): 83-88.
[11] 范舒祎. RFID技术在智能服装制造行业中的应用与发展[J]. 化纤与纺织技术, 2024, 53(08): 97-99.
[12] KU S B Y, CHOI H, KIM H Y, et al. Automated Sewing System Enabled by Machine Vision for Smart Garment Manufacturing[J]. Ieee Robotics and Automation Letters, 2023, 8(9): 5680-5687.
[13] 李培根, 高亮. 智能制造概论[M]. 北京：清华大学出版社, 2024.
[14] 周济, 李培根, 赵继. 智能制造导论[M]. 2版. 北京: 高等教育出版社, 2024.
[15] NICHOL A, JUN H, DHARIWAL P, 等. Point-E: A System for Generating 3D Point Clouds from Complex Prompts[A/OL]. arXiv, 2022[2025-03-08]. http://arxiv.org/abs/2212.08751.
[16] LIN C H, GAO J, TANG L, 等. Magic3D: High-Resolution Text-to-3D Content Creation[A/OL]. arXiv, 2023[2025-03-08]. http://arxiv.org/abs/2211.10440. DOI:10.48550/arXiv.2211.10440.
[17] 李白杨, 白云, 詹希旎, 等. 人工智能生成内容（AIGC）的技术特征与形态演进[J/OL]. 图书情报知识, 2023, 40(1): 66-74. DOI:10.13366/j.dik.2023.01.066.
[18] 中国信息通信研究院和京东探索研究院. 人工智能生成内容（AIGC）白皮书（2022年）[R/OL]. (2022). https://www.caict.ac.cn/kxyj/qwfb/bps/202209/P020220902534520798735.pdf.
[19] CHEN H J, SHUAI H H, CHENG W H. A survey of artificial intelligence in fashion[J/OL]. IEEE Signal Processing Magazine, 2023, 40(3): 64-73. DOI:10.1109/MSP.2022.3233449.
[20] POOLE B, JAIN A, BARRON J T, 等. DreamFusion: Text-to-3D using 2D Diffusion[A/OL]. arXiv, 2022[2025-03-08]. http://arxiv.org/abs/2209.14988. DOI:10.48550/arXiv.2209.14988.
[21] MUNMUN I A. The Impact of Technology on Fashion Design: From Concept to Creation[J]. 2023, 5(12).
[22] 李圆,于淼.基于深度学习图像处理的服装推荐研究进展[J].毛纺科技, 2023, 51(12):119-126.
[23]]杨怡然,吴巧英.智能化服装搭配推荐研究进展[J].浙江理工大学学报:自然科学版, 2021.DOI:10.3969/j.issn.1673-3851(n).2021.01.001.
[24] 谭泽霖,白静.二维图像虚拟试衣技术综述[J].计算机工程与应用, 2023, 59(15):17-26.DOI:10.3778/j.issn.1002-8331.2209-0454.
[25] Berg T L , Ortiz L E , Kiapour M H ,et al.Parsing clothing in fashion photographs[J].IEEE, 2012. DOI:10.1109/CVPR.2012.6248101.
[26] Choi S , Park S , Lee M ,et al.VITON-HD: High-Resolution Virtual Try-On via Misalignment-Aware Normalization[J]. 2021.DOI:10.48550/arXiv.2103.16874.